बनारसीदास चतुर्वेदी

जन्म : 24 दिसम्बर, 1892 को फिरोजाबाद (उ.प्र.) में एक ग्राम शिक्षक पं. गणेशीलाल चौबे के घर।

शिक्षा : इंटरमीडिएट 1913 में।

पहले स्कूल-शिक्षक, फिर छह वर्ष इन्दौर के राजकुमार कॉलेज में, तदनन्तर चार वर्ष अहमदाबाद में गांधीजी के गुजरात विद्यापीठ में हिन्दी अध्यापन।

विद्यार्थी रहते हुए ही लेखन-प्रकाशन। कुछ साल स्वतंत्र पत्रकारिता। सन् 1927 में 'विशाल भारत' (कोलकाता) के संस्थापक-सम्पादक। बाद में पाक्षिक लघु पत्रिका 'मधुकर' (टीकमगढ़) का सम्पादन।

सृजन : 'फिजी द्वीप में मेरे 21 वर्ष' (फीजी से लौटे गिरमिटिया पं. तोताराम सनाढ्य की आपबीती), 'प्रवासी भारतवासी' सहित कई पुस्तकें प्रकाशित। 'शहीद ग्रन्थावली' का सम्पादन।

1945 में 'अ.भा. हिन्दी पत्रकार सम्मेलन' और 1955 में 'भारतीय श्रमजीवी पत्रकार संघ' के अध्यक्ष।

बारह वर्ष (1952-64) तक पहले विंध्य प्रदेश और फिर मध्य प्रदेश की ओर से राज्यसभा सदस्य।

1959 और 1966 में सरकारी निमंत्रण पर सोवियत रूस की साहित्यिक यात्रा।

क्रान्तिकारी शहीदों के परिवारों को आर्थिक सुरक्षा दिलाने और दिवंगत साहित्यकारों की कीर्तिरक्षा करने में महत्त्वपूर्ण भूमिका। श्रमजीवी पत्रकारों की आर्थिक-बौद्धिक सुदशा व उन्नति के लिए वे आजीवन प्रयत्नशील रहे।

देहान्त : जन्म-स्थान में ही 2 मई, 1985 को।

अमर शहीद अशफाक उल्ला खाँ

सम्पादक
पं. बनारसीदास चतुर्वेदी

भूमिका
बाबा पृथ्वीसिंह 'आजाद'

राजकमल पेपरबैक्स

पहला पुस्तकालय संस्करण
राजकमल प्रकाशन प्राइवेट लिमिटेड द्वारा
2008 में प्रकाशित

राजकमल पेपरबैक्स में
पहला संस्करण : 2018
दूसरा संस्करण : 2024

राजकमल पेपरबैक्स : उत्कृष्ट साहित्य के जनसुलभ संस्करण

राजकमल प्रकाशन प्रा.लि.
1-बी, नेताजी सुभाष मार्ग, दरियागंज
नई दिल्ली-110 002
द्वारा प्रकाशित

शाखाएँ : अशोक राजपथ, साइंस कॉलेज के सामने, पटना-800 006
पहली मंजिल, दरबारी बिल्डिंग, महात्मा गांधी मार्ग, प्रयागराज-211 001
1, अनमोल सोराबजी संतुक लेन, धोबी तलाव, मरीन लाइंस, मुम्बई-400 002

वेबसाइट : www.rajkamalprakashan.com
ई-मेल : info@rajkamalprakashan.com

बी.के. ऑफसेट
नवीन शाहदरा, दिल्ली-110 032
द्वारा मुद्रित

मूल्य : ₹250

AMAR SHAHID ASHFAKULLA KHAN
Edited by Pandit Banarasidas Chaturvedi

ISBN : 978-93-87462-80-9

अमर शहीद अशफाक उल्ला खाँ

भूमिका

कविवर स्वर्गीय माखनलालजी चतुर्वेदी की एक कविता है :

मुझे तोड़ लेना वनमाली, उस पथ पर देना तुम फेंक।
मातभूमि पर शीश चढ़ाने, जिस पथ जाएँ वीर अनेक॥

निस्सन्देह शहीदों ने स्वदेश की आन-बान को अपना बलिदान देकर, देश की रक्षा के लिए, शान के साथ अपने को कुर्बान किया था, उसे देखकर सैकड़ों नवयुवक प्रभावित हुए थे, परन्तु उनके पद-चिह्नों पर चलने का सौभाग्य उन्हें प्राप्त न हो सका। वे शहीदों के भक्त तो बन गए, परन्तु अपने देश के उन अनमोल रत्नों को, जिन्हें जालिम ने अपने जुल्म की चक्की में पीसकर रख दिया था, वे बचा न सके। वे उनकी स्मृति की रक्षा के लिए उसी प्रकार प्रयत्नशील रहे जिस प्रकार कोई अपनी आँख की पुतली की हिफाजत करता है। ऐसे भक्तों में श्री बनारसीदास चतुर्वेदी अपनी लेखन-शक्ति के कारण सर्वश्रेष्ठ हैं।

खुदीराम बोस, सरदार करतारसिंह सरापा, विष्णुगणेश पिंगले इत्यादि को जिन्होंने अपनी आँखों से देखा था, उनमें से तो आज बहुत कम जीवित होंगे, परन्तु सरदार भगतसिंह, चन्द्रशेखर आज़ाद, रामप्रसाद बिस्मिल और अशफाक उल्ला खाँ को तो ऐसे लाखों व्यक्तियों ने देखा था, जो आज भी जिन्दा हैं, और जो उनके पीछे शानदार जुलूस निकालकर चलते थे, उनकी चरण-रज को अपने मस्तक पर लगाते थे, उनके कहे हुए शेरों को दीवानों की तरह गलियों और सड़कों पर गाते फिरा करते थे; जैसे—

सरफरोशी की तमन्ना[1] अब हमारे दिल में है।
देखना है जोर कितना बाजुए कातिल[2] में है॥

भारत माँ के लाल झूम-झूमकर इस शेर को दोहराते थे और 'इंकलाब जिन्दाबाद' की ध्वनि आकाश में गूँजा करती थी। हमें खेद है कि हमने बड़ी लापरवाही के साथ बहुत थोड़े समय में ही भारत के उन वीरों की याद को भी भुला दिया, जिन्होंने अपनी जवानी के जीवित रक्त की एक-एक बूँद हमारे लिए बहाई थी।

समझौते के पक्षपाती लोग गोपनीय ढंग पर लड़नेवालों के सम्पूर्ण वातावरण पर हावी हो गए थे। खून देनेवाले मजनुओं को लोगों ने विस्मृत कर दिया और जबानी जमा-खर्च करनेवाले मजनुओं ने वतन की लैला को आ घेरा।

1. सर कटाने की तमन्ना 2. कातिल के हाथों में

श्री बनारसीदास चतुर्वेदी ने शहीदों की जीवनी लिखकर उनकी यादों को ताजा करने के लिए जो प्रयत्न किए हैं, तदर्थ हम उनके कृतज्ञ हैं। आज के समाज की हीन दशा को देखकर, जिसमें हम लोग भोग-विलास के साथ कीड़े-मकोड़ों की तरह का जीवन व्यतीत कर रहे हैं, हमें आश्चर्य होता है कि जान से खिलवाड़ करनेवाले ऐसे सपूत भी इसी भारत माँ की कोख से पैदा हुए थे, जिससे कि हम उत्पन्न हुए हैं। क्या यह सत्य नहीं है कि वे सब अत्याचारियों से टकराए, क्योंकि वे गुलामी की जंजीरों को तोड़कर हमें छुटकारा दिलाना चाहते थे ? अफसोस कि वतनवालों ने उनका साथ न दिया और वे सफल न हो सके ! उनके पथ पर चलने की बात तो दूर रही, हम तो उन्हीं को भुला बैठे।

आनेवाली पीढ़ी के इतिहास लेखक, जब अतीत का वृत्तान्त लिखने बैठेंगे, तो क्या वे यह सवाल नहीं उठाएँगे कि कैसे कृतघ्न थे वे लोग, जिन्होंने भारत के उन गौरवशाली सपूतों को वह स्थान नहीं दिया, उनकी याद में ऐसे स्मारक नहीं बनाए जो उनकी शहादत की शान में चार चाँद लगा देते ?

एक हजार साल का प्राचीन इतिहास हमें बताता है कि देश के सरफरोशों ने जब कभी अत्याचारियों के सामने सिर उठाया तो उन्हें चुन-चुनकर मिट्टी में मिला दिया गया, फिर भी उस मिट्टी से जान पर खेलनेवाले नए वीर उभरते रहे और बहादुरों की तरह जुल्मों का मुकाबला करते रहे। अत्याचारी लोग सोच-समझकर इस ढंग से काम करते थे और देश के वीरों को इस प्रकार मिट्टी में मिलाते थे कि देखनेवाले भयभीत हो जाएँ और भविष्य में किसी को सिर उठाने का साहस ही न हो सके। जालिम मुद्दतों तक इसी प्रकार के घृणित कार्य करते रहे। निष्पक्ष तथा सहृदय इतिहास लेखक ऐसे कातिलों को कभी क्षमा नहीं कर सकते, और न भविष्य में उन्हें माफ किया जाएगा। परन्तु क्या देश के उन लेखकों का अपराध क्षम्य माना जाएगा, जो वतन के शहीदों को भुला बैठे हैं ? क्या उनके इस सामाजिक पाप को माफ किया जा सकता है ?

प्रणाम और सौ बार प्रणाम है उन माताओं को जिनकी कोख से गुलामी के जमाने में भी ऐसे आन पर खेलनेवाले वीर पैदा हुए।

शहीद अशफाक उल्ला खाँ के जो पत्र 'अमर शहीद अशफाक उल्ला खाँ' में छापे जा रहे हैं, उनके पढ़ने से यह भली-भाँति विदित हो जाता है कि वे अपने-आपसे कितने ऊँचे उठकर उड़ रहे थे, पर उनके पत्रों से पूरा-पूरा लाभ तो वही उठा सकता है, जो स्वयं भी कभी ऊँचा उड़ा हो। जिन्हें शहीदों से प्रेम है उन्हें अशफाक उल्ला खाँ के पत्रों को पढ़ने से विदित हो जाएगा कि जीवन क्या है और जीवन के खेल को किस तरह खेला जा सकता है।

सन् 1924 ई. से सन् 1931 ई. तक किस प्रकार क्रान्तिकारियों ने शहादतें पाई थीं और उनके बलिदान से प्रभावित होकर देश में कैसा जोश फैला था। मातृभूमि से प्रेम करनेवाले स्त्री-पुरुषों में कुर्बान होने का कैसा उत्साह उत्पन्न हो गया था, देश के

नवयुवकों के उस जोश को ठंडा करने के लिए हमारे पथ-प्रदर्शकों ने कैसे-कैसे उपाय किए थे, मैं उनका साक्षी हूँ।

खेद मुझे इसी बात का है कि फरार होने के कारण मैं देश के शहीदों की शहादत पर सारी जनता के सामने खड़े होकर दो आँसू भी न बहा सका। खून के घूँट पीकर मैं हाथ मलता रह गया।

आज देश की बागडोर जिन लोगों के हाथ में है, यदि उनके दिलों में शहीदों के लिए थोड़ा-सा भी प्रेम बाकी है तो उन्हें चाहिए कि शहीदों के संस्मरण और जीवन-चरित्र प्रतिभाशाली लेखकों से लिखवा दें और फिर उन्हें स्कूलों और कॉलेजों के छात्रों तक पहुँचा दें, ताकि बच्चों और नौजवानों में देशप्रेम, एकता और मेल-मिलाप की धारणा उत्पन्न हो। इसमें सन्देह नहीं कि ऐसी ही पुस्तकें देश की अखंडता और एकता को कायम रख सकती हैं।

इंकलाब-जिन्दाबाद की गूँज और शहीदों के गीतों और रागों ने एक अनोखा और नया रंग भर दिया था, जिसे देखकर नवयुवकों का हृदय नाच उठता था और उन्होंने शहीदों के स्वर के साथ अपना स्वर मिला लिया था। अगर देश के नेताओं ने उनका साथ दिया होता तो हमारा देश सन् 1947 ई. से बहुत पहले ही स्वतन्त्र हो गया होता। तब शताब्दियों की परतन्त्रता से हमारे अस्वच्छ जीवन की सारी जिन्दगी जलकर भस्म हो जाती और हम अपनी वास्तविक शक्ति से परिचित भी हो जाते, किन्तु खेद है कि ऐसा न हो सका।

अशफाक उल्ला खाँ और रामप्रसाद बिस्मिल अपने देश के आशिक थे और इश्क में चूर होकर वे एक-दूसरे में लवलीन हो गए थे। वे मानवता से उठकर देवताओं की तरह उड़ रहे थे। हमने दोनों के आदर्श जीवन से केवल एक ही पाठ सीखा है वह यह कि हिन्दू और मुसलमान एक जान दो कालिब किस प्रकार बन सकते हैं। मनुष्यता की डगर पर चलनेवाले और बन्धुत्व की पूजा करनेवाले दो मानव आपस में मिलकर किस तरह जिन्दा रह सकते हैं और किस भाँति मर सकते हैं।

जिन्होंने देश पर खुद को बलिदान कर दिया, ऐसे शहीदों और वीरों के जीवन-चरित्र आकर्षक ढंग पर लिखवाकर स्कूलों और कॉलेजों के छात्रों के लिए पाठ्य-पुस्तक के रूप में क्यों नहीं रखे जाते ? इस उपेक्षा तथा बेरुखी को देखकर केवल मुझे ही नहीं, सबको दुख होता है।

मैं इस बारे में बहुत कुछ सोच-विचार करता रहा हूँ और इस नतीजे पर पहुँचा हूँ कि जो कुछ होना चाहिए था, वह नहीं हुआ।

परतन्त्रता के जीवन से छुटकारा पानेवाले दो गिरोहों में विभाजित हो गए थे। एक गिरोह तो यह चाहता था कि वह अपने पूर्वजों के ऐतिहासिक मार्ग पर चलकर तलवार की ताकत से स्वतन्त्रता प्राप्त करे। यह कार्य-पद्धति अत्यन्त कठिन थी, सिर काटकर सिर कटवाने की बात थी। दूसरा गिरोह स्वतन्त्र तो होना चाहता था, परन्तु सर की बाजी लगाना उसके वश की बात न थी। वह शान्तिमय ढंग से जीवन की

मनोकामनाओं को पूरा करते हुए और समझौते का युद्ध करते हुए स्वतन्त्र होना चाहता था।

ब्रिटिश सरकार इन दोनों को अपना दुश्मन समझती थी, परन्तु इन दोनों गिरोहों के साथ अत्याचारी सरकार का जो व्यवहार था उसमें बहुत बड़ा फर्क था। जो दल तलवार की शक्ति से स्वतन्त्र होना चाहता था, उसे गोलियों का निशाना बनाया जाता था, फाँसी के फन्दे पर लटका दिया जाता था और जेल की तंग और अँधेरी कोठरियों में बन्द करके उनका दम घोंट दिया जाता था।

समझौते का युद्ध करनेवाले दल को हर प्रकार से उकसाया जाता था और ऐसी चालें चली जाती थीं कि लोग समझौते की लड़ाई लड़ने के लिए तैयार हो जाएँ। इस दल के बड़े-बड़े नेताओं को रेल के सजे-सजाए डिब्बों में बिठाकर इसलिए घुमाया-फिराया जाता था कि नवयुवकों की समझ में यह आ जाए कि अस्त्र-शस्त्र द्वारा देश को स्वतन्त्र करने की चेष्टा अपने तथा देश दोनों के लिए खतरनाक है। समझौते का युद्ध करनेवाला दल शक्ति पाकर देश पर अधिकार कर लेता है। देश के पथ-प्रदर्शक और अत्याचारी सरकार के अफसर तलवार उठानेवाले दल को पराजित करने में सफल हो जाते हैं। ब्रिटिश सरकार के अधिकारियों के सामने यह बात अच्छी तरह से सिद्ध हो गई थी कि यदि समझौते की लड़ाई लड़नेवाले दल के साथ उसकी इच्छानुसार समझौता न किया गया, तो तलवार उठानेवाला दल जोर पकड़ जाएगा।

15 अगस्त, 1947 को समझौता हो जाता है। आज के नेतागण जिनके हाथ में देश की बागडोर है, वास्तव में अंग्रेजों की अत्याचारी सरकार के हर प्रकार से भागीदार हैं। वे बड़ी वफादारी के साथ उन विदेशियों के पद-चिह्नों पर चल रहे हैं, जिनकी बदौलत उन्हें सरकार की गद्दी पर बैठने का स्वर्ण अवसर प्राप्त हुआ है।

इन नेताओं से यह उम्मीद रखना कि वे देश के उन शहीदों के जीवन-चरित्र लिखवाएँ और उनकी स्मृति में मीनार खड़े करें, जो कि उन अंग्रेजों की हत्या करना चाहते थे, जिन्होंने इन्हें भारत की राजगद्दी पर बिठाया है, हिमाकत होगी।

आज के नेताओं को तलवार और तलवार चलानेवालों से घृणा है, उन्होंने कांग्रेस के पंडाल में महाराणा प्रताप, छत्रपति शिवाजी और गुरुगोविन्द सिंह के चित्र कभी नहीं लटकाए। सन् 1957 से पहले उन्होंने कभी सन् 1857 के वीर शहीदों की शहादत का दिन भी नहीं मनाया।

इनका गौरव तो इसी में है कि उन्हीं व्यक्तियों के जीवन-चरित्र लिखे जाएँ, जिन्होंने समझौते का शान्तिमय युद्ध करके भारत को स्वतन्त्र कराया और जिन्होंने इन्हें इतना शक्तिशाली बना दिया कि उनके सामने भारत की आम जनता इंकलाब के रास्ते पर चलने की हिम्मत ही न कर सके।

क्रान्तिकारियों का इतिहास तो उसी दशा में लिखा जाता जब वे तलवार की शक्ति से देश के शत्रुओं और काली चमड़ीवाले साथियों तथा सहायकों को समाप्त करने में कामयाब हो जाते।

राजनीति के क्षेत्र में जो दल सफल होता है, उसी का इतिहास लिखा जाता है और उसी के स्मारक बनाए जाते हैं।

तात्पर्य यह है कि हमारे देश के नेता समझौते का युद्ध करते हुए और शान्ति को अपनाते हुए स्वतन्त्र तो हो गए हैं, पर साथ-ही-साथ यह बात भी माननी ही पड़ेगी कि आज भी हमें बाह्य आक्रमणों से सुरक्षित रखने के लिए तलवार का ही सहारा लेना पड़ता है और देश के उन वीर सैनिकों को, जिन्होंने चीनी और पाकिस्तानी आक्रमणकारियों के अधिक-से-अधिक सिर काटे, आज हमारे शान्तिप्रिय नेता आदर और सम्मान की दृष्टि से देख रहे हैं और उनकी स्मृति-रक्षा कर रहे हैं जो सिर काटते-काटते अपने सिर कटवा गए।

आज जनता की माँग है कि देश के शहीदों के जीवन-चरित्र लिखे जाएँ और उनकी स्मृति को जीवित रखने के लिए मीनार खड़े किए जाएँ। अगर सरकार ने आज जनता की इस माँग को ठुकरा दिया तो कल खुद जनता क्रान्तिकारी ढंग से इस महान कार्य को पूर्ण करेगी।

भारत के क्रान्तिकारी और महान शहीद अशफाक उल्ला खाँ 'हसरत' के हृदयोद्‌गारों का पता उनके पत्रों से लगता है। क्या ये उद्‌गार आपके उद्‌गार बन सकते हैं ? क्या देश के नवयुवकों को कर्त्तव्य-पथ पर चलानेवाला आज भी कोई नजर आता है ? मैं अपने देश के नवयुवकों से कहता हूँ कि यदि तुम देश के शहीदों की याद अपने दिलों में जिन्दा रख सकोगे तो अवश्य उनके पथ पर चलने की हिम्मत कर सकोगे।

अन्त में देशप्रेमियों से मेरी यही अपील है कि वे संगठित ढंग पर प्रयत्न करते हुए अशफाक उल्ला खाँ जैसे निर्भीक और जान पर खेलनेवाले वीरों के जीवन के महान कार्यों से देश के नवयुवकों को परिचित कराएँ, ताकि उनके जीवन का रुख बदल सके।

''देश के शहीदों की जय हो!''

–पृथ्वीसिंह 'आजाद'

पोस्ट–लाडलू,
जिला-पटियाला

विषय-सूची

जेल से अशफाक उल्ला खाँ के पत्र

रचनाएँ

सन्देश

संस्मरण

प्रारम्भ

शहीदों के प्रति राष्ट्र का कर्त्तव्य

महाकवि कालिदास ने रघुवंश में एक जगह लिखा है :

"प्रतिवघ्नाति हि श्रेयः
पूज्य पूजा व्यतिक्रम।"

अर्थात् पूज्य की पूजा में बाधा पड़ने पर सारे का सारा श्रेय नष्ट हो जाता है।

यह उस समय की बात है, जब राजा दिलीप से कामधेनु को प्रणाम न करने की भूल बन पड़ी थी। कामधेनु ने उस समय उन्हें शाप दिया था—"राजन् ! तब तक तुम्हारा वंश नहीं चलेगा, जब तक तुम मेरी पुत्री नन्दिनी की विधिवत् पूजा न करो।" महाराज दिलीप ने इक्कीस दिन तक नन्दिनी की सेवा की। उसे चराने के लिए वे उसके साथ रोज वन को जाते थे। जब वह बैठती तब बैठते और जब वह खड़ी हो जाती, तो खड़े हो जाते और वह सो जाती तब स्वयं विश्राम करते। महाराज की इस उत्कट साधना के बाद ही रघु का जन्म हुआ था, जिनके नाम पर आगे चलकर रघुवंश प्रसिद्ध हुआ।

जो अपराध महाराज दिलीप से बन पड़ा था, उसी अपराध की अपराधी है भारतीय सरकार और कुछ अंश में भारतीय जनता भी। सहस्रों ही भारतीय स्वाधीनता संग्राम में बलिदान हुए थे। उनकी स्मृति-रक्षा के लिए और उनके कुटुम्बियों के पालन-पोषण के लिए हमारी केन्द्रीय सरकार तथा भिन्न-भिन्न राज्यों ने जो थोड़े-से कार्य किए हैं, वे उस महान उद्देश्य को देखते हुए सर्वथा असन्तोषजनक हैं।

शहीद-संग्रहालय बनाया जाए

हमारे देश में सरकार की ओर से सशस्त्र क्रान्तिकारियों के लिए कोई भी शहीद-संग्रहालय कायम नहीं किया गया। महात्मा गांधीजी के संग्रहालय की बात दूसरी है और वह अन्तर्राष्ट्रीय महत्त्व का कार्य है। संसार के भिन्न-भिन्न देशों में शहीदों के लिए अनेक संग्रहालय हैं। आयरलैंड ने अपने शहीदों के लिए जो कार्य किया था, उसका वृत्तान्त श्रीयुत् चमनलाल (पत्रकार) ने नवम्बर 1939 के 'विप्लव' में लिखा था। उसका सारांश निम्न प्रकार है :

"आयरलैंड के राष्ट्रीय वीरों का यह स्मारक आयरलैंड की पार्लियामेंट के विशाल भवन में कायम है। इस अजायबघर में मुल्क की आजादी की लड़ाई में भाग लेनेवाले

वीरों और उस युद्ध की घटनाओं की स्मृतियों का एक बहुत प्रभावशाली संग्रह है। इसमें उन वीरों की आदमकद मूर्तियाँ हैं, और वे वर्दियाँ हैं जिन्हें पहनकर उन्होंने अपनी लड़ाइयाँ लड़ीं। उनके हथियार हैं; चिह्न, बैज, झंडे इत्यादि भी हैं। उनकी लिखी पुस्तकें, उनके व्याख्यान, ऐलान तथा पत्र इत्यादि भी खूब सुरक्षित ढंग से रखे गए हैं। आयरलैंड के स्त्री-पुरुष, वृद्ध और बच्चे वहाँ पहुँचकर और इन स्मृति-चिह्नों को देखकर राष्ट्रीयता का पाठ पढ़ते हैं। जिस जनरल राजर्स केसमेंट को अंग्रेजों ने फाँसी दी थी, उनके जीवन की सम्पूर्ण गाथा आपको यहाँ देखने को मिलेगी। प्रथम महायुद्ध में उन्होंने जर्मनी की सहायता से एक आयरिश सेना तैयार की थी और जहाज द्वारा वे आ ही रहे थे कि वह जहाज अंग्रेजों के हाथ पड़ गया। केसमेंट को फाँसी हुई, पर राष्ट्रीय अजायबघर में वे अब भी जिन्दा हैं। 'कीर्तिर्यस्य स जीवति'।

"इस अजायबघर में आयरलैंड के प्रसिद्ध शहीद टैरेन्स मैकस्विनी का भी चित्र मिलेगा, जिन्होंने 74 दिन का अनशन करके अपने प्राण दिए थे। जनरल माइकेल कोलिंस की भी मूर्ति विद्यमान है। हैरीबोलेंड सुप्रसिद्ध वीर सेनापति डी वेलेरा के सेक्रेटरी थे। एक संकट के समय वे अपने जूते के तले में छिपाकर एक पत्र डी. वेलेरा के लिए ले गए थे। वे मार डाले गए, पर उनका जूता अब भी सुरक्षित है ! इस संग्रहालय में आपको वीर बालक केबनबरी का वृत्तान्त मिलेगा, जिसे फाँसी दी गई थी। कहीं आपको क्रान्तिकारियों द्वारा प्रकाशित ऐलानों का संग्रह मिलेगा, तो कहीं राष्ट्रीय हुंडी। कहीं माउंट जोय जेल में भूख-हड़ताल करनेवालों की मूर्तियाँ खड़ी हैं तो कहीं आयरिश शहीदों के चित्रों के एलबम हैं ! और-तो-और, उन शहीदों द्वारा व्यवहार में लाई जानेवाली चीजें भी संग्रह कर ली गई हैं—यथा उनकी अँगूठियाँ, प्याले और पेन्सिल आदि। जगह-जगह गोलियों से छिदे कपड़े तथा टोपियाँ रखी हुई हैं।"

यदि हमारी सरकार चाहती तो दिल्ली में एक केन्द्रीय शहीद संग्रहालय कायम कर सकती थी, पर खेद है कि उसने इस दिशा में कोई प्रयत्न नहीं किया; और जहाँ तक हम जानते हैं, प्रान्तीय सरकारों ने भी इस पुण्य कार्य की उपेक्षा ही की है।

एक बात अवश्य कुछ सन्तोषजनक है, वह यह कि साधारण जनता में इस विषय में प्रति रुचि जाग्रत हो गई है और सर्वसाधारण इस विषय का साहित्य पढ़ने के लिए विशेष उत्सुक है। बंगला और मराठी में इस विषय पर काफी साहित्य निकला है और कुछ गुजराती में भी छपा है। जहाँ तक हिन्दी का सम्बन्ध है, इस विषय को जीवित और जाग्रत रखने के लिए सबसे अधिक काम बन्धुवर मन्मथनाथजी गुप्त ने किया है। जब चारों ओर निराशा का अन्धकार था तो गुप्तजी ने अपनी उत्कट साधना से शहीदों की कीर्तिरूपी ज्योति को जगाए रखा। हर्ष की बात है कि उनकी यह लगन संक्रामक (प्रेरणाप्रद) सिद्ध हुई और अब तो हिन्दी जगत में यह विषय काफी लोकप्रिय हो चुका है। पर अब तक जो कार्य देश के भिन्न-भिन्न भागों में हो चुके हैं और भिन्न-भिन्न व्यक्तियों ने किए हैं उन सबको मिलानेवाला कोई सूत्र नहीं है; जालन्धर में क्रान्तिकारी सिक्ख भाइयों ने एक संस्था स्थापित कर ली है। कलकत्ते में भी इस दिशा में कुछ काम

हुआ है। वहाँ के महाजातीय सदन में क्रान्तिकारियों के बड़े-बड़े तैल-चित्र टाँग दिए गए हैं। नासिक में स्वातन्त्र्य-वीर सावरकरजी ने एक मन्दिर इसीलिए स्थापित किया था। पूना में भी कुछ सामग्री संग्रह की गई है। पर जैसा कि हम कह चुके हैं—"योजक स्तत्र दुर्लभः।"

अमर शहीद आजाद का तमंचा अब तक किसी सुरक्षित स्थान में नहीं रखा गया था, शायद वह अन्य 'मुजरिमों' के हथियारों के साथ किसी सरकारी कबाड़खाने में पड़ा था। अब उत्तर प्रदेशीय सरकार ने उसे सुरक्षित करने का वचन दिया है ! क्या किसी ने स्वर्गीय सुशीला दीदी के पास रखी हुई भगतसिंह की फटी-फटाई कमीज और आजाद द्वारा उनको भेंट किए गए दुशाले को सुरक्षित रखने की बात भी सोची है ? इसी प्रकार शहीद अशफाक के तमंचे को भी, अगर वह कहीं मिल सके, तो सुरक्षित कर देना चाहिए अन्यथा ऐतिहासिक चीजें या तो नष्ट हो गईं या होने जा रही हैं।

हमारी प्रार्थना पर श्रद्धेय स्वामी केशवानन्दजी ने अपनी ग्रामोत्थान विद्यापीठ (संगरिया) में एक हरदयाल कक्ष की स्थापना कर दी थी और उसमें अस्सी क्रान्तिकारियों के वृहदाकार चित्र भी टँगवा दिए थे। यह बात ध्यान देने योग्य है कि स्वामी केशवानन्दजी को अभिनन्दन ग्रन्थ उनके भक्तों ने भेंट किया था, उसका आधे से अधिक भाग क्रान्तिकारियों को ही समर्पित था।

हिन्दी के सुप्रसिद्ध प्रकाशक श्री रामलालजी पुरी ने 'आत्माराम एंड सन्स' द्वारा 'शहीद ग्रन्थमाला' की 6 किताबें प्रकाशित की हैं, जिनमें कई महत्त्वपूर्ण हैं। इनके सिवाय अनेक हिन्दी पत्रों ने अपने शहीद-अंक और बलिदान-अंक भी निकाले थे, जिनमें भाई शम्भूनाथ सक्सेना की 'नर्मदा' का सहयोग अत्यन्त प्रशंसनीय रहा। हिन्दी पत्रों ने इस विषय में पहल की है और अभी आगरा के 'युवक' का शहीद अंक छपा है। राठ (हमीरपुर) में पंडित परमानन्दजी झाँसीवाले का अभिनन्दन ग्रन्थ भी छप चुका है। उज्जैन के उत्साही कवि श्री श्री कृष्णसरलजी ने शहीद भगतसिंह तथा चन्द्रशेखर आजाद पर दो काव्य-ग्रन्थ लिखे हैं।

पर ये छिटपुट प्रयत्न, जो भिन्न-भिन्न व्यक्तियों द्वारा अपनी सीमित शक्तियों से किए जा रहे हैं, अत्यन्त प्रशंसनीय होने पर भी अपर्याप्त हैं। शहीदों का श्राद्ध तो किसी शक्तिशाली संस्था द्वारा ही विधिवत् किया जा सकता है।

हमारे सौभाग्य से अब भी अनेक वयोवृद्ध क्रान्तिकारी हमारे बीच विद्यमान हैं, यद्यपि अब उनमें इतनी सामर्थ्य नहीं कि वे अपने हाथ से अपनी अनुभूतियाँ लिपिबद्ध कर सकें। किसी भी स्वाभिमानी स्वाधीन देश में वहाँ की सरकार इसके लिए अपनी ओर से प्रबन्ध कर देती, पर हमारी सरकार ने इस कार्य के महत्त्व को अब तक नहीं समझा।

लाला हरदयालजी के पुराने साथी लाला हनुमन्तसहाय, 'फ्रन्टियर मेल' के वयोवृद्ध सम्पादक श्री अमीरचन्द बम्बवाल, और जिन्हें सबसे अधिक जेल में रहना पड़ा, स्व. महाराज त्रैलोक्यनाथ चक्रवर्ती तथा पंडित परमानन्दजी झाँसीवाले, इन सबके अनुभव

यदि छापे जा सकें तो स्वाधीनता संग्राम के कई अध्यायों पर अच्छा प्रकाश पड़ सकता है। देश के अन्य भागों में भी ऐसे वयोवृद्ध व्यक्ति विद्यमान हैं।

अभी हमारे देखते-देखते कई क्रान्तिकारी परलोक-यात्रा कर गए हैं–यथा लद्धारामजी, लालचन्दजी फलक, डॉक्टर खानखोजे और श्री बी.के. दत्त। बहुत वर्षों तक ये लोग आर्थिक संकट में रहे, तब कहीं अन्तिम दिनों उन्हें सरकार की ओर से कुछ पेंशन मिल पाई !

होना तो यह चाहिए था कि स्वतन्त्रता-प्राप्ति के बाद तुरन्त ही सरकार इस कार्य को अपने हाथ में ले लेती। भिन्न-भिन्न राज्यों में कुछ काम शुरू भी हुआ, पर बड़े भोंडे ढंग से। बंगाल में डॉ. बी.सी. राय जिन क्रान्तिकारियों को पच्चीस रुपए की पेंशन देते थे, उनसे यह लिखा लेते थे कि वे कभी राजनीति में भाग न लेंगे!

बिहार में कितने ही अनधिकारियों को पेंशन मिल गई और अधिकारी व्यक्ति टपटपाते रहे !

अब कई राज्यों में अन्य दलों की सरकारें बन गई हैं। क्या वे इस विषय में कुछ सतर्कता से काम लेंगी ? हमें तो इस बारे में विशेष आशा नहीं है। बिहार राज्य के मुख्यमन्त्री महोदय की सेवा में हमने एक पत्र भेजा था, पर शायद समयाभाव के कारण श्री महामाया बाबू उसका उत्तर भी नहीं दे सके !

हमारी समझ में सर्वोत्तम नीति यही होगी कि हम सरकारों पर भरोसा न रखकर जो कुछ स्वयं अपने सीमित साधनों द्वारा कर सकते हों, करते रहें। इनमें एक कार्य है पत्रों के शहीद अंक निकालना। इस प्रकार आवश्यक सामग्री का तो संग्रह हो ही सकता है। हमारे अनेक कॉलेज और स्कूल अपने वार्षिक अंक निकाला करते हैं। वे यदि अपने-अपने क्षेत्रों के शहीदों के लिए पत्रिकाओं के पूरे अंक न छपा सकें तो आधे-तिहाई ही शहीदों की स्मृति-रक्षा के लिए अर्पित कर सकते हैं। एटा का आर्य इंटर कॉलेज शहीद महावीरसिंह के बारे में एक अंक निकाल चुका है।

हाँ, शहीद संग्रहालय का कार्य ऐसा है कि वह बिना धनाढ्यों अथवा सरकारों की मदद के हो ही नहीं सकता। जिनके पास शहीदों की चीजें हैं वे तब तक उन्हें नहीं दे सकते, जब तक कि उन्हें यह विश्वास न हो जाए कि वे चीजें सुरक्षित रहेंगी।

एक कार्य और भी है जो आसानी से किया जा सकता है–यानी इस विषय पर अंग्रेजी में तथा भारत की भिन्न-भिन्न भाषाओं में जो साहित्य निकला हो, उसकी सूची तैयार करना। कौन-कौन पुराने क्रान्तिकारी अभी हमारे देश में विद्यमान हैं, उनके नाम तथा पते भी इकट्ठे करके छपा देने चाहिए।

–बनारसीदास चतुर्वेदी

अमर शहीद अशफाक उल्ला खाँ

शहीदों के मजारों पर जुड़ेंगे हर बरस मेले।
वतन पे मरनेवालों का यही बाकी निशाँ होगा ॥

हिन्दी जगत में यह कविता बहुत प्रसिद्ध है और यह आम लोगों की जुबान पर भी है, पर किसी मनचले हिन्दी प्रेमी ने मजार की जगह 'चिता' बना दी है, बिना यह खयाल किए कि चिताओं पर मेले नहीं जुड़ा करते।

19 दिसम्बर, 1927 को फैजाबाद की जेल में अशफाक उल्ला को फाँसी हुई थी। पिछले तेतालीस वर्षों में हम लोगों ने उनकी स्मृति-रक्षा के लिए क्या किया ?

श्रद्धेय गणेशशंकर विद्यार्थीजी ने यह प्रतिज्ञा की थी कि अशफाक की समाधि पर वह एक आलीशान मकबरा बना देंगे। दुर्भाग्य की बात यह हुई कि शीघ्र ही वह खुद शहीद हो गए और उनकी इच्छा-पूर्ति न हो सकी। स्वर्गीय पुरुषोत्तमदासजी टंडन की भी यही अभिलाषा थी कि शहीद अशफाक उल्ला का एक अच्छा स्मारक बनाया जाए, परन्तु वह भी पूरी न हो सकी।

अशफाक उल्ला ने 16 दिसम्बर, 1927 को एक खत अपने देशवासियों के नाम लिखा था, जिसमें उन्होंने ये पंक्तियाँ लिखी थीं :

"वतनी भाइयों से गुजारिश है कि मेरे बाद मेरे भाइयों को वक्त जरूरत न भूलें और उनकी मदद करें और उनका खयाल करें। मेरी तहरीर मेरे वतनी भाइयों तक पहुँच जाए। विद्यार्थीजी अखबार के जरिए से या अंग्रेजी-हिन्दी-उर्दू में छपवाकर कांग्रेस के अय्याम[1] में तकसीम करा दें, मशकूर[2] हूँगा। मेरा सलाम कबूल करें।

वतन पर मिटनेवाला

–अशफाक वारसी 'हसरत'

अशफाक उल्ला के बड़े भाई जनाब रियासत उल्ला खाँ 25 दिसम्बर, 1969 तक जीवित रहे। अपने भाई अशफाक के मुकदमे की वजह से वे बर्बाद हो गए थे, और अगर किदवई साहब उन्हें चुंगी में नौकरी न दिलवा देते तो वह भूखों ही मर जाते ! अपनी बीमारी में उन्हें सबसे बड़ी फिक्र इस बात की रही कि अपने लड़के इश्तियाक को पढ़ा-लिखा न सके और न किसी काम पर लगा सके। बहुत कोशिश करने पर उन्हें 75 रुपए महीने की पेंशन सरकार से मिली जो आजकल के महँगाई के जमाने में पाँच

1. कांग्रेस जलसे के समय, 2. आभारी।

प्राणियों के लिए बिलकुल नाकाफी थी। अगर हमारी केन्द्रीय या राज्य सरकार के उच्च पदाधिकारी चाहते तो इश्तियाक भाई को कोई काम आसानी से दिलवा सकते थे। पर वे ऐसा नहीं कर सके ! अब उत्तर प्रदेशीय सरकार ने इश्तियाक भाई को 50 रुपए महीने की पेंशन कर दी है।

हमारे देश में National Integration राष्ट्रीय एकता की आवाज बार-बार उठती है, पर हम लोग ऐसे तौर-तरीकों को इख्तियार नहीं करते, जिससे वह कायम की जा सके। यद्यपि हमारे देश में सैकड़ों ही व्यक्ति शहीद हुए थे और सभी शहीदों को हम बराबर का दर्जा देते हैं, फिर भी अशफाक उल्ला की शहादत एक खास महत्त्व रखती है। जब पंजाब के सुप्रसिद्ध क्रान्तिकारी श्री केदारनाथ सहगल ने अशफाक उल्ला खाँ से, जब वे फरारी के जमाने में लाहौर गए थे, कहा था :

''जेल में मैं फ्रन्टियर के एक मशहूर लीडर के साथ कैद रहा था और उन्होंने मुझसे कहा था कि जब कभी किसी पोलीटिकल कार्यकर्ता को खुफिया तौर पर सरहद पार कराना हो तो उसका इन्तजाम हम कर सकते हैं। आप चाहें तो हम हिफाजत से आपको अंग्रेजी राज्य की सीमा से बाहर भेज सकते हैं।''

अशफाक उल्ला ने जवाब दिया, ''मैं हिन्दुस्तान से भागना नहीं चाहता। भई ! किसी मुसलमान को भी तो फाँसी चढ़ने दो।''

अशफाक उल्ला बड़ी शान के साथ फाँसी पर चढ़ गए। पर बयालीस वर्षों तक न तो हिन्दी में और न उर्दू में हम उनका कोई जीवन-चरित्र छपा सके थे, न उनके बारे में कोई स्मृति-ग्रन्थ निकाल सके थे।

शहीद अशफाक उल्ला उर्दू के अच्छे कवि भी थे और उनकी कई उर्दू कविताएँ बड़ी लाजवाब बन पड़ी हैं। अशफाक उल्ला ने जो पत्र जेल से अपनी शहादत के पहले लिखे थे, वे पत्र साहित्य में अद्वितीय हैं।

9 मई, 1966 को दिल्ली में स्वाधीनता संग्राम सैनिक सम्मेलन के अवसर पर श्रीमती इन्दिरा गांधी ने कहा था—

''हम सब एक सेना के सिपाही हैं और भारत की आजादी के लिए लड़े हैं। मैं यह महसूस करती हूँ कि आजादी के सैनिकों के लिए जितना हमें करना चाहिए था, उतना हमने नहीं किया। उन्होंने देश के लिए बहुत कष्ट झेले हैं और कुर्बानियाँ दी हैं। यदि अब भी उनके लिए कुछ हो सके तो हमें उस पर गम्भीरता से विचार करना चाहिए। स्वाधीनता संग्राम के सैनिकों का इतिहास और उनके वीरतापूर्ण कार्यों की कहानी आज के स्कूलों में नई पीढ़ी को पढ़ानी चाहिए। हमारे देश को जहाँ एक ओर बाहरी दुश्मनों से खतरा है, वहाँ दूसरी ओर हमारी आजादी को अन्दरूनी झगड़ों से भी खतरा है। सन् 1857 की क्रान्ति इसलिए असफल रही, क्योंकि हममें एकता नहीं थी।''

आगे चलकर श्रीमती इन्दिरा गांधी ने बड़ी महत्त्वपूर्ण बात कही :

''यह बड़े दुख की बात है कि स्वाधीनता के सैनिकों के वीरतापूर्ण कार्यों और कुर्बानियों को जनता भूलती जा रही है। हमारे बच्चे स्वाधीनता आन्दोलन का इतिहास

नहीं जानते। यह एक ऐसा इतिहास है जो प्रेरणा देता है, इसलिए हमें इस मौके को हाथ से नहीं जाने देना चाहिए। हमें नई पीढ़ी और बच्चों को आजादी के आन्दोलन का इतिहास पढ़ाना चाहिए। जब मेरे पिताजी की मृत्यु हुई तो उनके प्रधानमन्त्री-निवास को एक स्मारक बना दिया गया। इस स्मारक को बनाने का मकसद यही था कि जनता स्वाधीनता आन्दोलन के इतिहास को जान सके। इस तरह के स्मारक देश में हर जगह बनने चाहिए।''

हर्ष का विषय है कि अशफाक की शहादत के बयालीसवें वर्ष में 19 दिसम्बर, 1969 को एक स्मृति-ग्रन्थ उर्दू में 'यादगारे अशफाक' के नाम से, शहीद अशफाक के बड़े भाई श्री रियासत उल्ला खाँ की मृत्यु से एक सप्ताह पूर्व, प्रकाशित हो गया था और वे इसे देख भर सके।

अब यह हिन्दी ग्रन्थ जनता के सामने प्रस्तुत है। इस ग्रन्थ की भूमिका लिखी है श्रद्धेय बाबा पृथ्वीसिंहजी आजाद ने, जो इसके सर्वोत्तम अधिकारी हैं। बन्धुवर 'फहीम' साहब (अध्यापक, इस्लामिया कॉलेज, फिरोजाबाद) का मैं अत्यन्त कृतज्ञ हूँ, क्योंकि उन्होंने ही शहीद अशफाक की उर्दू रचनाओं को हिन्दी में लिख दिया है और साथ ही कठिन शब्दों के अर्थ भी दे दिए हैं। भाई गंगाप्रसादजी 'नाजुक' ने इस ग्रन्थ की पांडुलिपि को देखकर कुछ संशोधन बताने की कृपा की है और वे भी धन्यवाद के पात्र हैं। ग्रन्थ के हिन्दी संस्करण के निकालने में जो उत्साह तथा सहयोग बन्धुवर श्री राधेमोहनजी ने प्रदान किया है, तदर्थ मैं उनका ऋणी और कृतज्ञ हूँ।

—बनारसीदास चतुर्वेदी

श्री अशफाक उल्ला खाँ

अशफाक उल्ला खाँ पहले मुसलमान थे, जिन्हें षड्यन्त्र के मामले में फाँसी हुई। स्वतन्त्रता के इतिहास में, जब से राजनीतिक षड्यन्त्रों की चर्चा सुनने में आईं, अनेक आत्माएँ फाँसी और गोली का शिकार बना दी गईं। परन्तु आज तक किसी मुसलमान को ऐसा शिकार बनते हुए नहीं सुना गया था। इससे जनता में यह धारणा बैठ गई थी कि मुसलमान लोग षड्यन्त्रों में भाग नहीं ले सकते। किन्तु श्री अशफाक उल्ला खाँ ने इस धारणा को गलत साबित कर दिया। उनका हृदय बड़ा विशाल और विचार बड़े उदार थे। कुछ अदूरदर्शी मुसलमानों की भाँति 'मैं मुसलमान, वह काफिर' आदि के संकीर्ण भाव उनके हृदय में घुसने ही नहीं पाए। सबके साथ समव्यवहार करना उनका सहज स्वभाव था। निर्द्वन्द्वता, लगन, दृढ़ता, प्रसन्नता उनके स्वभाव के विशेष गुण थे। वे कवि भी थे। उन्होंने बहुत ही अच्छी-अच्छी कविताएँ, जो स्वदेशानुराग से सराबोर हैं, बनाई थीं। कविता में वे अपना उपनाम 'हसरत' लिखते थे। अपनी कविताओं को प्रकाशित कराने का प्रयत्न उन्होंने कभी नहीं किया। कहते—"हमें नाम पैदा करना तो है नहीं। अगर नाम पैदा करना होता तो क्रान्तिकारी काम छोड़ 'लीडरी' न करता ?" आपकी बनाई हुई कविताएँ, अदालत आते-जाते अकसर, काकोरी के अभियुक्त गाया करते थे।

श्री अशफाक उल्ला खाँ वारसी 'हसरत' शाहजहाँपुर के रहनेवाले थे। इनके खानदान के लोगों का शुमार वहाँ के रईसों में है। बचपन में इनका मन पढ़ने-लिखने में न लगता था। 'खनौत' में तैरने, घोड़े की सवारी करने और भाई की बन्दूक लेकर शिकार खेलने में इन्हें बड़ा आनन्द आता था। बड़े सुडौल, सुन्दर और स्वस्थ जवान थे। चेहरा हमेशा खिला हुआ रहता और बोली प्रेम में सनी हुई बोलते थे। ऐसे हट्टे-कट्टे सुन्दर नौजवान बहुत कम दिखाई पड़ते हैं। बचपन से ही उनमें स्वदेशानुराग था। देश की भलाई के लिए किए जानेवाले आन्दोलनों की कथाएँ वे बड़ी रुचि से पढ़ते थे। धीरे-धीरे उनमें क्रान्तिकारी भाव पैदा हुए। उनकी बड़ी उत्सुकता हुई कि किसी ऐसे आदमी से भेंट की जाए, जो क्रान्तिकारी दल का सदस्य हो। उस समय मैनपुरी षड्यन्त्र का मामला चल रहा था। वे शाहजहाँपुर में स्कूल में शिक्षा पाते थे। मैनपुरी षड्यन्त्र में शाहजहाँपुर के ही रहनेवाले एक नवयुवक के नाम भी वारंट निकला था। वह नवयुवक और कोई नहीं, श्री रामप्रसाद 'बिस्मिल' थे। श्री अशफाक को यह जानकर

बड़ी प्रसन्नता हुई कि उनके शहर में ही एक आदमी ऐसा है, जैसा कि वे चाहते हैं। किन्तु मामले से बचने के लिए श्री रामप्रसाद भागे हुए थे। जब शाही ऐलान द्वारा सब राजनीतिक कैदी छोड़ दिए गए, तब श्री रामप्रसाद शाहजहाँपुर आए। श्री अशफाक को यह बात मालूम हुई। उन्होंने मिलने की कोशिश की। मिलकर षड्यन्त्र के सम्बन्ध में बातचीत करनी चाही। पहले तो श्री रामप्रसाद ने टालमटोल कर दी। परन्तु फिर अशफाक के व्यवहार और बर्ताव से वे इतने प्रसन्न हुए कि उनको अपना बहुत ही घनिष्ठ मित्र बना लिया। इस प्रकार वे क्रान्तिकारी जीवन में आए। इस क्षेत्र में पदार्पण करने के बाद से वे सदा प्रयत्न करते रहे कि उनकी भाँति और मुसलमान नवयुवक भी क्रान्तिकारी दल के सदस्य बनें। हिन्दू-मुस्लिम एकता के वे बड़े कट्टर हामी थे। उनके इन आचरणों से उनके सम्बन्धी कहते थे कि वे काफिर हो रहे हैं ! किन्तु वे इन बातों की कभी परवाह न करते और सदैव एकाग्रचित्त से अपने व्रत पर अटल रहते। जब काकोरी का मामला शुरू हुआ, उनका भी वारंट निकला और उन्हें मालूम हुआ, तो वे पुलिस की आँख बचाकर भाग निकले। बहुत दिनों तक वे फरार रहे। कहते हैं, उनसे कहा गया कि रूस या किसी और देश में चले जाओ। किन्तु वे हमेशा यह कहकर टालते गए कि मैं सजा के डर से फरार नहीं हुआ हूँ, मुझे काम करने का शौक है, इसीलिए मैं गिरफ्तार नहीं हुआ। रूस में मेरा काम नहीं, मेरा काम यहीं है, और मैं यहीं रहूँगा—पर अन्ततः 8 सितम्बर, 1926 को वे दिल्ली में पकड़ लिए गए। स्पेशन मजिस्ट्रेट ने अपने फैसले में लिखा था कि वे उस समय अफगान दूत से मिलकर पासपोर्ट लेकर बाहर निकल जाने की कोशिश कर रहे थे। वे गिरफ्तार करके लखनऊ लाए गए और श्री शचीन्द्रनाथ बख्शी के साथ उनका अलग से मामला चलाया गया। अदालत में पहुँचने पर पहले ही दिन आपने स्पेशल मजिस्ट्रेट सैयद ऐनुद्दीन से पूछा, ''आपने मुझे कभी देखा है ? मैं तो आपको बहुत दिनों से देख रहा हूँ। जब से काकोरी का मुकदमा आपकी अदालत में चल रहा है, तब से मैं कई बार यहाँ आकर देख गया।'' जब पूछा गया कि कहाँ बैठा करते थे, तो उन्होंने बताया कि वे मामूली दर्शकों के साथ एक राजपूत के वेश में बैठा करते थे। लखनऊ में एक दिन पुलिस सुपरिटेंडेन्ट खान बहादुर साहब इनसे मिले। खान बहादुर ने इनसे कहा, ''देखो अशफाक, तुम मुसलमान हो, हम भी मुसलमान हैं। हमें तुम्हारी गिरफ्तारी से बहुत रंज है। रामप्रसाद वगैरह हिन्दू हैं। इनका उद्देश्य हिन्दू सल्तनत कायम करना है। तुम पढ़े-लिखे खानदानी मुसलमान हो। तुम कैसे इन काफिरों के चक्कर में आए ?'' यह सुनते ही श्री अशफाक की आँखें लाल हो गईं और झल्लाकर उन्होंने कहा, ''बहुत हुआ ! खबरदार, ऐसी बात फिर कभी न कहिएगा। अव्वल तो पंडितजी (रामप्रसाद) वगैरह सच्चे हिन्दुस्तानी हैं, उन्हें हिन्दू सल्तनत, सिक्ख राज्य या किसी भी फिर्कावाराना सल्तनत से सख्त नफरत है, और आप जैसा कहते हैं, अगर वह सत्य भी हो तो मैं अंग्रेजों के राज्य से हिन्दू राज्य ज्यादा पसन्द करूँगा। आपने जो उनको काफिर बताया, उसके लिए मैं आपको इस शर्त पर मुआफी देता हूँ कि आप इसी वक्त मेरे सामने से चले जाएँ।'' बेचारे खान बहादुर की सिट्टी-गुम

हो गई और अपना सा मुँह लिए वहाँ से खिसक गए। मुकदमे में उनका व्यवहार बड़ा मस्ताना था। अदालत के दर्शक और कर्मचारी उनके निर्द्वन्द्वतापूर्ण व्यवहार को देखकर दंग थे। फाँसी का तख्ता सिर पर झूल रहा था परन्तु उन्हें बिलकुल परवाह न थी! अन्त में फैसला सुनाया गया। उन पर पाँच अभियोग लगाए गए थे जिनमें से तीन में फाँसी और दो में कालेपानी की सजाएँ हुई थीं। अदालत में उन्हें रामप्रसाद 'बिस्मिल' का लेफ्टीनेन्ट कहा गया था। (वह भीम का-सा बल रखते थे जैसा कि श्री बाल शास्त्री हरदासजी, साहित्याचार्य ने अपनी अंग्रेजी पुस्तक 'सन् 1857 ई. से सुभाषचन्द्र बोस तक, 90 वर्ष के स्वतन्त्रता संग्राम का इतिहास जिसके भूमिका लेखक श्री एम.एस. गोलवालकर, संचालक आर.एस.एस. हैं—एक जगह लिखा है कि जब ट्रेन रोककर काकोरी में खजाने की तिजोरी निकालकर उसे तोड़ने की चेष्टा की गई और हथौड़े चलाए गए तो वह किसी से न टूटी, उसमें एक छेद अवश्य हो गया। उस समय एक-एक मिनट घंटों के समान भारी था। अशफाक उल्ला खाँ उस समय देखभाल कर रहे थे, उन्होंने अपना पिस्तौल मन्मथजी को दिया और खुद हथौड़ा ले भीम के-से बल के साथ चलाने लगे और तिजोरी टूटकर खुल गई मानो, वह किसी बलवान और बहादुर मनुष्य की बाट देख रही थी, अपना हृदय खोलने के लिए।)

इसके बाद अपीलें और दया-प्रार्थनाओं आदि के व्यर्थ जाने पर फाँसी देना तय पाया। उन्हें इस नतीजे से रंचमात्र भी क्लेश नहीं हुआ। जेल में वे कुछ दुबले पड़ गए थे। उनके कुछ मित्रों ने उनसे इसका कारण पूछा तो उन्होंने उत्तर दिया कि तुम समझते होगे कि काल-कोठरियों ने मुझे दुबला कर दिया है, मगर बात ऐसी नहीं है। मैं आजकल बहुत कम खाता हूँ और इबादत (ईश्वर-भजन) में ज्यादा समय गुजारता हूँ। कम खाने से इबादत में मन खूब लगता है। वे बड़ी मस्त तबीयत के आदमी थे। फाँसी के एक दिन पहले कुछ मित्र उनसे मिलने गए। उस दिन उन्हें अपने पुराने कपड़े मिल गए थे, जिन्हें धोकर उन्होंने पहना था। पैरों में जूता भी था। उस दिन उबटन लगाकर उन्होंने स्नान किया, और बालों को, जिन्हें इस बीच उन्होंने बढ़ा रखा था, साफ किया। काफी जर्क-बर्क[1] होकर मित्रों से मिले। बड़े खुश थे, फाँसी की कोई चिन्ता ही न थी। मित्रों से बोले 'आज मेरी शादी है।' उसके दूसरे ही दिन सुबह साढ़े छह बजे उन्हें फाँसी हुई। मुकदमा समाप्त हो जाने के बाद वे फैजाबाद जेल भेज दिए गए थे। वहीं पर उन्हें फाँसी हुई। वे बहुत हँसी-खुशी के साथ, कुरान शरीफ का बस्ता कन्धे से टाँगे हाजियों की भाँति लब्बैक[2] कहते और कलमा पढ़ते, फाँसी के तख्ते के पास गए। तख्ते को उन्होंने बोसा (चुम्बन) दिया और उपस्थित जनता से कहा कि, "मेरे हाथ इंसानी खून से कभी नहीं रँगे, मेरे ऊपर जो इलजाम लगाया गया, वह गलत है, खुदा के यहाँ मेरा इंसाफ होगा।" इसके बाद उनके गले में फन्दा पड़ा और खुदा का नाम लेते हुए वे इस दुनिया से कूच कर गए। उनके रिश्तेदार उनकी लाश शाहजहाँपुर ले जाना चाहते थे। इसके लिए उनको अधिकारियों से बहुत मिन्नत-आरजू करनी पड़ी, तब कहीं इजाजत मिली।

1. सज-धजकर, 2. कर्त्तव्य-पालन करते समय (लब्बैक) शब्द कहा जाता है

शाहजहाँपुर ले जाते समय जब इनकी लाश लखनऊ स्टेशन पर उतारी गई तब कुछ लोगों को देखने का मौका मिला। चेहरे पर 10 घंटे के बाद भी, बड़ी शान्ति और मधुरता थी। बस, केवल आँखों के नीचे कुछ पीलापन था। बाकी चेहरा तो ऐसा सजीव मालूम होता था कि अभी-अभी नींद आ गई हो। यह नींद अनन्त थी। मृत्यु के कुछ समय पहले वे इन शेरों की रचना भी कर गए थे :

फना[1] है सबके लिए हम पे कुछ नहीं मौकूफ[2],
बका[3] है एक फकत जाते किब्रिया[4] के लिए।

(नाश तो सबका है, एक हमारा ही क्या, अविनाशी तो केवल परमात्मा ही है।)

x x x

तंग आकर हम भी उनके जुल्म से बेदाद से
चल दिए सूये अदम[5] जिन्दाने[6] फैजाबाद से

उनकी अन्य कुछ कविताओं का नमूना यह है :

यूँ ही लिक्खा था किसमत में चमन पैराए आलम[7] ने,
कि फस्ले गुल में गुलशन छूटकर है कैद जिन्दा की।
तनहाइए गुरबत[8] से मायूस[9] न हो 'हसरत'
कब तक न खबर लेंगे याराने वतन[10] तेरी

x x x

वह जुर्मे आरजू[11] पै जिस कदर चाहें सजा दे लें,
मुझे खुद ख्वाहिशे ताजीर[12] है मुलजिम हूँ इकरारी।

फाँसी के कुछ घंटे पहले उन्होंने ये कविताएँ लिखी थीं :

कुछ आरजू नहीं है, है आरजू तो यह है,
रख दे कोई जरा सी खाके वतन[13] कफन में।
ऐ पुख्ताकारे-उल्फत[14] हुशियार डिग न जाना,
मैराजे आशकाँ[15] है इस दार और रसन[16] में॥
मौत और जिन्दगी है दुनिया का सब तमाशा,
फरमान[17] कृष्ण का था, अर्जुन को बीच रन में।
जिसने हिला दिया था दुनिया को एक पल में॥
अफसोस ! क्यों नहीं है वह रूह अब बदन में ?
सैयाद जुल्म पेशा[18] आया है जब से 'हसरत'
हैं बुलबुले कफस[19] में जागोजगन[20] चमन में।

x x x

1. मृत्यु, 2. निर्भर, 3. शेष, 4. ईश्वर, 5. स्वर्ग-लोक, 6. जेलखाना, 7. विश्व-वाटिका का माली (ईश्वर), 8. एकान्त की गरीबी, 9. उदासी, मजबूरी, 10. देशवासी, मित्रगण 11. आकांक्षा का अपराध, 12. जुर्म से इनकार, 13. मातृभूमि की खाक, 14. सफल प्रेमी, 15. प्रेम की पराकाष्ठा, 16. सूली की रस्सी और तख्ता, 17. कृष्ण भगवान की आज्ञा, 18. पेशेवर चिड़ीमार, 19. पिंजरा, 20. चीलें, कौवे

न कोई इंगलिश न कोई जर्मन,
न कोई रशियन न कोई तुर्की।
मिटानेवाले हैं अपने हिन्दी,
जो आज हमको मिटा रहे हैं।
जिसे फना[1] वह समझ रहे हैं,
बका[2] का है राज[3] इसी में मजमिर[4],
नहीं मिटाने से मिट सकेंगे,
वो लाख हम को मिटा रहे हैं।
खमोश 'हसरत' खमोश 'हसरत'
अगर है जज्बा वतन[5] का दिल में,
सजा को पहुँचेंगे अपनी बेशक,
जो आज हमको सता रहे हैं।

x x x

बुजदिलों ही को सदा मौत से डरते देखा,
गो कि सौ बार उन्हें रोज ही मरते देखा।
मौत से वीर को हमने नहीं डरते देखा,
तख्तए मौत पै भी खेल ही करते देखा।

x x x

मौत इक बार जब आना है तो डरना क्या है ?
हम सदा खेल ही समझा किए, मरना क्या है ?
वतन हमेशा रहे शादकाम[6] और आजाद,
हमारा क्या है, अगर हम रहे, रहे, न रहे।

मरते समय वे देशवासियों के नाम एक सन्देश भी छोड़ गए। सन्देश का सारांश यहाँ दिया जाता है—"भारत माता के रंगमंच पर अपना पार्ट अब हम अदा कर चुके हैं। हमने गलत-सही जो कुछ किया, वह स्वतन्त्रता-प्राप्ति की भावना से किया। हमारे इस काम की कोई प्रशंसा करेगा और कोई निन्दा। किन्तु हमारे साहस और वीरता की प्रशंसा हमारे दुश्मनों तक को करनी पड़ी है। क्रान्तिकारी बड़े वीर योद्धा और बड़े अच्छे वेदान्ती होते हैं। वे सदैव अपने देश की भलाई सोचा करते हैं। लोग कहते हैं कि हम देश को भयत्रस्त करते हैं, किन्तु बात ऐसी नहीं है। इतनी लम्बी मियाद तक हमारा मुकदमा चला मगर हमने किसी एक गवाह तक को भयत्रस्त करने की चेष्टा नहीं की, न किसी मुखबिर को गोली मारी। हम चाहते तो किसी गवाह, किसी खुफिया पुलिस के अधिकारी या किसी अन्य ऐसे ही आदमी को मार सकते थे। किन्तु यह हमारा उद्देश्य नहीं था। हम तो कन्हाईलाल दत्त, खुदीराम बोस, गोपीमोहन साहा आदि की स्मृति में फाँसी पर चढ़ जाना चाहते थे।

---

1. मृत्यु, 2. शेष, 3. भेद, 4. भरा हुआ, 5. देशप्रेम, 6. सुसम्पन्न।

जजों ने हमें निर्दय, बर्बर, मानव-कलंक आदि विशेषणों से याद किया है। किन्तु हम पूछते हैं कि क्या इन जजों ने जालियाँवाला बाग में डॉयर को गोली चलाते देखा या सुना नहीं? क्या उसने निरस्त्र भारतीयों—स्त्री, पुरुष, बाल, वृद्ध सब पर गोलियाँ नहीं चलाई थीं ? कितने जजों ने उसे इन विशेषणों से विभूषित किया ? फिर क्या यह मजाक हमारे ही साथ उड़ाने को है ?

भारतीय भाइयो, आप कोई हों, चाहे जिस धर्म या सम्प्रदाय के अनुयायी हों, परन्तु आप देश-हित के कार्यों में एक होकर योग दीजिए। आप लोग व्यर्थ में लड़-झगड़ रहे हैं। सब धर्म एक हैं, रास्ते चाहे भिन्न-भिन्न हों, परन्तु लक्ष्य सबका एक ही है। फिर यह झगड़ा-बखेड़ा क्यों ? हम मरनेवाले काकोरी के अभियुक्तों के लिए आप लोग एक हो जाइए और सब मिलकर नौकरशाही का मुकाबला कीजिए। यह सोचकर कि सात करोड़ मुसलमान भारतवासियों में मैं सबसे पहला मुसलमान हूँ जो भारत की स्वतन्त्रता के लिए फाँसी पर चढ़ रहा हूँ, मैं मन-ही-मन अभिमान का अनुभव कर रहा हूँ। किन्तु मैं यह विश्वास दिलाना चाहता हूँ कि मैं हत्यारा नहीं था, जैसा कि मुझे साबित किया गया है।

अब मैं विदा होता हूँ। ईश्वर आप सबका भला करे। इस अवसर पर सैयद ऐनुद्दीन मजिस्ट्रेट, श्री खैरातअली\पब्लिक प्रासीक्यूटर, सी.आई.डी. के अधिकारी खासकर खान बहादुर तसद्दुक हुसैन साहब तथा अन्य गवाहों को धन्यवाद न देना अनुचित होगा, क्योंकि इन्हीं की कृपा से हमको यह मान-मर्यादा प्राप्त हुई है। मेरे परिवार में आज तक देश-सेवा के लिए कोई त्याग न हुआ था। अब यह कलंक छूट जाएगा। अन्त में अपने साथी अभियुक्तों तथा मुखबिरों और इकबाली मुलजिमों से भी 'वन्दे' करता हूँ।

सबको आखिरी सलाम। भारतवर्ष सुखी हो। मेरे भाई आनन्द लाभ करें।''

('काकोरी के शहीद' नामक पुस्तक से)

शहीद अशफाक उल्ला की माताजी

अशफाक उल्ला खाँ की वालिदा साहिबा श्रीमती मजहरउलनिसाँ बेगम दुखतर[1] मुहम्मद अबुल हसन खान साहब कौम कदन खैल साकिन मोहल्ला खलील गरबी की साहबजादी थीं और वह निहायत मुनकसिरुल[2] मिजाज, फैयाज[3], रहमदिल, दूरन्देश जीफहम[4] इंसान थीं। इनकी शादी मुहम्मद शफीक उल्ला खान अफगान दाऊदजई साकिन मोहल्ला जलालनगर हाल अशफाक नगर से हुई थी। इनके चार लड़के और एक लड़की थी। बड़े लड़के मुहम्मद शफी उल्ला खाँ, मँझले लड़के मुहम्मद रियासत उल्ला खाँ उर्फ लल्लू खाँ, सँझले लड़के मुहम्मद शहनशाह खान उर्फ मुन्नू खाँ—एक लड़की जिनका नाम परवरिश बानो था और सबसे छोटे लड़के यानी आखिरी औलाद मुहम्मद अशफाक उल्ला खाँ उर्फ अच्छू खान थे। चूँकि अशफाक उल्ला खाँ आखिरी औलाद थे, इनसे वालिदा साहिबा और वालिद साहब को बेहद मोहब्बत थी। अशफाक उल्ला खाँ को भी वालिदा साहिबा से बेहद मोहब्बत थी। अकसर रातों को उठकर वालिदा साहिबा का मुँह देखा करते थे। वैसे वालिदा साहिबा को सब औलाद से मोहब्बत थी, लेकिन अशफाक उल्ला खाँ से बहुत ज्यादा मोहब्बत करती थीं। जो अशफाक कहें वही किया जाता था। वालिदा साहिबा का मशगली[5] कुतुबबीनी[6] रहता था और उनके पलँग के एक तरफ किताबें रखी रहती थीं। अखबारात आते थे जो पढ़ती रहती थीं। ज्यादातर इल्मी मशुगला था। पान बहुत ज्यादा खाया करती थीं। अशफाक उल्ला सिर्फ खाना खाने के बाद पान खा लिया करते थे और कोई शौक न था। हम लोग सिर्फ वालिदा साहिबा के शौक की वजह से पान खाने के आदी हो गए थे। घर में तीन-चार नौकरानी मुलाजिम थीं। खुदा ने बहुत कुछ दिया था। पेंशनर वालिद साहब पुलिस सब इंस्पेक्टर थे। जो आमदनी मवाजियात[7] या मुलाजमत की आती थी सब वालिदा साहिबा के हाथ पर आती थी। वालिद साहब को कोई सरोकार खर्च वगैरह से न था। वह सब वालिदा साहिबा को दे देते थे। वह गरीबों, बेवाओं को बहुत फैयाजी[8] से देती थीं और गरीबों की लड़कियों, लड़कों की शादियों में बहुत कुछ मदद किया करती थीं। मोहल्ले की दो विधवाओं को दोनों वक्त खाना दिया जाता था। गरज कि बहुत फैयाज व सखी[9] तबीयत की बीवी थीं। किसी को गमगीन न परेशान देखना पसन्द न करती थीं। अशफाक जब बच्चा थे, मोहल्ला टोला में अपने हमउम्र लड़कों को पीट देते थे और शिकायत आती थी

1. पुत्री 2 अपने को तुच्छ समझनेवाला, 3 दाता, सखी, 4 दूरदर्शी, बुद्धिमान, 5. काम, 6. किताबें पढ़ना, 7. गाँव, 8. खुले दिल से दान देना, 9. दिल खोलकर दानदाता।

तो उस लड़के को पैसा वगैरह देकर राजी कर लेती थीं ताकि इस लड़के के माँ-बाप हमारे बच्चे को न कोसें। तालीम व तरबीयत सब अशफाक उल्ला की वालिदा साहिबा की थी। इल्मो अदब[1] में बहुत काबिल मानी जाती थीं। मोहल्ले के मर्द-औरतें बराबर हर मामले में उनकी सलाह बगैर कोई शादी-ब्याह न करते थे। गरज कि इनकी सलाह के बगैर खानदान में कोई काम न होता था। और सब लोग उनको अपना बड़ा खयाल करते थे। वह कद्दावर[2] और भरे जिस्म की बीवी थीं। बहुत बुरदबार[3] हँसमुख थीं। मैं अकसर वालिदा साहिबा से अशफाक उल्ला के गायब होने की शिकायत करता था कि खुदा जाने यह कहाँ जाते हैं। कई-कई रात और दिन गायब रहते हैं। अगर कोई आफत खड़ी हो गई तो मुसीबत का सामना मुझे करना होगा। आप क्यों नहीं डाँटती हैं ? तो वालिदा साहिबा बिगड़ जातीं और कहती थीं अगर तुमने कुछ कहा तो मैं घर छोड़ दूँगी। तुमको कोई मतलब अशफाक की नसीहत से नहीं है। वह करीम उल्ला खाँ एडवोकेट के यहाँ जो एक अजीज हैं रहता है, वहीं पढ़ता है। मैं कह देता था बीवी अगर कोई बात हो गई तो मुझे ही भुगतना पड़ेगा और परेशानी उठानी पड़ेगी जैसा कि काकोरी केस होने पर सारी कोशिश मेरे ही ऊपर पड़ी, क्योंकि बड़े भाई मोहम्मद जहीन उल्ला खाँ साहब तो अल्ला-अल्ला के सिवाय कोई काम नहीं करते व दूसरे भाई मोहम्मद शहनशाह खाँ रियासत भोपाल में मुलाजिम थे। सिर्फ मैं था कि सब काम काकोरी केस का करता था। दो साल तक काम किया लेकिन मेरी मेहनत सब जाया हुई तबाह और बर्बाद भी हुआ, जान भी गई लेकिन वालिदा साहिबा को सदमा शहीद अशफाक की शहादत[4] से पहुँचा, फिर भी तारीफ करूँगा कि उनके इस्तकलबाल[5] में फर्क नहीं आया और उन्होंने अपने को एक साबिरा[6] व शाकिरा[7] बीवी होना साबित कर दिया।!

—अमान उल्ला खाँ

---

1. विद्या और साहित्य, 2. लम्बी-तड़ंगी, स्वस्थ, 3. गम्भीर स्वभाव, 4. वह फाँसी जो देशप्रेम अथवा धर्म के लिए दी जाए, 5. विचारों की मजबूती, 6. सब्र करनेवाली, 7. शुक्र करनेवाली।

क्रान्तिकारी जीवन

काकोरी केस का संक्षिप्त विवरण

अगस्त, 1925 की बात है। 11 अगस्त के एक अंग्रेजी दैनिक-पत्र में, 9 अगस्त, 1925 की रात को लखनऊ के आगे काकोरी स्टेशन के पास चलती रेल में डाका पड़ने और उसमें से सरकारी खजाने के लूटने की खबर बड़े मोटे शीर्षकों में छपी थी। इस घटना से प्रान्त-भर में बड़ी सनसनी फैल गई। पुलिस बड़ी तत्परता से इस घटना का अनुसन्धान कर रही थी। सम्भवतः डेढ़ महीने तक पुलिस पता लगाती रही। अन्त में 26 सितम्बर के लगभग एकाएक पुलिस ने गिरफ्तारियाँ और तलाशियाँ शुरू कर दीं। कानपुर, आगरा, इलाहाबाद, लखनऊ, बनारस, शाहजहाँपुर आदि शहरों में तलाशियाँ तथा गिरफ्तारियाँ हुईं। न्याय तथा शान्ति स्थापना के नाम पर अमीर-गरीब सभी के घर छाने गए। हर जगह पुलिस का आतंक था। गिरफ्तार हुए व्यक्तियों में अधिकता उन्हीं देशवासियों की थी जो कि कांग्रेस के कार्यकर्ता थे अथवा जो अन्य किसी कारण से जनता के श्रद्धापात्र थे। गिरफ्तारियों के समय प्रायः सर्वत्र पुलिस की धाँधागर्दी दीख पड़ती थी।

आश्विन का महीना था और दुर्गा-पूजा के दिन थे। जिस समय देशवासी विजयादशमी और दुर्गा-पूजा बड़े समारोह से मना रहे थे, पुलिस महारानी भी कुख्याति का संचय कर रही थी। पूजा और मेले के दिन लोग अपने परिवारवालों, मित्रों और हितेच्छुओं से विलग किए गए। करुणापूर्ण दृश्य था। किन्तु गिरफ्तार हुए व्यक्तियों के चेहरों पर भय अथवा चिन्ता के चिह्न न थे, बल्कि उन्हें इस आकस्मिक धर-पकड़ पर आश्चर्य हो रहा था और उनके हृदय अपने सम्बन्धियों से इस प्रकार अलग होने के कारण दुखी भी थे। इस समय पुलिस का दमन-चक्र पूर्ण जोर पर चल रहा था। जो लोग गिरफ्तार हुए उनका तो कहना ही क्या, उनके कुटुम्बी भी बुरी तरह सताए गए। जब्ती के समय न केवल अभियुक्तों के समान वरन् उनके कुटुम्बियों के वस्त्र तक पुलिस अपने साथ लेती गई। जो लोग गिरफ्तार हुए थे वे इतने खतरनाक समझे गए कि उनके पैर में बेड़ियाँ डाल दी गईं। आरम्भ में इन सब व्यक्तियों पर काकोरी डाके में सम्मिलित होने का अभियोग लगाया गया। सरकार तथा 'स्टेट्समैन' जैसे पत्रों की राय में यह डाका एक षड्यन्त्रकारी दल द्वारा डाला गया था। इस कारण मामले का अनुसन्धान बड़ी सरगर्मी के साथ होने लगा। डाका किस प्रकार पड़ा, यह जानना पुलिस के लिए यदि दुस्साध्य नहीं तो एक टेढ़ी खीर अवश्य था। अनुसन्धान करने और कुछ अभियुक्तों के बयानों द्वारा जो कुछ पुलिस मालूम कर सकी उससे यह प्रकट होता है कि घटना

वीरतापूर्ण थी। अतः उस रोचक घटना का विहंगावलोकन हम यहाँ पर करा देना चाहते हैं। पाठक देखें कि एक पराधीन देश की दूषित और पराधीन हवा में पले हुए व्यक्तियों की भावनाओं में कितनी भीषण हिलोरें उठ सकती हैं, फिर चाहे वह उन्माद क्षणिक ही क्यों न हो, अथवा हमारे देश के आला दिमाग उनके इस कृत्य को बुद्धि की बहक अथवा पागलपन या उनका पथभ्रष्ट होना ही क्यों न समझें, किन्तु कम-से-कम इतना तो वे अवश्य समझेंगे और मानेंगे कि उनका कार्य निःस्वार्थ और वीरतापूर्ण था। सन् 1925 की 9 अगस्त की रात उस पक्ष की सबसे अँधेरी रात थी। आकाश मेघाच्छन्न था, कुछ वर्षा भी हो रही थी। दस व्यक्तियों का एक दल सहारनपुर से लखनऊ जानेवाली ट्रेन पर सवार था। कुछ थर्ड-क्लास में बैठे थे और अन्य सेकंड-क्लास में। सेकंड-क्लास की जंजीर खींचने का प्रबन्ध था। इस प्रकार गाड़ी खड़ी की गई, गाड़ी खड़ी होने पर सब लोग उतरकर गार्ड के डिब्बे के पास पहुँचे। इसी डिब्बे में सरकारी खजाना एक लोहे के सन्दूक में रखा था। सन्दूक में प्रायः ताला या जंजीर नहीं लगी रहती थी। लोहे का सन्दूक उतारकर छैनियों से काटे जाने की व्यवस्था होने लगी, किन्तु छैनियों ने काम न दिया, तब कुल्हाड़ा चला। मुसाफिरों पर आक्रमण करना या उन्हें लूटना इस दल का उद्देश्य न था। अतः उनसे यह कह दिया गया कि सब गाड़ी में चढ़ जाएँ। गाड़ी का गार्ड गाड़ी में चढ़ना चाहता था, इस पर उसे जमीन पर लेट जाने की आज्ञा दी गई, ताकि बिना गार्ड के गाड़ी न चल सके। दो आदमी इस बात के लिए पहले से ही नियुक्त कर दिए गए थे कि वे लाइन की पगडंडी को छोड़कर घास में खड़े रहें और गाड़ी से काफी दूर रहकर गोली चलाते रहें। दल के उन व्यक्तियों को, जिनका काम गोली चलाना था, पहले ही यह आज्ञा दे दी गई थी कि जब तक कोई व्यक्ति बन्दूक लेकर सामना करने न आए या मुकाबले में गोली न चले, तब तक किसी आदमी पर फायर न होने पाए। नर-हत्या करके इस घटना को भीषण रूप देना इस दल का उद्देश्य न था। हाँ, वे दोनों व्यक्ति पाँच-पाँच मिनट बाद पाँच-पाँच फायर करते थे, यही दल के नेता का आदेश था। सन्दूक तोड़कर तीन गठरियों में थैलियाँ बाँधी गईं। रास्ते में थैलियों से रुपया निकालकर पुनः गठरी बाँधी गई और उसी सयम ये लोग लखनऊ शहर में जा पहुँचे। इस प्रकार दल के चन्द आदमियों ने जिनमें अधिकांश विद्यार्थी थे, एक गाड़ी को रोककर लूट लिया। उस गाड़ी में चौदह पुरुष ऐसे थे जिनके पास बन्दूकें या राइफलें थे। दो सशस्त्र अंग्रेज फौजी जवान भी थे—पर सब शान्त रहे। ड्राइवर महाशय तथा एक इंजीनियर महाशय का बुरा हाल था। ये दोनों भी अंग्रेज थे। ड्राइवर महाशय इंजिन में लेट रहे थे और इंजीनियर महोदय पाखाने में जा छिपे थे। दल के नेता ने चिल्लाकर कह दिया था कि हम यात्रियों से न बोलेंगे, सरकार का माल लूटेंगे। इस कारण मुसाफिर भी शान्त बैठे रहे। सब समझे बैठे थे कि कम-से-कम चालीस आदमियों ने ट्रेन को घेर लिया है। इस समय अँधेरा होने से लोग उनकी ठीक संख्या न जान पाए। केवल दस युवकों ने इतना बड़ा आतंक फैला दिया था। साधारणतया इस बात पर अनेक मनुष्य विश्वास करने में भी संकोच करेंगे कि दस

युवकों ने गाड़ी खड़ी करके लूट ली। जो कुछ भी हो, बात वास्तव में यही थी। इन दस में से अधिकांश तो आयु में 20 और 22 वर्ष के होंगे। वे शरीर से अधिक हृष्ट-पुष्ट भी न थे।

जब गिरफ्तारियाँ शुरू हुईं, तो बहुत दिनों तक उनका ताँता चलता रहा। संयुक्त प्रान्त के अतिरिक्त अन्य प्रान्तों से भी क्रान्तिकारियों की छँटनी हुई, सब गिरफ्तार करके लाए गए। मामला चला। गिरफ्तार किए जानेवाले व्यक्तियों की नामावली हम यहाँ दे रहे हैं :

1. श्री रामप्रसाद 'बिस्मिल', शाहजहाँपुर, 2. श्री बनारसीलाल कोकाश, शाहजहाँपुर, 3. श्री हरगोविन्द, शाहजहाँपुर, 4. श्री प्रेमकिशन खन्ना, शाहजहाँपुर, 5. श्री इन्दुभूषण मित्र, शाहजहाँपुर, 6. श्री वीरभद्र तिवारी, कानपुर, 7. श्रीरामदुलारे त्रिवेदी, कानपुर, 8. श्री गोपीमोहन, कानपुर, 9. श्री राजकुमार सिन्हा, कानपुर, 10. श्री शीतला सहाय, इलाहाबाद, 11. श्री सुरेशचन्द्र भट्टाचार्य, कानपुर, 12. श्री दामोदर स्वरूपजी सेठ, बनारस, 13. श्री मन्मथनाथ गुप्त, बनारस, 14. श्री रामनाथ पांडेय, बनारस, 15. श्री डी.डी. भट्टाचार्य, बनारस, 16. श्री चन्द्रधर जौहरी, आगरा, 17. श्री चन्द्रभाल जौहरी, आगरा, 18. श्री रोशनसिंह, शाहजहाँपुर, 19. श्री बाबूराम वर्मा, एटा, 20. श्री ज्योति शंकर दीक्षित, इलाहाबाद, 21. श्री हरनाम सुन्दरलाल, लखनऊ, 22. श्री मोहनलाल गौतम, लाहौर, 23. श्री शरच्चन्द्र गुह, बंगाल, 24. श्री विष्णुशरण दुबलिस, मेरठ, 25. श्री शचीन्द्रनाथ विश्वास, लखनऊ, 26. श्री रामदास शुक्ल, 27. श्री मदनलाल, 28. श्री भैरों सिंह, 29. श्री कालिदास बोस, बरहमपुर बंगाल, 30. श्री इन्द्रविक्रम सिंह, बनारस, 31. श्री रामकृष्ण खत्री, पूना, 32. श्री प्रणवेश चटर्जी, जबलपुर, 33. श्री भूपेन्द्रनाथ सान्याल, इलाहाबाद, 34. श्री बनरवारीलाल, रायबरेली, 35. श्री मुकुन्दी लाल, बनारस, 36. श्री जोगेशचन्द्र चटर्जी, कलकत्ता, 37. श्री गोविन्द चरणकर, लखनऊ, 38. श्री रामरत्न शुक्ल, 39. श्री राजेन्द्रनाथ लाहिड़ी, बनारस, 40. श्री शचीन्द्रनाथ सान्याल, इलाहाबाद, 41. श्री शचीन्द्रनाथ बख्शी, बनारस, 42. श्री अशफाक उल्ला खाँ, शाहजहाँपुर, 43. श्री चन्द्रशेखर 'आजाद' बनारस, (ये पकड़े नहीं जा सके) 44. श्री शिवचरण लाल शर्मा, आगरा (बाद में फिर आप पर मुकदमा नहीं चलाया गया।)

गिरफ्तारशुदा लोगों में से वास्तविक मामला शुरू होने के पहले निम्नलिखित सज्जन छोड़ दिए गए। शायद इन लोगों के विरुद्ध सरकार बहादुर को कोई प्रमाण न मिल सका। पुलिस का ध्येय था कि इस मुकदमे में जनता की सहानुभूति न रहे। अतः उसने प्रतिष्ठित व्यक्तियों को छोड़ देना ही निश्चित किया।

1. श्री शीतला सहाय, 2. श्री चन्द्रधर जौहरी, 3. श्री मदनलाल, 4. श्री रामरत्न शुक्ल, 5. श्री मोहनलाल गौतम, 6. श्री चन्द्रभाल जौहरी, 7. श्री हरनाम सुन्दरलाल, 8. श्री डी.डी. भट्टाचार्य, 9. श्री रामदत्त शुक्ल, 10. श्री बाबूराम वर्मा, 11. श्री गोपीमोहन, 12. श्री शरच्चन्द्र गुह, 13. श्री भैरोंसिंह, 14. श्री कालिदास बोस, 15. श्री इन्द्रविक्रम सिंह।

बाकी अभियुक्तों पर मामला चला। सब व्यक्ति लखनऊ जेल में लाए गए। जेल में पहुँचते ही खुफिया पुलिसवालों ने यह प्रबन्ध किया कि सब अभियुक्त एक-दूसरे से अलग रखे जाएँ। अलग-अलग रखने से पुलिस को अनेक लाभ थे। सबको अलग रखने से पुलिस प्रत्येक आदमी से समय पर मिलकर बातें करती थी। कुछ भय दिखाती थी, कुछ इधर-उधर की बातों द्वारा भेद जानने का प्रयत्न करती थी। सारांश यह कि इस समय पुलिस सरकारी गवाह बनाने का सिरतोड़ परिश्रम कर रही थी। स्वयं खुफिया पुलिस के कप्तान साहब, पंडित रामप्रसाद 'बिस्मिल' से कई बार मिले, सहानुभूति दिखाई और प्रलोभन दिए; किन्तु असफल रहे। एक बार जिला कलेक्टर महोदय ने भी पंडितजी से मिलकर अनेक धमकियाँ दीं और स्पष्टतया कहा कि तुम्हें फाँसी हो जाएगी। किन्तु वे भी बैरंग लौटे, कुछ न पा सके। इस प्रकार की मुलाकातें प्रायः सभी अभियुक्तों से होती थीं। किसी को 15 हजार रुपए देने के वायदे किए जाते थे, तो कोई इंग्लैंड भेजा जानेवाला था ! यह बाजार इतना चढ़ा कि अन्त में पंडित रामप्रसादजी तथा अन्य अभियुक्तों ने खुफिया पुलिस के कप्तान साहब से न मिलने हेतु अपनी-अपनी कोठरियों से बुलाए जाने पर न निकलने का निश्चय कर लिया। पुलिसवाले आते और परेशान होकर चले जाते। किन्तु अन्त में उनका कुचक्र चल ही गया। अस्तु, शनाख्तें शुरू हुईं। शनाख्तों में बड़ी धाँधागर्दी से काम लिया गया। श्री ऐनुद्दीन साहब मुकदमे के मजिस्ट्रेट थे। उन्होंने जी-भर के पुलिस की मदद की। अभियुक्त गिरफ्तार करके खुली गाड़ियों में पुलिस स्टेशनों पर लाए गए, उनको किसी प्रकार भी छिपाकर नहीं रखा गया, सादा वर्दी में पुलिसवाले उनके पास चक्कर लगाया करते थे। शनाख्त के समय भी अभियुक्त ऐसे आदमियों के साथ खड़े किए गए थे, जो उनकी स्थिति के न थे और जिनसे उनका बिलकुल साम्य न था। पुलिस के पास प्रायः सभी अभियुक्तों की तस्वीरें मौजूद थीं। इतना सब होते हुए भी शनाख्त की कार्यवाही सफल न हुई और पुलिस को मुँह की खानी पड़ी। शनाख्तें अधिकांश में गलत थीं। फिर भी इन लोगों पर मामला चला ही दिया गया। कोई व्यक्ति जमानत पर न छोड़ा गया।

हाँ, पुलिस अपने हथकंडों में सफल हुई और बनारसीलाल तथा इन्दुभूषण मुखबिर (सरकारी गवाह) बन गए। उनको अन्य अभियुक्तों से अलग रखने का प्रबन्ध किया गया। बनारसीलाल तो हटाकर हजरतगंज की अदालत में पुलिस की निगरानी में रखे गए और इन्दुभूषण अपने पिता की देखरेख में छोड़ दिए गए। मामला बाकायदा 4 जनवरी, 1926 ई. से शुरू हुआ। इस समय मुखबिरों के बयान हो रहे थे। इसके बाद सरकारी गवाहों के बयान होते रहे। इन गवाहियों में पुलिस द्वारा लगाए गए इलजामों के तसदीक कराने की भरसक कोशिश की गई। उपरोक्त गिरफ्तारशुदा व्यक्तियों में जो छूट चुके थे, उनके अतिरिक्त 28 अभियुक्तों पर मामला चला था। इनमें से भी दो अभियुक्त—श्री ज्योतिशंकर दीक्षित और श्री वीरभद्र तिवारी—स्पेशल मजिस्ट्रेट द्वारा छोड़ दिए गए थे। श्री ज्योतिशंकर दीक्षित बड़े खुशदिल आदमी हैं। जेल कर्मचारी तो इनकी

खुशहाली देखकर कुढ़ा करते थे। आप जब छोड़े जाने लगे तो आपने अनुरोधपूर्वक मजिस्ट्रेट से कहा, "तो क्या छोड़ ही दीजिएगा, अरे, एक दिन तो और रह लेने दो !" किन्तु आप उसी समय कटघरे से बाहर कर दिए गए। उस समय आप बड़े अन्यमनस्क थे। दो मुखबिर हो गए। शेष 24 अभियुक्तों में से श्री अशफाक, श्री शचीन्द्रनाथ बख्शी और श्री चन्द्रशेखर 'आजाद' जो अभी तक गिरफ्तार न किए जा सके थे, फरार करार किए गए। अब 21 व्यक्ति सेशन सुपुर्द थे। एक-एक व्यक्ति पर कई-कई मुकदमे लगाए गए। अभियुक्तों के साथ बड़ी सख्ती की गई। जिन डकैतियों के इलजाम उन पर लगाए गए उनकी नकलें भी वे न ले सकते थे। अभियुक्तों के मन के मुताबिक वकीलों का प्रबन्ध न था। महीनों तक बिना मामला चलाए उन्हें जेलों में सड़ाया गया, पुलिस को मियाद-पर-मियाद मिलती थी और अभियुक्तों के साथ जेल में बड़ा नृशंस व्यवहार होने लगा। इसकी शिकायत बाहर तक पहुँची। लोगों ने अभियुक्तों के प्रति यत्र-तत्र सहानुभूति दिखाई, तो उनके भी मुचलके लिए जाने लगे। अभियुक्त जिस समय अदालत में लाए जाते थे, तो उनके हथकड़ियाँ पड़ी रहती थीं। अब बेड़ियाँ पहनाने की भी तैयारी हो रही थी। इसके विरोध में अभियुक्तों ने अनशन शुरू कर दिया। 48 घंटे बाद समझाने-बुझाने पर बड़ी मुश्किल में लोगों ने अपना अनशन तोड़ा। इस समय सेठ दामोदर स्वरूपजी की तबीयत खराब होती जा रही थी। उनका कृश-गात जेल का पाशविक व्यवहार अधिक सहन न कर सका। एक दिन उनकी तबीयत बहुत खराब हो गई। बीमार तो वे पहले से ही कहे जाते थे, किन्तु जेल की दुर्व्यवस्था और असुविधाओं के कारण उनकी बीमारी भयंकर रूप धारण करती जाती थी। एक दिन सहसा उनकी नाड़ी छूट गई और लोगों को उनकी मृत्यु का भय होने लगा। फिर भी उनके साथ कोई भी रियायत न की गई ! ऐसी अवस्था में भी वे कोर्ट में लाए जाते थे। एक बार सेठजी ने वैद्यक उपचार के लिए अपनी इच्छा प्रकट की, किन्तु कर्मचारियों ने बिलकुल सुनवाई नहीं की। एक ओर खाने-पीने की सभी अभियुक्तों को शिकायत थी, दूसरी ओर सेठजी को इस रुग्णावस्था में अदालत में हाजिर होने का अधिकारियों का दुराग्रह जारी था—अभियुक्तों ने इसका विरोध किया। फलस्वरूप एक बोर्ड इसलिए बैठाया गया कि वह सेठजी की बीमारी के विषय में सरकार को अपनी राय दे। बोर्ड ने सरकार के पक्ष में फैसला दिया और कहा कि सेठजी कोर्ट में हाजिर होने के लिए उपयुक्त हैं। मजबूर होकर सेठजी कोर्ट में लाए गए। किन्तु अधिक बीमार होने के कारण उनकी अवस्था अदालत में आकर और भी खराब हो गई। उन्हें गश आ गया। सेठजी की चिकित्सा-प्रणाली तक को बदलने की इजाजत नहीं मिली थी, अतः अभियुक्तों ने अनशन शुरू कर दिया। सरकार ने हारकर उन्हें बरेली भेज दिया। किन्तु वहाँ भी उन्हें सेहत न हुई। फिर देहरादून भेजे गए। वहाँ भी काफी समय तक रहने के बाद कोई परिवर्तन न दिख पड़ा। अन्त में 1000 रु. की जमानत और 1000 रु. के मुचलके पर वे छोड़ दिए गए। सेठजी तब से अनेक स्थानों पर अनेक प्रकार की चिकित्साएँ कुरा चुके हैं, किन्तु उन्हें आज तक पूर्ण आरोग्य-लाभ नहीं हुआ।

खाने-पीने तथा जेल के कर्मचारियों के दुर्व्यवहार की शिकायतें अभी तक वैसी ही थीं। अभियुक्तों ने इस सम्बन्ध में यू.पी. सरकार के होम मेम्बर के पास इस आशय का एक आवेदन-पत्र भेजा कि उन्हें कुछ सुविधाएँ दी जाएँ, और जेल कर्मचारियों के दुर्व्यवहार में कुछ नरमी लाई जाए। किन्तु कोई उत्तर न मिला। जेलों के इंस्पेक्टर-जनरल से भी उन्होंने शिकायत की, बरसात का पानी उनकी कोठरियों में भरा करता था, किन्तु इसकी भी कोई सुनवाई न हुई। अधिकारी तो उन्हें हर प्रकार का कष्ट देने को तुले थे और अभियुक्त धैर्यपूर्वक सब सहन कर रहे थे। आखिर में उन्होंने अनशन प्रारम्भ कर दिया—केवल बनवारीलाल इस व्रत में शामिल नहीं हुआ। अभियुक्तों के व्रत की हालत को छिपाने का सरकार की ओर से यहाँ तक प्रयत्न किया गया कि उनका कोई सम्बन्धी भी उनसे मिलने नहीं पाता था। सरकार की ओर से खिलाने-पिलाने के बारे में जबर्दस्ती भी की गई। किन्तु अभियुक्त अपनी बात पर अटल रहे। अन्त में सरकार झुकी। दोनों ओर से समझौता हुआ और अनशन टूटा। यह व्रत लगभग 20 दिन तक रहा। इन दिनों अदालत का काम भी बन्द था।

जेल में तो अभियुक्तों पर पूर्व निश्चित यन्त्रणाएँ थी हीं, बाहर उनके सम्बन्धियों और मित्रों के साथ जो भलमनसी की गई, वह बड़ी कारुणिक है। हर जगह पुलिस की मनमानी देखने को मिलती थी। गिरफ्तार किए जाने के बाद भी श्री शीतला सहाय, श्री भूपेन्द्रनाथ सान्याल आदि के यहाँ से पुलिस सामान उठा ले जाने में नहीं हिचकी। श्री शचीन्द्रनाथ बख्शी के फरार हो जाने के कारण उनके घर की सभी मनकूला और गैर-मनकूला जायदाद जब्त कर ली गई। उनके पिता श्री कालीचरण बख्शी के घर पर रात में छापा मारा गया और कपड़ा-लत्ता, घी-चावल और दाल तक सब पुलिस उठा ले गई। उनके परिवार के सभी व्यक्ति जाड़े में ठिठुरते रहे, किन्तु पुलिस ने कुछ परवाह नहीं की। भारत की पुलिस इन बातों में बड़ी अभ्यस्त है। उसका यह दैनिक व्यापार है। ऐसी घटनाएँ केवल एक या दो जगह ही नहीं हुईं, वरन् सब जगहों की पुलिस एक ही साँचे की ढली थी। सहारनपुर और शाहजहाँपुर में भी यही हालत थी। काशी विद्यापीठ में एक विद्यार्थी केवल इसलिए गिरफ्तार किया गया कि सेठ दामोदर स्वरूप की हाजिरी देखते समय वह भी उक्त घटना के दिन गैर-हाजिर था। यह सब इसलिए हो रहा था कि जिस प्रकार हो सके, हर तरह की युक्तियुक्त अथवा निस्सार बातें अभियुक्तों के बारे में मालूम की जाएँ और गढ़ ली जाएँ। खैर, ये दिन भी बीत गए। सेशन कोर्ट में स्पेशल जज श्री हेमिल्टन साहब की इजलास में मुकदमा शुरू हुआ। उस दिन 21 मई थी। लगातार 1 वर्ष तक मुकदमा चलता रहा। अभियुक्त बेचारों के लिए 1 साल तो ठलुआपन्थी में ही जेल हो गई। सरकार की ओर से अभियुक्तों के लिए पं. हरकरणनाथ मिश्र वकील नियुक्त हुए और सरकार के पक्ष में पं. जगतनारायण मुल्ला तैनात किए गए। उन्होंने बाकायदा 1 साल तक 500 रु. रोजाना गवर्नमेंट की जेब से निकाले ! पाठक देख लें कि पं. जगतनारायण मुल्ला के प्रतिरोध में अकेले मिश्रजी को अभियुक्तों की ओर से नियुक्त करना किस श्रेणी का न्याय है। कुछ भी हो,

पं. जगतनारायण मुल्ला ने तो सरकार बहादुर से एक लाख से अधिक पुजवाया। खैर, भाई गरीब के भी राम हैं। यहाँ पं. हरकरणनाथ मिश्र के अतिरिक्त अभियुक्तों की ओर से कलकत्ते के मि. चौधरी, लखनऊ के श्री मोहनलाल सक्सेना, श्री चन्द्रभानु गुप्ता, श्री कृपाशंकर हजेला आदि वकील थे। इन्होंने बड़ी उदारता, लगन, त्याग और तत्परता के साथ वकालत की। सेशन-कोर्ट में अभियुक्त अपनी सफाई में बहुत से गवाह पेश करना चाहते थे। किन्तु बाद में यह तय हुआ कि बहुत-से गवाह पेश करने से कोई लाभ नहीं होगा। इसलिए थोड़े ही गवाह पेश किए गए। अभियुक्तों ने अनेक मिन्नतें और प्रार्थनाएँ कीं कि उनका मुकदमा हेमिल्टन साहब की अदालत से मुन्तकिल किया जाए, पर कौन सुनता है ? इस तरह की निरंकुशता देख अभियुक्तों को और भी निराशा हुई। श्री रामप्रसाद 'बिस्मिल' ने 26 जून, 1926 को एक दरख्वास्त इस आशय की दी, जो गुप्त रखी गई। मालूम नहीं उसका क्या हुआ। बाकायदा नकल माँगने पर उनकी नकल देने से साफ इनकार कर दिया गया। मामला इन्हीं हुजूर की अदालत में चलता रहा।

मामला चल रहा था। बड़ी निरंकुशता जारी थी। किन्तु देशभक्ति और मर-मिटने की तमन्ना ने अभियुक्तों का जेल-जीवन भी आमोदमय बना रखा था। अभियुक्तों का कचहरी आने-जाने का दृश्य दर्शनीय होता था। वह वीर-बाँकुरे, राजहंस जैसे राजकुमार और तपस्वी जिस तरह मोटर से उतरते थे, मालूम होता था मूर्तिमान सुरेश देवताओं सहित इहलोक लीला देखने हेतु आए हैं। पं. रामप्रसाद 'बिस्मिल' के पीछे जब सब आत्माएँ 'वन्देमातरम्' गाती हुई चलती थीं, उस दृश्य में एक अलौकिक छटा थी जिसका वर्णन करने के लिए तुलसीदासजी के शब्दों में यही कहना पड़ता है कि "गिरा अनयन, नयन बिनु बानी।" धन्य हैं वे आँखें जिन्होंने जी-भर के उनकी मस्तानी अदा को निरखा। उनके मोटर से उतरते ही 'वन्देमातरम्', 'भारत माता की जय', 'भारत प्रजातन्त्र की जय' आदि के घोष से कचहरी का वायुमंडल पवित्र हो जाता था। उनको देखने के लिए और मधुर गीत सुनने के लिए हजारों की भीड़ इकट्ठी होती थी। अधिकारियों के हृदय इस नाद को सुनकर दहल उठते थे। बेचारे क्या करते ! एक दिन कहीं ताव में आकर एक कांस्टेबल महाराज ने एक अभियुक्त को हाथ लगाया ही था कि स्वाभिमानी मस्तानों की आँखों में खून उतर आया। उनसे न रहा गया और एक ने कांस्टेबल के थप्पड़ मारा, फिर क्या था, दूसरी आफत खड़ी हुई। एक नया मुकदमा पुलिस ने जिलाधीश (City Magistrate) के यहाँ दायर कर दिया। किन्तु फिर आपस में समझौता हो गया।

अदालत का दृश्य तो एक खास खूबसूरती रखता था। एक ओर पंडित रामप्रसाद, श्री योगेश बाबू, श्री विष्णुशरण दुबलिस, श्री शचीन और श्री सुरेश बाबू अपनी स्वाभाविक स्वाभिमानता-मिश्रित गम्भीरता से मुकदमे को सुनते थे, तो बगल में ही मन्मथ, राजकुमार, रामदुलारे, रामकिशन, प्रेमकिशन इत्यादि की चुहलबाजियों के मारे कोर्ट की नाक में दम था। उनके इस दृश्य को देखने के लिए अदालत के आसपास खुफिया पुलिस के दूतों की भरमार होते हुए भी बहुत से लोग इकट्ठे रहते थे। कचहरी

में कोई प्रेस रिपोर्टर ठीक-ठीक नहीं दीख पड़ता था। यदि कभी कोई अच्छा नया रिपोर्टर आ भी गया, तो पुलिस के मारे बिचारे की आफत थी। हाँ, Indian Daily Telegraph ने कुछ मनोयोग के साथ इस ओर काम किया। शाम को जब इन लोगों की मोटर-लारी निकलती, तो सड़क के दोनों ओर जनता काफी तादाद में उनका बेड़ी की झनकार में मस्ताना गाना सुनने को खड़ी रहती थी। उनके गानों का वहाँ इतना आदर हुआ कि एक पैसे से लेकर दो-दो आने में उनके एक-एक गाने की प्रति बिकती दीख पड़ती थी।

कुछ शब्दों में उनके जेल की दिनचर्या भी सुन लीजिए। यह कहने की आवश्यकता नहीं कि लखनऊ जेल के समस्त कैदी इन शहीदाने-वतन की बड़ी श्रद्धा करते थे। जितने दिन तक ये लोग उस जेल में रहे, सब कैदी अपने-अपने दुख-दर्द भूल से गए थे। यहाँ पर ये लोग मस्ती से रहते थे, मगर कोई-कोई भावुक कैदी इनकी पवित्र आत्मा और भविष्य पर आठ-आठ आँसू रोता भी था। इन शहीदों के चरित्र-बल ने वहाँ पर ऐसा वातावरण पैदा कर दिया कि प्रत्येक कैदी को हार्दिक इच्छा अनुभव होने लगी कि वह इन्हें हर प्रकार यथाशक्ति आराम दे। इनकी हर जरूरतों को सब कैदी मुहैया करने को कटिबद्ध रहते थे। श्री सुरेश और श्री राजकुमार के गाने से तो समस्त कैदी क्या, जेल के कर्मचारीगण तक मुग्ध थे। इन लोगों के साथ में ताश, हारमोनियम, इसराज इत्यादि भी थे। शाम को इनका कीर्तन जमता था, कभी कबड्डी खेलते थे, तो कभी कोई सदस्य अपनी नई शैतानी सबके सम्मुख पेश करता था। बड़े आनन्द के दिन थे। केवल हँसी-खेल ही नहीं। सुरेश बाबू की मंडली में बड़े गम्भीर विषयों पर मनन और वाद-विवाद भी हुआ करता था। आध्यात्मवाद (Spiritualism), वस्तुवाद (Realism) और आदर्शवाद (Idealism)—सभी की समय-समय पर विवेचना हो जाती थी। शचीन धर्मवाद और आध्यात्म के समन्वय का प्रतिपादन करना चाहते थे, तो पंडितजी देश के लिए सबसे यह कहलाकर मानते थे कि "अब दीन है तो यह है, ईमान है तो यह है।" कभी-कभी इन विवादों में प्रान्तीयता भी आ जाती थी, किन्तु पंडितजी इन सब बातों पर तुरन्त पानी फेर देते थे। इन लोगों में कुछ शाकाहारी थे, तो कुछ मछली-भात वाले भी। खानपान में कभी-कभी कुछ बंगालीपन आ ही जाता था, किन्तु ज्यादती कभी नहीं हुई, उसमें भी लोग आनन्द ही अनुभव करते थे। रविवार के दिन सब अभियुक्त नियमपूर्वक रहते थे। यह सबके पूजा का दिन था। आज सब लोग विशेष प्रसन्न दीख पड़ते थे। श्री राजकुमार और रामदुलारे गाना बड़ा अपूर्व जानते हैं। उनका गाना शुरू होता तो समा बँध जाता था। खाने के वक्त आज सबसे अच्छा खाना बनता। सुरेश बाबू इस काम के लिए आगे आते। एक बार रविवार के दिन उन्होंने 22 (बाईस) भाँति की तरकारियाँ बनाईं और सबने मिलकर आनन्दपूर्वक भोजन किया। करीब-करीब अब सभी व्यक्तियों ने जेल-जीवन में अपना कार्यक्षेत्र स्वयं ही बना लिया था। अब यदि इन पर कभी कोई ज्यादती होती तो सुरेश तथा शचीन बाबू अपनी स्वभावोचित धैर्यशीलता से सबको समझाया करते। पंडितजी तथा श्री दुबलिस तो अपने स्वाभिमान का सदैव

खयाल रखते। नवयुवक लोग अपनी चुहलबाजियों के आवेग में कभी-कभी मारपीट भी कर बैठते थे। किन्तु इतना होते हुए भी सबमें अनुशासन था, सब अपने से बड़ों की आज्ञा शिरोधार्य करते थे। श्री प्रणवेश चटर्जी का जेल-जीवन बिलकुल निराला था। हर वक्त उनकी आँखें अलसाई हुई रहती थीं। चित्त प्रतिपल सन्ताप से भरा रहता था। मालूम होता था, आप पर बहुत बड़ा दुर्व्यवहार और ज्यादती की गई है। आप बड़े भावुक हैं और सदैव अप्रसन्न रहते थे। ठाकुर रोशनसिंह सदैव निर्लिप्त और निर्विकार रहे। उनके रहन-सहन से यह सबको भासित होता था कि आप हमेशा कुछ सोचा करते हैं। अशफाक उल्ला खाँ का जीवन हर दिशा में आदर्श था। आप बड़े रसिक और उर्दू के बड़े अच्छे कवि थे। श्री अशफाक उल्ला और श्री शचीन बख्शी पहले बहुत दिन तक फरार रह चुके थे। अतः जब ये दोनों सज्जन दिल्ली और भागलपुर में क्रमशः पकड़े गए और तो इन्हें पुलिस ने बड़ा कष्ट दिया और इनके साथ कई प्रकार की ज्यादतियाँ भी की गईं। श्री अशफाक उल्ला बड़ी ही मस्त तबीयत के आदमी थे। सभी इन्हें चाहते थे। कभी-कभी ये शेरों में ऐनुद्दीन साहब (Special Magistrate) को फटकार दिया करते थे। कहते हैं कि ऐनुद्दीन साहब का बचपन में अशफाक उल्ला खाँ के परिवार से सम्बन्ध था। इसलिए कभी-कभी उस बात का जिक्र करते हुए श्री अशफाक उन्हें बनाते बहुत थे। बनवारीलाल ने इन दिनों अपना बयान वापस ले लिया था। अतः वह बड़ा अनुतप्त और दुखी रहता था। श्री भूपेन्द्र सान्याल कुछ कमजोर अवश्य हो गए थे। कचहरी में एक बार श्री पार्वती देवी, भाई परमानन्द और मौ. शौकतअली भी मुकदमा देखने गए। सबसे हँसोड़ श्री राजेन्द्र लाहिड़ी थे। यहाँ तक कि वे बड़े-से-बड़े कर्मचारी के सम्मुख भी मीठी चुटकियाँ लेने से बाज नहीं आते थे। एक बार जब श्री सेठ दामोदरस्वरूप जी स्ट्रेचर पर अदालत में लाए गए, तो अभियुक्तों को बड़ा भारी मानसिक आघात पहुँचा। कटघरे के अन्दर से ही एक ओर पंडित रामप्रसादजी शेर की तरह हिन्दी में दहाड़-दहाड़कर हेमिल्टन साहब का सत्कार कर रहे थे, दूसरी ओर से दुबलिसजी अंग्रेजी में ब्रिटिश गवर्नमेंट के न्याय-विधान की धज्जियाँ उड़ा रहे थे और बीच-बीच में बड़े उत्तेजनापूर्ण शब्दों में उस दिन की अदालत की कार्यवाही बन्द कर देने को उद्धत थे। हार कर उस दिन की अदालत उठी। फिर दोबारा सेठजी उस अवस्था में अदालत में नहीं लाए गए। अभियुक्तों की विजय हुई। जेल के अन्दर अभियुक्तों ने प्रायः सभी त्यौहार बड़े उत्साह से मनाए। सरस्वती पूजा, बसन्त पंचमी और होली—अभियुक्तों के ये तीनों उत्सव खासतौर से बहुत अच्छे हुए। बसन्त के दिन जब सबने मिलकर यह गाना गाया तो सबके हृदय में देशभक्ति की हिलोरें उठने लगीं :

मेरा रँग दे बसन्ती चोला
इसी रंग में रँग के शिवा ने माँ का बन्धन खोला।
यही रंग हल्दीघाटी में खुलकर के था खेला।
नव बसन्त में भारत के हित वीरों का यह मेला।
मेरा रँग दे बसन्ती चोला।

इनके त्यौहारों में कितनी अपूर्वता थी। बसन्त और होली का मूल्य और महत्त्व ये

ही अनुभव कर सके होंगे। आनन्द का दिवस था। नौकरशाही के हाथों हमारा भविष्य अन्धकारमय तो निश्चित है ही। बहुतों का इस होली और बसन्त से अन्तिम मिलन था, जिसकी कल्पना वे स्वयं भी करने लगे थे। अतः यह रागरंग स्वाभाविक ही था। इस रागरंग ने सबमें एक अद्‌भुत कवित्व-शक्ति पैदा कर दी थी। उनकी रची हुई सभी कविताओं का जिक्र करना यहाँ पर असम्भव प्रतीत होता है, कारण वे सभी रचनाएँ जेल के बाहर तक न पहुँच सकीं। हाँ, कुछ गाने जो अभियुक्त कचहरी जाते समय गाया करते थे, इस प्रकार हैं :

सरफरोशी की तमन्ना[1] अब हमारे दिल में है,
देखना है जोर कितना बाजुए कातिल[2] में है।
रहबरे राहे मुहब्बत[3] रह न जाना राह में,
लज्जते सहरानवर्दी[4] दूरिए मंजिल[5] में है।
वक्त आने दे बता देंगे तुझे ऐ आसमाँ,
हम अभी से क्या बताएँ क्या हमारे दिल में है।
अब न अगले वलवले[6] हैं और न अरमानों[7] की भीड़,
एक मिट जाने की हसरत[8] अब दिले 'बिस्मिल'[9] में है।
आज मक्तल[10] में यह कातिल कह रहा है बार-बार,
क्या तमन्नाए शहादत[11] भी किसी के दिल में है।
एक शहीदे मुल्को-मिल्लत ![12] मैं तेरे ऊपर निसार,[13]
अब तेरी हिम्मत का चरचा गैर की महफिल[14] में है।

अन्य गीतों को हम यहाँ पर स्थानाभाव के कारण वर्णन करने में असमर्थ हैं। कुछ जिक्र किए देते हैं :

भारत न रह सकेगा हरगिज गुलामखाना,
आजाद होगा होगा आता है वह जमाना।

x x x

अपने ही हाथों से सर कटाना है हमें,
मादरे-हिन्द को सर भेंट चढ़ाना है हमें।

आखिर में मुकदमे की सुनवाई खत्म हुई। 6 अप्रैल, 1927 को सेशन जज मामले का फैसला सुनाने को थे। उस दिन पुलिस का पहरा सब दिनों से कहीं अधिक कड़ा था। बहुत थोड़े व्यक्ति भीतर पहुँच पाए थे। करीब 11 1/2 बजे अभियुक्त अपनी मस्तानी अदा से 'सरफरोशी की तमन्ना अब हमारे दिल में है', गाते हुए मोटरलारियों से उतरे। अदालत में घुसते ही 'वन्देमातरम्' के नाद से उन्होंने भवन को गुँजा दिया।

1. सिर कटाने की आकांक्षा, 2 कातिल के हाथों में, 3. प्रेम राह के सूत्रधार, 4. जगह-जगह मारे फिरान, 5. लक्ष्य की दूरी, 6. जोश-हिम्मत, 7. आकांक्षाओं, कामनाओं, 8. प्रबल इच्छा, 9. अधमरा, जख्मी, 10. फाँसीगृह, 11. धर्म या देश पर बलिदान, 12. देश और समाज 13. न्यौछावर, 14. दुश्मनों में।

फैसला सुनने के लिए सब शान्त भाव से खड़े हो गए। मस्तकों पर रोली का तिलक लगा था। अदालत के चारों ओर पुलिस और सवार गश्त लगा रहे थे। जनता के बाहर खड़े होने से ही जज महोदय का दिल धड़कने लगता था। उस दिन पं. जगतनारायणजी कचहरी नहीं आए। अन्य सरकारी वकील भी मुँह छिपाकर चल दिए। अभियुक्तों के मुख पर किसी प्रकार का विकार न था, बल्कि उनमें मुस्कुराहट थी। फैसला बहुत लम्बा था। फैसले में ब्रिटिश सरकार का तख्त उलट देने के व्यापक षड्यन्त्र का जिक्र करने के बाद प्रत्येक अभियुक्त पर लगाए गए भिन्न-भिन्न आरोपों पर विचार किया गया था और तदनुसार सबको सजाएँ सुनाई जाने लगीं। अभियुक्तों के सम्बन्ध में जज महोदय ने स्पष्टतया कहा कि वे अपने व्यक्तिगत लाभ के लिए इस कार्य में प्रवृत्त नहीं हुए पर किसी अभियुक्त ने न तो पश्चात्ताप ही किया और न इस बात का वचन दिया कि भविष्य में इस प्रकार के आन्दोलनों में भाग न लेंगे। सेशन जज की यह इच्छा थी कि यदि अभियुक्त ऐसी कुछ बातें कह दें, तो उनके साथ रियायत की जा सकती है। किन्तु अभियुक्तों के लिए ऐसा करना अपने ध्येय से डिग जाना था। फिर क्या था, सजाएँ सुनाई जाने लगीं। अभियुक्तों पर 121 (अ), 120 (ब) और 396 धाराएँ लगाई गई थीं। इनके अनुसार निम्नलिखित सजाएँ उन्हें मिलीं :

श्री रामप्रसाद–पहली दो धाराओं के अनुसार आजन्म कालापानी, तीसरी के अनुसार फाँसी।

श्री राजेन्द्र लाहिड़ी–पहली दो धाराओं के अनुसार आजन्म कालापानी और तीसरी के अनुसार फाँसी।

श्री रोशन सिंह–पहली दो धाराओं के अनुसार 5-5 वर्ष की सख्त कैद और तीसरी के अनुसार फाँसी।

श्री बनवारी लाल–(इकबाली मुलजिम) प्रत्येक धारा के अनुसार 5-5 वर्ष की सख्त कैद।

श्री भूपेन्द्रनाथ सान्याल–(इकबाली मुलजिम) प्रत्येक धारा के अनुसार 5-5 वर्ष की सख्त कैद।

श्री गोविन्द चरण कार–10 वर्ष की सख्त कैद।

श्री मुकुन्दीलाल–10 वर्ष की सख्त कैद।

श्री जोगेशचन्द्र चटर्जी–10 वर्ष की सख्त कैद।

श्री मन्मथनाथ गुप्त–14 वर्ष की सख्त कैद।

श्री प्रेमकिशन खन्ना–5 वर्ष की सख्त कैद।

श्री प्रणवेश चटर्जी–5 वर्ष की सख्त कैद।

श्री राजकुमार सिन्हा–10 वर्ष की सख्त कैद।

श्री रामदुलारे–5 वर्ष की सख्त कैद।

श्री रामकिशन खत्री–10 वर्ष की सख्त कैद।

श्री रामनाथ पांडेय–5 वर्ष की सख्त कैद।

श्री शचीन्द्रनाथ सान्याल—आजन्म कालापानी।

श्री सुरेशचन्द्र भट्टाचार्य—7 वर्ष की सख्त कैद।

श्री विष्णुशरण दुबलिस—7 वर्ष की सख्त कैद।

श्री हरगोविन्द और श्री शचीन्द्रनाथ विश्वास इसलिए छोड़ दिए गए कि उनके खिलाफ किसी बात का प्रमाण नहीं मिला। इस प्रकार ये बेचारे डेढ़ साल तक व्यर्थ ही जेलों में सड़ाए गए। मुखबिर बनारसीलाल और इन्दुभूषण मुखबिरी के इनाम में छोड़ दिए गए। सेठ दामोदरस्वरूप बीमार थे, इसलिए उनका मामला स्थगित रहा।

फैसले में अन्य बातों के साथ-साथ एक बात यह भी कही गई कि फाँसी की सजा चीफ कोर्ट की स्वीकृति से दी जाएगी और मामले की अपील की मियाद 7 दिन होगी। इसी मियाद के अन्दर यदि अपील करनी है तो कर दी जाए। जिस समय फैसला सुनाया जा रहा था, कोर्ट का वह दृश्य बड़ा ही अजीब था। फाँसी, कालापानी आदि लम्बी-लम्बी सजाएँ सुनाई जा रही थीं। रोशनसिंह के लिए फाँसी की आज्ञा बिलकुल अनहोनी बात थी। उन्होंने हँसकर कहा, "यह तो होना ही था।" जब श्री राजेन को फाँसी की आज्ञा मिली, तब उन्हें जज महोदय के इस निष्कर्ष पर हँसी आ गई। वे हेमिल्टन साहब को मजाकिया धन्यवाद देनेवाले थे। फिर श्री हजेलाजी से आपने कहा, "हम आपके बड़े कृतज्ञ हैं पर हमने जिस दिन यह व्रत लिया, तब समझ लिया था कि यही एक दिन होने को भी है, फिर हमें किसी प्रकार का परिताप कैसा ? यह मेरा पुनर्जीवन है।" फैसले सुन चुकने के बाद पहले सब छोटे सदस्य आगे बढ़े और सबने पं. रामप्रसादजी के पैरों की धूल अपने-अपने मस्तकों पर ली। फिर उन्होंने फाँसी की सजा पाए हुए रोशनसिंह तथा राजेन्द्र लाहिड़ी के भी पैर छुए। अभियुक्तों को, जो अभी तक लगभग डेढ़ साल से एक साथ थे, अलग-अलग होने की आशंका हुई। कुछ से चिर-वियोग होना था, अतः सबमें एक विचित्र भाव हिलोरें मार रहा था। सब अभियुक्त एक-दूसरे से गले मिले और जब अदालत से चलने लगे, तब अन्तिम बार सबने मिलकर 'वन्देमातरम्' का नाद किया। कमरे के बाहर निकलते समय सबके आगे श्री रामप्रसाद थे। एक बार सुनाई पड़ा "हैफ, जिस पै कि हम तैयार थे मर जाने को।" दूसरी बार गम्भीर घोष हुआ और वायुमंडल गूँज उठा।

"दरो दीवार[1] पर हसरत से नजर करते हैं।
खुश रहो, अहले वतन हम तो सफर करते हैं।"

उसी रात में सब अभियुक्तों को भिन्न-भिन्न 12 जेलों में ट्रांसफर किया गया। कानपुर स्टेशन पर से जिस समय श्री योगेश, श्री रामदुलारे तथा श्री चौधरी महाशय जा रहे थे, तब उनके कुछ मित्र उनसे मिले। उन्हें फल इत्यादि खिलाए गए।

इसी बीच में फरारी मुलजिमों में से श्री अशफाक उल्ला खाँ दिल्ली में और श्री शचीन्द्रनाथ बख्शी भागलपुर में गिरफ्तार किए गए। इन पर अलग से मामला चला

---

1. घर के द्वार तथा भीतों पर

और श्री अशफाक उल्ला को फाँसी तथा श्री शचीन्द्रनाथ बख्शी को आजन्म कालेपानी की सजाएँ दी गईं।

इस प्रकार मामले का अन्त हो चुकने के बाद एक ओर तो सरकार का दमन अभियुक्तों पर अधिक प्रखरता के साथ शुरू हुआ और दूसरी ओर अभियुक्तों ने इस अनीति का जोरदार विरोध शुरू किया। ये लोग राजनीतिक कैदी थे। इनके साथ राजनीतिक कैदियों जैसा ही बर्ताव किया जाना चाहिए था, किन्तु ऐसा न करके इनको मामूली कैदी की तरह रखने की कोशिश की गई। इनके मामूली कपड़े जबर्दस्ती छीनकर जेल की पोशाक पहनाई गई। जेल के कर्मचारियों का व्यवहार भी इनके प्रति अच्छा न था। इनके स्वाभिमान ने इन्हें ये बातें नहीं सहने दीं और सब अभियुक्तों ने अनशन व्रत कर दिया। अभियुक्तों के बल को कम करने के अभिप्राय से ही वे भिन्न-भिन्न जेलों को भेज दिए गए थे। मगर उन्होंने अलग-अलग रहकर भी स्वाभिमान के लिए यह व्रत चालू रखा। इस अनशन के समाचार छिपाने की भी कोशिश पहले ही की तरह की गई। सगे-सम्बन्धी तक अभियुक्तों से नहीं मिलने दिए गए। जब यह समाचार बाहर फैला तब प्रान्त के कार्यकर्ताओं में बड़ी खलबली मच गई। कुछ कौंसिल सदस्यों ने, जो जेल विजिटर थे, जेलों में जाकर अभियुक्तों से मिलना चाहा, परन्तु उन्हें भी मिलने की इजाजत नहीं दी गई। इस पर एक सदस्य ने तो इस पद से इस्तीफा तक दे दिया। अस्तु, मामला दिन-ब-दिन संगीन होता गया। दिन के बाद हफ्ते और हफ्ते के बाद महीने समाप्त होने लगे। अनशन करनेवालों की दशा अधिकाधिक कमजोर होने लगी, एक-एक आदमी का वजन 43-43 और 44-44 पौंड कम हो गया, किन्तु फिर भी उनकी बातों की कोई सुनवाई नहीं थी। स्थिति बड़ी चिन्ताजनक होती जा रही थी। जिद्दी सरकार जिद छोड़ने के लिए राजी नहीं थी और स्वाभिमानी अभियुक्त अपने व्रत पर अटल थे। इस चिन्ताजनक स्थिति को देखकर श्री गणेशशंकर विद्यार्थी ने प्रान्तीय होम मेम्बर आनरेबुल मोहम्मद अहमद सईद खाँ साहब, नवाब छतारी को एक तार और एक लम्बा पत्र भेजा, जिसमें अभियुक्तों की सम्पूर्ण दशा का वर्णन करते हुए और यह दिखाते हुए कि अभियुक्तों को राजनैतिक कैदियों का-सा विशेष व्यवहार पाने का हक है, यह कहा कि आप शीघ्र-से-शीघ्र दस्तन्दाजी करके इस मामले का समझौता कराइए। होम मेम्बर साहब इस तार और इस लम्बे पत्र को साफ पी गए। जवाब में इतना तो जरूर लिखा कि पत्र मिल गया, मगर इसके आगे उसका क्या हुआ सो आज तक न मालूम हुआ। जिस समय मुकदमा चल रहा था उस समय भी जब अभियुक्तों ने विशेष व्यवहार पाने की बात कही थी, तब यह कहकर टाल दिया गया था कि विचाराधीन कैदियों के साथ विशेष व्यवहार का प्रश्न नहीं उठता, मामला खत्म हो जाएगा तब देखा जाएगा। मगर अब, जब मामला खत्म हो गया और सेशन जज ने भी साफ तौर से यह कह दिया कि अभियुक्तों पर डकैतियों का जो अभियोग है, वह राजनीतिक समझा जाने योग्य है, क्योंकि उन्होंने स्वार्थ के लिए डाके नहीं डाले, तब यह सलूक कि उनको बन्दर की शक्ल बनाकर जेलों में रखा गया, सब बातों में मामूली डकैतों का-सा बर्ताव किया जाने लगा

और विरोध करने पर अभियुक्त काल-कोठरियों में बन्द किए जाने लगे। काकोरी के अभियुक्त शिक्षित, सभ्य और भले घरों के नवयुवक हैं। उनकी स्थिति के अनुसार उनके साथ जेल में व्यवहार किया जाना नितान्त आवश्यक था। स्वयं होम मेम्बर साहब तक हैसियत के अनुसार सुविधा देने की बात पहले स्वीकार कर चुके थे, किन्तु जब समय आया तो गोता लगा गए ! बंगाल आदि प्रान्तों में ऐसे कैदियों के साथ विशेष बर्ताव करने का प्रबन्ध है, मगर युक्त-प्रान्त की एक बात ही निराली है। यहाँ इन दलीलों और अपीलों की कोई सुनवाई न हुई। इसी इधर-उधर की कोशिश में लगभग डेढ़ महीना बीत गया। सरकार टस-से-मस न हुई। अभियुक्तों की हालत बहुत ही गिर गई। अनेक अभियुक्त मृत्यु-शैया पर पड़ गए। अब शिथिलता करने का समय न था। अभियुक्तों के रिश्तेदारों में बड़ी चिन्ता थी। अभियुक्त राजकुमार सिंह की माता ने तो जब से अनशन का हाल सुना तब से खाना ही छोड़ दिया। इससे वे बहुत कमजोर हो गईं। एक दिन तो वे बेहोश हो गईं और कई घंटे तक उसी अवस्था में रहीं। यह दशा देखकर श्री गणेशशंकर विद्यार्थी जेलों में अभियुक्तों से मिलकर उनको अनशन तोड़ने के लिए समझाने लगे। पहले तो कुछ जेलों के अधिकारियों ने यह समझा कि कहीं ये अभियुक्तों को और न भड़कावें, इसलिए इजाजत नहीं दी। परन्तु एकाध जगह का उदाहरण उनके सामने आया, तब इन्हें जेलों में अभियुक्तों से मिलने की इजाजत मिल गई। फिर भी एकाध स्थान में ये नहीं जा सके। किन्तु इनके इतने ही परिश्रम ने काफी काम किया। इन्होंने बरेली, फतेहगढ़, नैनी आदि कई जेलों के अभियुक्तों से बातचीत की और उन्हें राजी कर लिया। इस प्रकार अनशन का अन्त कराकर श्री गणेशशंकरजी अभियुक्तों को स्थायी रूप से विशेष व्यवहार की सुविधा दिलाने का फिर प्रयत्न करते रहे। इसी बीच अखिल भारतीय कांग्रेस कमेटी ने यह प्रस्ताव पास किया था कि काकोरी के कैदियों के साथ विशेष व्यवहार किया जाए। बाद को मद्रास के कांग्रेस अधिवेशन में भी इस आशय का एक प्रस्ताव पास हुआ। इस प्रस्ताव से इस मामले ने, जो अभी तक केवल प्रान्तीय रूप धारण किया था, सार्वदेशिक रूप धारण कर लिया। 22 जून को यह मामला युक्त प्रान्तीय कौंसिल में जोरों के साथ उठाया गया। सवालों का ताँता बाँध दिया गया। किन्तु सरकार की ओर से किसी बात का उचित और सन्तोषजनक उत्तर नहीं दिया गया। होम मेम्बर ने इन सवाल-जवाबों में साफ तौर से यह ऐलान कर दिया कि उनके साथ दोबारा Habitual कैदियों का-सा ही बर्ताव किया जाएगा, वे उसी श्रेणी में रखे गए हैं। इस बात से कौंसिल के स्वराजी सदस्यों को बड़ा असन्तोष हुआ। एक स्वराजी सदस्य ने यह प्रस्ताव पेश करना चाहा कि काकोरी के कैदियों के साथ विशेष बर्ताव किया जाए। परन्तु गवर्नर महोदय ने इस प्रस्ताव के पेश करने की इजाजत ही नहीं दी। उस दिन के सवाल-जवाब में यह भी मालूम हुआ कि काकोरी के मामले में सरकार दो लाख रुपए खर्च कर चुकी है। प्रान्त के कार्यकर्ताओं के पास यही एक अन्तिम अस्त्र था, जिससे वे काकोरी के अभियुक्तों के साथ विशेष व्यवहार करने के लिए सरकार पर दबाव डाल सकते थे। किन्तु गवर्नर साहब की स्वेच्छाचारिता के कारण

यह अस्त्र भी निष्फल हुआ। अनशन तो किसी प्रकार टूट गया, मगर विशेष अधिकार उन्हें अभी तक नसीब न हुए। पराधीन देश के पराधीन निवासियों के लिए जो कुछ हो जाए, थोड़ा है।

सेशन कोर्ट का फैसला हो चुकने के बाद अभियुक्तों ने अपील करने का निश्चय किया। इस निश्चय के अनुसार श्री बनवारीलाल, श्री भूपेन्द्रनाथ सान्याल और श्री शचीन्द्रनाथ सान्याल के अलावा अन्य अभियुक्तों ने सेशन जज के फैसले के खिलाफ अपील दायर की। उधर सरकार की ओर से सजा बढ़ाने के लिए लिखा-पढ़ी की गई। दोनों मामले साथ-साथ चीफ कोर्ट में चीफ जस्टिस सर लुई स्टुअर्ट और जस्टिस मोहम्मद रजा के सामने पेश हुए। 18 जुलाई को अपील प्रारम्भ हुई। सरकार ने अपनी पैरवी के लिए तो यहाँ भी पं. जगतनारायण को बुलाया किन्तु फाँसी की सजा पाए हुए अभियुक्त श्री रामप्रसाद, श्री राजेन्द्र और श्री रोशनसिंह के मामले की पैरवी के लिए क्रमशः श्री लक्ष्मीशंकर मिश्र, श्री एच.सी. दत्त और श्री जयकरणनाथ मिश्र को नियुक्त किया। अभियुक्त चाहते थे उनके लिए किसी अच्छे वकील का प्रबन्ध किया जाए। उन्होंने अपना यह विचार प्रकट भी किया, किन्तु सुनता कौन है। उन्हें सख्त सजा दिलाने के लिए तो सरकार ने दो लाख रुपए खर्च कर दिए और इस अपील में और भी खर्च करने को तैयार हुई, किन्तु उन फाँसी पर लटकनेवालों के लिए उसने थोड़ी-सी रकम भी खर्च करना मंजूर नहीं किया। दिखावे के लिए एक बड़े वकील से, जिसे अभियुक्त चाहते थे, कुछ बातचीत भी की गई किन्तु मेहनताना इतना कम दिया जा रहा था कि उन सज्जन को साफ-साफ शब्दों में सरकारी आदमी से यह कहना पड़ा कि "तुम काकोरी के कैदियों के साथ किसी किस्म का सलूक करना नहीं चाहते, किन्तु चाहते यह भी हो कि बदनामी भी न हो।" अभियुक्त रामप्रसाद ने पं. लक्ष्मीशंकर मिश्र के मारफत अपने मामले की पैरवी कराने से इनकार कर दिया। उन्होंने कहा कि या तो कोई अच्छा वकील नियुक्त किया जाए या मुझे स्वयं पैरवी करने दी जाए। किन्तु चीफ कोर्ट का हुक्म हुआ कि दो में से एक भी बात न मानी जाएगी और पं. लक्ष्मीशंकर ही मामले की पैरवी करेंगे, यह भी सरकारी रियायत है जो वह अपने खर्च से उनके लिए वकील दे रही है। गर्ज यह कि जिस प्रकार सरकार ने चाहा, उसी प्रकार अपील की सुनवाई हुई। इस दौरान अपील में अभियुक्त श्री प्रणवेश चटर्जी के भाई ने अपने भाई की ओर से एक दरख्वास्त दी, जिसमें बहुत से अपराध स्वीकार कर लिए और अपील वापस लेते हुए अपनी गलतियों पर अफसोस किया और मामला चीफ कोर्ट के हाथों में दीन भाव से सौंप दिया। इस अपील की सुनवाई 2 अगस्त को खत्म हो गई। किन्तु फैसला उस दिन नहीं सुनाया गया। इसी बीच में श्री अशफाक उल्ला खाँ की अपील की भी सुनवाई हुई। श्री शचीन्द्रनाथ बख्शी ने अपील नहीं की थी। 22 अगस्त को सबका फैसला एक साथ ही सुना दिया गया। इसमें सेशन जज द्वारा दी गई सजाओं में परिवर्तन किया गया। श्री रामप्रसाद, श्री राजेन्द्र लाहिड़ी, श्री रोशनसिंह और श्री अशफाक उल्ला खाँ की फाँसी की सजाएँ कायम रहीं। श्री जोगेश चटर्जी, श्री गोविन्दचरण कार, श्री मुकुन्दीलाल की

सजाएँ बढ़ाकर दस-दस वर्ष की कैद से आजन्म कालापानी की कर दी गईं। श्री सुरेशचन्द भट्टाचार्य और श्री विष्णुशरण दुबलिस की सजाएँ सात-सात वर्ष से बढ़ाकर दस-दस वर्ष की कर दी गईं। श्री रामनाथ पांडेय की सजा घटाकर 5 वर्ष से 3 वर्ष कर दी गई और श्री प्रणवेश की सजा घटाकर 5 वर्ष से 4 वर्ष की गई। शेष अभियुक्तों की सजाएँ पूर्ववत ही बनी रहीं।

इस फैसले से प्रान्त के कार्यकताओं में और भी असन्तोष और क्षोभ हुआ। ठा. मनजीतसिंह, एम.एल.सी. ने कौंसिल के आगामी अधिवेशन में इस आशय का प्रस्ताव पेश करने की सूचना दी कि फाँसी की सजा पाए हुए लोगों की सजाएँ कम करके आजन्म कालेपानी की सजाएँ कर दी जाएँ। फाँसी 16 सितम्बर को होनेवाली थी। इस बीच में कौंसिल का अधिवेशन नहीं हो रहा था। यह आशंका थी कि कहीं ऐसा न हो कि कौंसिल में प्रस्ताव पेश करने के पहले ही इनको फाँसी पर टाँग दिया जाए। इसलिए ठा. मनजीतसिंह ने एसेम्बली के सदस्यों को भी एक पत्र लिखा, जिसमें सजा घटवाने का उद्योग करने की प्रार्थना की और यह भी कहा कि ऐसा प्रयत्न किया जाना चाहिए कि युक्त प्रान्तीय कौंसिल की आगामी बैठक तक उनकी फाँसी रुक जाए, ताकि मैं अपना प्रस्ताव कौंसिल में पेश कर सकूँ। एक ओर तो यह कोशिश की गई और दूसरी ओर प्रान्तीय कौंसिल के मेम्बरों ने गवर्नर साहब के पास एक आवेदन-पत्र भेजकर फाँसी पाए हुए अभियुक्तों पर, उनकी युवावस्था के नाम पर, दया दिखाने की प्रार्थना की। गवर्नर साहब का शासनकाल समाप्त हो चुका था। वे शीघ्र ही जानेवाले थे। इसलिए मेम्बरों को आशा थी कि शायद वे चलते-चलते इतना सलूक कर जाएँ। किन्तु उनकी सब आशाएँ दुराशा-मात्र साबित हुईं और गवर्नर महोदय ने दया-प्रार्थना अस्वीकार कर दी। इसी प्रकार की एक दया-प्रार्थना असेम्बली और स्टेट कौंसिल के सदस्यों ने वायसराय से भी की थी, किन्तु उन्होंने भी इसी निर्दयता के साथ उसे अस्वीकार कर दिया। हाँ, इस लिखा-पढ़ी में इतना जरूर हुआ कि फाँसी की पहली तिथि 16 सितम्बर टल गई और उस दिन अभियुक्तों को फाँसी नहीं हुई। इसके बाद फाँसी देने के लिए 11 अक्टूबर की तारीख नियत की गई। अभियुक्तों ने सरकार के मनोभाव जान ही लिए थे, इसलिए यहाँ से कुछ होता न देखकर उन्होंने प्रिवी-कौंसिल में अपने मामले की अपील करने का विचार किया। उन्होंने अपना यह विचार सरकार पर प्रकट किया और इसलिए, उन्हें अपील का मौका देने के लिए, फाँसी की दूसरी तारीख भी टल गई। अंग्रेजी सल्तनत में न्याय कितना महँगा पड़ता है, यह किसी से छिपा नहीं है। इतने ही मामले में अभियुक्त बहुत बड़ी आर्थिक हानि उठा चुके थे। घर के लोग, सगे-सम्बन्धी, सब परेशान हो गए थे। फिर भी, इस आशा से कि शायद वहाँ न्याय हो, उन्होंने लम्बा खर्च बर्दाश्त करके भी अपील करने का ही निश्चय किया। येन केन प्रकारेण धन का प्रबन्ध करके श्री पोलक महाशय को, जो इंग्लैंड में थे, मामले के कागजात सौंपे गए। वहाँ पर एक बैरिस्टर की मारफत यह अपील प्रिवी-कौंसिल में दायर की गई, किन्तु प्रिवी-कौंसिल के न्यायाधीशों ने इसे इस योग्य भी न समझा कि इसकी

सुनवाई की जाए। उन्होंने उस पर विचार करना अस्वीकार कर दिया।

29 अक्टूबर को प्रान्तीय कौंसिल में भी काकोरी के कैदियों का प्रश्न आया। पं. गोविन्दबल्लभ पन्त ने सरकार को खूब आड़े हाथों लिया। बहुत देर तक प्रश्नोत्तर होते रहे। किन्तु सरकार टस-से-मस नहीं हुई।

अब सारा खेल खत्म हो चुका था। अपीलें की जा चुकी थीं, कौंसिल में प्रश्न छेड़े जा चुके थे, गवर्नर से दया-प्रार्थना की जा चुकी थी, वायसराय से भी सजा घटाने की प्रार्थना की जा चुकी थी, सम्राट के पास भी प्रार्थना-पत्र भेजे जा चुके थे, जो उपाय शक्ति के अन्दर थे, वे सब किए जा चुके थे। किन्तु सभी जगह केवल शून्य ही हाथ आया। 19 दिसम्बर को अभियुक्तों को फाँसी पर लटका देना निश्चित हो गया। प्रान्त-भर में बड़ी बेचैनी पैदा हो गई। 17 दिसम्बर को प्रान्तीय कौंसिल में पं. गोविन्दबल्लभ पन्त ने फिर इस मामले को उठाया। उन्होंने प्रेसीडेंट से प्रार्थना की कि सब काम बन्द करके इस पर विचार किया जाए। पहले प्रेसीडेंट महाशय इस प्रार्थना को अस्वीकार किए देते थे, किन्तु 3 बजे के करीब जब मेम्बरों ने उनसे फिर प्रार्थना की, तब वे राजी हुए, किन्तु उस दिन 3 बजे के कुछ बाद ही सरकारी काम समाप्त हो जाने पर डिप्टी प्रेसीडेंट ने, जो उस समय प्रेसीडेंट का काम कर रहे थे, कौंसिल की बैठक सोमवार तक के लिए स्थगित कर दी। सोमवार को सवेरे ही फाँसी का समय था। इसलिए मेम्बरों में खलबली मच गई। उन्होंने होम मेम्बर नवाब साहब छतारी तक के दरे-दौलत की खाक छानी, किन्तु कोई सुनवाई न हुई और प्रान्तीय कौंसिल में एक शब्द कहने का मौका दिए बिना ही प्रान्त के चार होनहार युवक फाँसी के तख्ते पर लटका दिए गए।

अन्त में सोमवार, 19 दिसम्बर, 1927 के हत्यारे दिन ने अपना मुँह दिखाया। श्री राजेन्द्र लाहिड़ी अपने साथियों से दो दिन पहले ही—17 दिसम्बर को ही—अपने अमूल्य प्राण-दान से गोंडा के रक्त-पिपासु फाँसी के तख्ते की तृषा बुझा चुके थे। 19 दिसम्बर को शेष तीनों वीरों ने भी मातृमन्दिर की बलिवेदी पर अपने-अपने बहुमूल्य शीर्ष चढ़ा दिए। सबमें एक अवर्णनीय गम्भीरता थी—मृत्यु के साथ खेलने की एक अजीब बान थी। जननी-जन्मभूमि के वक्ष का स्तन-पान करने की उनमें अलौकिक उत्सुकता थी, अपनी इस उत्सुकता में उन्होंने एक दिन पहले ही से बाहर का दूध पीना छोड़ दिया था। उन्हें मृत्यु का भय नहीं था। साधारण लोगों की भाँति वे बेहोशी की अवस्था में घसीटकर फाँसी के तख्ते पर नहीं लाए गए थे। वे अपनी तैयारी आप ही कर रहे थे। प्रातःकाल होते ही वे अपनी अनन्त यात्रा के उद्योग में लग गए थे और मुहूर्त की प्रतीक्षा कर रहे थे। मुहूर्त की सूचना मिलते ही मुस्कुराए और गम्भीर स्वर से 'वन्देमातरम्' और 'भारत माता की जय'--घोष किया और फिर हँसते-खेलते उस भयानक प्रेताकार फाँसी के तख्ते पर चढ़ गए। थोड़ी ही देर में उनका शरीर उस फन्दे में झूलने लगा। उनकी पवित्र प्राण-वायु उनकी प्राण-प्रिय भारत-माता की वायु से मिल गई। थोड़ी देर बाद उनके स्थूल शरीर भी माता की छाती पर लेटते हुए पाए गए। चारों

ओर शान्ति छा गई। इस प्रकार इन वीरात्माओं के जीवन-यज्ञ की पूर्णाहुति समाप्त हुई। देश-भर में शोक और विषाद की लहर फैल गई। सभी ने अपनी-अपनी श्रद्धांजलि चढ़कर उनका तर्पण किया और माता के वे 'पागल पुजारी' अपनी जीवन-लीला समाप्त कर अनन्त की गोद में विलीन हो गए।

फाँसी के दिन समस्त देश-भर में बड़ा शोक मनाया गया। लोगों ने व्रत रखे और शोक तथा सहानुभूतिसूचक सभाएँ हुईं। कहीं-कहीं विद्यालयों और कॉलेजों के छात्रों ने भी व्रत रखे। दिल्ली के इस्लामी स्कूल के सभी छात्र तथा शिक्षकों ने व्रत रखकर दुख प्रकट किया। देश-भर में सरकार के इस कृत्य की आज निन्दा हो रही थी, सभी शोकातुर थे। बड़ा अन्धकारमय दिन था।

('काकोरी के शहीद' नामक पुस्तक से)

मैनपुरी कांसपीरेसी केस

सन् 1918 ई. में जबकि मैं मिशन स्कूल के सातवें दर्जे में पढ़ रहा था, स्कूल में एकाएक पुलिस आ गई। मैं मिशन स्कूल के एक छोटे दर्जे का तालिबेइल्म[1] था जबकि मैनपुरी साजिश[2] का मुकदमा चला, हमारे स्कूल में भी इस केस का अप्रूवर (यानी सरकारी गवाह) शनाख्त की गरज से लाया गया था और उसने 10वें दर्जे से राजाराम भारती को गिरफ्तार कराया और भी दो-एक लड़कों पर शुबह[3] जाहिर किया। और वह भी हिरासत[4] में ले लिए गए। गरज कि वह दिन भी अजीब दिन था। पुलिस की लाल पगड़ियाँ स्कूल के चारों तरफ दिखाई पड़ती थीं। यह एक नई बात थी कि स्कूल का तालिबेइल्म इस सूरत में गिरफ्तार हुआ। गो कि बंगाल में यह एक मामूली बात और आए दिन का मामला है। मगर यू.पी. में यह बात कहाँ थी ? गरज कि अजीब दहशत[5] व खौफ स्कूल पर छाया हुआ था और हर एक लड़का अपनी जान की खैर मनाता था। मैं उस रोज जरा देर से गया था। कोई लड़का अन्दर से बाहर नहीं निकल सकता था। और हर दर्जे में शनाख्त[6] हो रही थी। मैं भी अपने दर्जे में खामोशी से जा बैठा। मगर नफ्से-मामला[7] मालूम करने को बेचैन था जो मेरी नेचर में था। चूँकि मैं स्कूल का एक हाकी खेलनेवाला और आजाद खयाल तालिबेइल्म था, मास्टर साहब से पूछने को झुका, मगर मास्टर साहब बताने से डरे कि एक लड़के ने कहा राजाराम ने नहीं डाका मारा है और वह गिरफ्तार किए गए हैं और भी लड़के गिरफ्तार हुए हैं। अब मुझे राजाराम की फिक्र हुई कि यह लड़का कौन है। क्योंकि राजाराम एक सीधा और खामोश लड़का था। यों अकसर तुलबाए स्कूल[8] उससे वाकिफ न थे। मेरी उसकी मुलाकात बाद उसकी रिहाई के हुई तो मुझे यकीन न आता था कि ऐसा भोला लड़का रिवोलूशनरी भी हो सकता है ! खैर ! उसी रोज शाहजहाँपुर में भी तलाशियाँ शुरू हो गईं। चूँकि दर्जे के एक मेरे साथी ने मुझको अलाहिदा ले जाकर कहा, "राजाराम एक खुफिया सोसायटी का मेम्बर था, न डाकू है न कातिल।" मैंने हँसकर कहा, तुम भी मालूम होते हो। तुम्हें भी गिरफ्तार करा दूँगा। उस पर उसने निहायत बहादुरी से कहा कि मैं देश के लिए मरने को तैयार हूँ। उसने कुछ ऐसी शान और तर्ज से कहा था कि मैं उसको कभी न भूला। अब शहर में चंडूखाने की खबरें उड़ने लगीं जिसका अन्दाजा उस वक्त तो मैं न कर सका था मगर अब जब अपने ऊपर पड़ी, तो समझ में आया कि

1 विद्यार्थी 2 षड्यन्त्र 3. शंका 4. गिरफ्तारी 5. अनोखा भय 6. पहचान 7. मामले की तह 8. स्कूल के विद्यार्थीगण।

गप्पास्टक के सामने राई पहाड़ बन जाती है। अब सुना कि रामप्रसाद मफरूर[1] हो गए। और भी चन्द लड़के मफरूर हैं। हमारी टीम का एक प्लेयर मि. कालीचरण भी पं. कालीचरण के धोखे में बुलाए गए। गरज कि अजीब लुत्फ और खौफ के दिन थे। लुत्फ तो ऐसी तबीयतों के लिए था जो हमेशा नई चीज चाहती थी और खौफ के दिन उनके लिए कि जो जरा-सी बात पर इखतिलाजे कल्ब[2] महसूस करते हैं। और उसी पुराने रवैए ही को पसन्द करते हैं, ख्वाह तरक्की में हों या तनज्जुल[3] में। अब गिरफ्तारियों में मफरूरियों के बाद केस मैनपुरी डिस्ट्रिक्ट में चलाया गया, और अखबारवालों की किस्मत जाग गई। इससे मुल्कवालों को मालूम हुआ कि लड़के भी कुछ करना चाहते हैं। गो कि यह लड़कों का ही एक खेल था। चूँकि बेसिलसिले बेताल्लुक[4] स्कूल व कॉलेजों के तुलबा हुकूमत बर्तानिया को टोपीदार बन्दूक या बम के गोलों से हिन्दुस्तान से न हटा सकते। मगर नौजवान खून चूँकि गरम होता है, इसे हर मुश्किल काम आसान मालूम होता है। यूँ इन लोगों का भी दिमाग चकरा गया था। मैं उनके जज्बात, उनकी हुब्बुल वतनी[5], उनके ईसार[6] का दिल से कायल हूँ। मगर इन पाक जज्बात[7] का खून किसी नाआकबत अन्देश[8] हाथ से हो गया था। अगर ऐसे नौजवान किसी आजाद मुल्क में पैदा होते तो मैं बगैर किसी रुकावट के कहूँगा नेशंस बिल्डर्स[9] की फेहरिस्त में इनका भी नाम पाया जाता। यह आसान काम नहीं है कि मौत का मुकाबला करने को और मजमे में अपने आपको काटे जाने के लिए इंसान अपने को खुशी से पकशे कर दे। ऐ वतनी मुहब्बत[10] तेरी अदाएँ भी निराली और अनोखी हैं। अगर एक तरफ तू नैपोलियन बोनापार्ट को सरजमीने फ्रांस[11] का एक चहीता फरजन्द[12] बना देती है तो दूसरी तरफ दूसरे के लिए दुश्मने जाँ[13] और खूँख्वार बनाकर सेंट हेलेना में बन्द कर देती है। गरज कि एक के लिए जो शहद है और उसी वक्त में दूसरे के लिए जहरेहलाहल[14] है। एक के लिए नवैदेहयात[15] है तो दूसरे के लिए पैगामेमौत[16]। हुब्बुल वतनी तू प्यारी-से-प्यारी चीज है और जालिम-से-जालिम है। तेरे कदमों पर कितने ही ऐसे नौजवानों के सिर होंगे जो काट-काटकर चढ़ा दिए गए होंगे। और कितने ही ऐसे मनचले नौजवान तेरी एक अदा कर हँसते हुए रन में खत्म हो गए। स्पार्टा का हीरो तेरे ही नाम पर कुर्बान हो गया। जापान के तुलबा ने तेरी ही मुस्कुराहट पर अपने को दरियाबुर्द[17] कर दिया। होरेशस फौज के मुकाबले में तनहा खड़ा लड़ा लिया और खून से लथपथ हो गया। गरज कि इन नातजर्बेकार[18] नौजवानों के कारनामे[19] पब्लिक के सामने आए और यह एक आम मसल मशहूर है कि खरबूजे को देखकर खरबूजा रंग पकड़ता है। और स्कूल के लड़कों का यह आम तरीका है कि जिस दिन स्कूल में दाखिल होने को आएँगे, गरीब सीधे-सादे देहाती पोशाक में होंगे, मगर एक साल के अन्दर ही

---

1. भागे हुए 2. दिल की धड़कन 3. अवनति 4. बिना क्रम, बेलगाव 5. देशप्रेम 6. त्याग 7. जोशीले विचारों 8. अदूरदर्शी 9. देश और समाज को सुधारनेवाले 10. देशप्रेमी भावनाएँ 11. फ्रांस देश में 12. प्यारा पुत्र 13. जान का दुश्मन 14. भयानक जहर 15. जीवन को निमन्त्रित करनेवाला 16. मृत्यु-सन्देश 17. नदी में प्रवाहित 18. अनुभवरहित 19. कार्यकलाप।

गले में टाई होगी और पाँवों में बूट जूता। वह तेलिया चमड़े का ही क्यों न हो। एक कोट-पतलून का भी होना जरूरी समझा जाएगा। गरज कि इसी किस्म की बातें खूब कलियाँ फूल लगा-लगाकर लोग जो बातूनी और कायल थे, किया करते थे। चूँकि मैं भी नौजवान था और खूब मोटा-ताजा था इसलिए कि मैं कसरत वगैरह का बचपन ही से शौकीन था और अब वही बदकिस्मती से मेरी फाँसी का बाइस[1] हुआ। क्योंकि हमारे मुकर्रम[2] जनाब मिस्टर खैरात नबी से पब्लिक प्राजीक्यूटर ने अपनी बहस में मेरा मोटा-ताजा होना जाहिर किया था और इसीलिए मुझको अपने पूरे गिरोह में सबसे सख्त और ज्यादा सजा मिली। गरज कि मैनपुरी कांसपीरेसी के बाद मेरी हालत बदल गई। और जब मैं आठवीं क्लास में पास होकर आया, मेरे कोर्स में इंगलिश की किताब के दो सबक थे—एक तो 'लव ऑफ कंट्री' (वतनी मुहब्बत) सर वालटर स्काट की लिखी हुई नज्म और दूसरा सबक जिसमें होरेशस का किस्सा था जिसमें कि उसने एक स्पीच दी थी जबकि मुल्क पर गनीम[3] ने चढ़ाई की थी और उसने कहा था कि अगर पुल तोड़ दिया जाए तो टाईबर नदी को पार करके फौज नहीं आ सकती और न कोई दूसरा रास्ता है। मैं जाता हूँ और इस तंग रास्ते में मैं मय तीन साथियों के खड़े होकर लड़ूँगा और इधर पुल नदी में तोड़कर डाल दिया जाए। गरज कि ऐसा ही हुआ और रोम बच गया। मेरे मास्टर साहब ने कुछ ऐसी तर्ज से इस सबक को पढ़ाया कि तन-बदन में आग लग गई और इस सबक का मुनदर्जा जैल[4] यह हिस्सा इस वक्त तक याद है :

To every man upon the earth,
Death cometh soon or late,
Then how a man can die or better death,
Than faceing fearful odds,
For the ashes of his fathers,
And the temples of his Gods.

मेरी हुब्बुल वतनी[5] की बुनियाद महज इसी सबक से पड़ी। सैकड़ों किताबें पढ़ लीं और हजारों लेक्चर सुन डाले, मगर न मालूम स्कूल की वह कौन-सी साअत थी, जिस दिन यह सबक मास्टर साहब ने पढ़ाया था। मैं अपने आपको रोक न सका और मैं खूब रोया। गरज कि मुझे हुब्बुल वतनी[6] के प्लेटफॉर्म पर लानेवाली और वतन की मुहब्बत की आग भड़कानेवाली सबसे अव्वल यही नज्म[7] और यही सबक था। इसके बाद मेरे एक मास्टर साहब ने जिनका नाम अब मैं मसलेहतन[8] नहीं ले रहा, क्योंकि इससे मुमकिन है कि उन्हें कुछ परेशानी महसूस हो, मुझे एक किताब दी और कहा कि मैं तुमको यह बिलकुल देता हूँ क्योंकि तुम इसके अहल[9] साबित होते हो। उसका नाम था 'दुनिया-भर के मुहिब्बानेवतन'[10] (Patriots of the World)। मैंने उसको पढ़ा और यह इम्प्रेशन मेरे दिल पर पड़ा कि वतन पर जो मर मिटा, उसने जिन्दगीएजावेद[11] पाई।

---

1. कारण 2. कृपाकारी 3. शत्रु 4. निम्नलिखित, 5. देशभक्ति 6. देशप्रेम 7. कविता एवं पाठ 8. विशेष कारणवश 9. योग्य 10. देशभक्त 11. अमरत्व

अब मुझे किताबें पढ़ने का शौक पैदा हुआ। और अपनी गफलतों पर अफसोस शुरू हुआ कि इतनी उम्र फिजूल खेलने-कूदने में गँवाई और तालीम में कमी का बाइस हुई। चूँकि हुब्बुल वतनी के लिए तालीम एक लाजमी अम्र[1] था। अगर जज्बाते हुब्बुल वतनी[2] बच्चों में शुरू से पैदा किए जाएँ और दुनिया के बड़े लोगों की जिन्दगियाँ पढ़ाई जाएँ तो बच्चा पढ़ने का हमेशा शौकीन रहेगा और बड़ा होकर बिगड़ेगा नहीं। वह समझदार बनेगा और अक्लमन्दी से रास्ता चलेगा। गरज कि इसी तगौदौ (दौड़-धूप) में रहा और कई बरस गुजर गए। चूँकि मैं काफी जवान हो गया था और तालीम में कम था। खौफे तवालत[3] से मुख्तसर[4] लिख रहा हूँ। मेरा इरादा आगे चलकर बच्चों को नसीहत करना है। बनारसीलाल अप्रूवर मुझको मिला करते थे। मुझे उस वक्त तो क्या बल्कि कई साल तक यह पता न चला यह कौन हैं और उनकी गुजशता जिन्दगी[5] क्या है ? इन हजरत ने रामप्रसाद बिस्मिल का जिक्र छेड़ा और राजाराम भारतीय इन्हीं के घर पर रहते थे। मुझे एकाएक यह शक पैदा हुआ कि यह भी मैनपुरी कांसपीरेसी का मेम्बर है। लिहाजा अपने से ज्यादा मुल्क का खैरख्वाह[6] समझकर मैं इज्जत करने लगा और इस जमाने में ज्यादा बैठक इसके घर हुई। मैं और जलसों में बराबर शामिल होता था। यह भी जानते थे मैंने गाढ़ा पहनना शुरू कर दिया था। और उन्होंने मुझको जो कुछ राजाराम से सुना था, सुनाना शुरू किया और अपने-आपको पक्का देशभक्त साबित कर दिया। और यह आजकल फैशन है कि अपने-आपको रिवोलूशनरी बताया जाए। जैसा कि अय्यामे-फरारी[7] में एक साहब ने अपने को मुझ पर साबित किया। जिसे मैं उसके मौके पर हवालेकलम[8] करूँगा। एक दिन बनारसीलाल ने मुझे एक किताब–'आनन्दमठ' जो हिन्दी में थी, सुनाई। मैं उस वक्त हिन्दी बहुत कम जानता था। फिर बनारसीलाल ने मुझसे कहा खुफिया सोसायटी ऐसी है। बनिस्वत इस हाहाकार के कांसपीरेसी का कायल तो मैं उनके मिलने से पहले ही हो चुका था। जबकि मैं हिजरत[9] करनेवाला था। एक साहब ने मुझको रोक दिया और कहा कि तुम हिन्दुस्तान में रहकर भी बहुत कुछ कर सकते हो। तुम खुफिया सोसायटी में शामिल हो जाओ। चुनाँचे रिवोलुशनरी बनने की बुनियाद पड़ गई और मैं भी राजी हो गया। मगर मुझको मुसलमान तबके[10] से हमेशा नाउम्मीदी ही हाथ आई। और राहेअमल[11] पर कोई भी न आया। मैं ही एक उल्लू था कि इसी धुन में था। मियाँ बनारसी लाल मुझे अकसर गमगीन[12] नजर आते थे और यह असर दोस्तों से छूट जाने का था। अलावा इसके कांग्रेसवाले जो कल मदद का वायदा कर चुके थे, अपने-अपने रास्ते लग गए थे। और इसके अलावा उल्टा बेवकूफ बनाते थे। इन बातों का असर मुझ पर यह पड़ा कि मैं हमेशा बेचैनी महसूस करने लगा। मगर किससे कहूँ, न कोई हमनशीन[13] न राजदार[14] है, जिसके सामने गम की कहानी कहूँ। फिर मैंने बनारसीलाल से कहा कि रामप्रसाद के पास चलो। और मुझको इंट्रोड्यूज

---

1. आवश्यक कार्य, 2. देशप्रेमी भाव, 3. परेशानी के भय से, 4. संक्षेप में, 5. गत जीवनी, 6. शुभचिन्तक, 7. फरारी के दिनों में, 8. कलमबद्ध, 9. फरार होनेवाला, 10. समुदाय, 11. कार्यक्रम की राह, 12. दुखी, 13. साथी, 14. मन का अभिन्न मित्र।

करा दो। गो कि रामप्रसाद मेरे बड़े भाई के क्लास फेलो उर्दू स्कूल में रह चुके थे, और आपस में दोस्त थे। मेरे भी स्कूल फेलो रह चुके थे मगर गेरे ताल्लुकात न थे। चूँकि रामप्रसाद शुरू से ही खासी शख्सियत[1] रखनेवाले इंसान थे और कसरती व होशियार तालिबेइल्म थे, आमतौर पर मशहूर भी थे। मैंने खयाल किया कि रामप्रसाद से मिलो, शायद वहाँ दवा मिल जाए। और कोई तस्कीन कल्ब[2] की सूरत निकल आए। गरज कि एक दिन खन्नौत के किनारे एक जलसा हुआ। रामप्रसाद ने उसमें एक मुख्तसर-सा लेक्चर दिया और शुरू में यह शेर पढ़ा :

बहे बहरे-फना[3] में जल्द यारब[4] लाश 'बिस्मिल' की,
कि भूखी मछलियाँ हैं जौहरे शमशीरे[5] कातिल की।

जो मुझे अब भी याद है। इसे मैंने कंडेम्ड सैल में मुलाकात के वक्त पढ़ा था। मैंने भी कुछ कहा था। गरज कि बनारसी ने हम दोनों का इंट्रोडक्शन करा दिया। गो कि इससे कब्ल[6] भी एक दिन मैं रामप्रसाद से मिला था। मगर वह इतनी सर्द-मेहरी[7] से मिले थे कि मुझे बहुत दुख हुआ था जिसकी वह माफी अकसर माँग लिया करते थे। गरज कि अब हमारी मुलाकात पं. रामप्रसाद 'बिस्मिल' कंडेम्ड सैल काकोरी केस, से हो गई।

(इससे आगे लिखने का मौका अशफाक उल्ला खाँ को न मिला।)

(शहीद अशफाक उल्ला खाँ)

---

1. व्यक्तित्व, 2. मन को शान्ति देनेवाली, 3. मृत्यु-लोक के सागर में, 4. हे ईश्वर !, 5. कातिल की तलवार की प्यास की मछली, 6. इसके पूर्व, 7. उदासीनता।

आत्मचरित्र

पहला बाब

खानदानी हालात

अहदे शाहजहाँ बादशाह में मेरे मूरिसे आला[1] खान नजर मुहम्मद खाँ दाऊदजई, पठान कबाएल नवाए पेशावर[2], गुलबैले से, शाहजहाँपुर में मय दीगर कबाएल के आकर आबाद हुए। जो इस वक्त खानदाने कदनखेल के नाम से पुकारा जाता है, और मेरा नानिहाल कौम खलील खानदान हाफिजखेल के नाम से पुकारा जाता है। ये दोनों खानदान अपनी शराफत और खरेपन में मशहूर हैं और आपस में शादी व ब्याह हुआ करते हैं। मेरा दादिहाल या कदनखेल गवर्नमेंट की नजर में कुछ ऐसा बावकअत[3] नहीं है। ख्वाह कभी हुआ हो। मगर सन् 1857 ई. के गदर के बाद से उनका कोई रसूख[4] नहीं रहा। मैंने सेंट्रल जेल, लखनऊ में एक किताब अंग्रेजी में, जो मुझको इत्तफाकन मिल गई थी, पढ़ी थी। जिसका न शुरू था न आखिर था। जो मैं उसका नाम लिखता। मगर हाँ, मुझको उससे यह जरूर मालूम हो गया कि दादिहाल ने क्या किया और मेरे नानिहाल के क्या कारनामे[5] हैं। गरज कि मैं पहले दादिहाल का ही जिक्र करूँगा। जबकि यह शाहजहाँपुर में आकर आबाद हुए, यहाँ की असली बस्ती गूजरों की थी। मुसलमानों के तहत व तसर्रूफ[6] में आई। तमाम करीब के देहात पर अफगानों का कब्जा हो गया। इसी तरह हमारे खानदान के लोगों को मवाजिआत[7] मिले और हमारे मूरिसे आला ने मवाजिआत खरीद लिए और यहाँ चैन से रह बस गए। मगर इन्होंने न तरक्की की कोशिश की, और न नामो नमूद[8] की ख्वाहिश की। बेफिक्र आरामतलब बने रहे, और गरज कि आज यह हाल है कि एक भी शख्स ग्रेजुएट पैदा न कर सके। न तो माली हालत सुधारी और न तरक्की हासिल की। इल से इनको नफरत, हाथ-पैर हिलाने से इनको दुश्मनी, और अंग्रेजी पढ़ने को एक बड़ा कुफ्र[9] समझा किए। खुदा-खुदा करके खानदान में चन्द अफराद[10] पैदा हुए। खुदा उनकी रूहों को जन्नत में जगह दे। उन्होंने अपने बच्चों को स्कूल में दाखिल कराया। मगर वह जरासीम[11] जो फिजाए खानदान[12] मौजूद थे, वह लोग जो एक अंग्रेजी तालिब इल्म को एक दिन स्कूल जाने से बाज रखने से जन्नत की कुंजी को हासिल करने का हकदार समझते थे ! उनके पीछे इस बुरी तरह से पड़ते थे और स्कूल जाने से बाज रखते थे। गरज कि कसरत (बहुमत) की हमेशा फतह है

1. पूर्वज, 2. पेशावर के आसपास के समुदाय, 3. इज्जतदार, 4. असर, प्रभाव, 5. काम, 6. कब्जे में, 7. ग्राम, 8. शोहरत, 9. नास्तिकता, 10. लोग, 11. कीटाणु, 12. पारिवारिक वातावरण में।

और किल्लत (अल्पमत) की शिकस्त।[1] यों ये गरीब भी उनके निशाना बन गए और इंट्रेंस भी पास न कर सके। चुनाँचे इसी दौर से मुझको भी गुजरना पड़ा। मुझको निहायत गम और अफसोस होता है, जबकि मैं अपनी तालीम की तरफ गौर करता हूँ। इसमें मैं ही खतावार हूँ, मेरे सरपरस्त[2] बिलकुल नहीं। क्योंकि वे गरीब तरीके तालीम से वाकिफ ही न थे। यूँ मैं बाकायदा बड़ा और हट्टा-कट्टा पहलवान हो गया जब अंग्रेजी पढ़ने का शौक हुआ। और खैर खुदा का शुक्र है कि उर्दू-फारसी ही पढ़ा दी थी। जो मैं आज उर्दू में अपनी जिन्दगी पर नोट लिख रहा हूँ और सच पूछिए तो वही पुराना रवैया तालीम का अब तक हमारे यहाँ चला आ रहा है कि मौलवी साहब 20-30 लड़कों को लिए हुए उर्दू की तालीम दे रहे हैं और डंडा बरसा रहे हैं। मगर अब वह जमाने के साथ बदलता जा रहा है। और मौलवी साहब बेचारे अनका[3] हो रहे हैं। अब या तो मुदर्रिस सहाब हैं, या मास्टर सहाब। और अब लोगों को अंग्रेजी तालीम की जरूरत महसूस होने लगी है। अन्धों में काने राजा मसल मशहूर है। खानदान भर के तार वगैरह मुझसे पढ़वाए जाते थे। अब देखना यह है कि यह नई औलाद भी जिसमें से मेरे बाद की तो अपने उसी पुराने रवैए पर चलने से अपने को सुपूत होने का दावेदार समझते हैं, चल रही है और जिसका मुझे गम है, मगर हाँ उसके बाद की नस्ल उम्मीद अफजा[4] हालत मे परवरिश पा रही है। जो उम्मीदों का मावा व मलजा[5] है। ये लोग जिस तरह पर अपनी माली हालत और खानदानी इम्तीआजात[6] दरियावुर्द[7] कर चुके हैं, उसी तरह पर अपनी ताकत व कुव्वत पर जोशो-खरोश को भी अलविदा[8] कह चुके हैं। इन लोगों को महज तकदीर पर शाकिर रहना और गुजिश्ता अफसाने[9] ही दोहराना बस एक काम रह गया है। मुझे फिर उसी किताब का हवाला देना पड़ता है कि जिस तरह पर गदर के पहले और बाद को मेरे खानदान में किस्सागोई जिन्नात[10] के बारे में हुआ करती थी, वैसी ही मेरे जमाने तक थी और वह अब तक है। ये लोग किस्मत पर इतना भरोसा किए हुए हैं कि दुनियावी अमूर[11] में कोशिश करना गुनाहेअजीम समझते हैं। इसका मुझे दुख है, वह बयान से बाहर है और मैं उम्मीद करता हूँ कि अब मौजूदा नस्ल और आनेवाली नस्ल अपने को फखरे खानदान[12] बनाएगी। और तालीम व तरक्की की आला मैराज[13] पर पहुँचने की कोशिश करेगी। अगर मैं जिन्दा रहूँगा तो मुझको भी, वराना मेरी रूह को खुश करेगी। मगर हाँ, जहाँ सब बुराइयाँ हैं, वहाँ इनकी स्प्रिट काबिले तारीफ है, गो कि बाज घरों में पस्तहिम्मती और अपने को नाकारा समझना इनकी जिन्दगी का जुजेआजम[14] बन गया है। मेरी रगों में वह खून था, जो मुझको आज फाँसी की कोठरी में बन्द कराए हुए है और मैं इस पर खुश हूँ। बाज औकात मुझको ताज्जुब होता है कि मैं ऐसे खानदान से ताल्लुक रखनेवाला कैसे निकला। यह तो मेरे बाप के खानदान के हालात हैं। जिस पर आखिर में मुझको यह कहना पड़ता है कि खुदाया इनको दीदए बीना[15] दे और औलादों को जब तक इनको बुजुर्ग ऐश-व-इशरत और

---

1. हार, 2. संरक्षक, 3 नापैद, 4. आशाप्रद, 6. जन्मभूमि, 7. पारिवारिक महानता, 8. जल-प्रवाहित, 9. त्याग चुके थे, 10. पिछली कहानियाँ, 11. भूत-प्रेत, 12. सांसारिक कामकाज, 13. महान पातक, 14. खानदान का गौरव, 15. बुलन्दी।

सुस्ती व काहिली के देवता को पूजते रहें, नाफरमान[1] बनाए रखे, ताकि कुछ अपना, वतन का, कौम का भला कर सकें।

नानिहाल

नानिहाल यानी माँ के खानदान के हालात अच्छे हैं। गदर 1857 ई. से लेकर इस वक्त तक सरकारी ओहदों पर चले आते हैं और गदर के बाद से तो सरकार की नाक के बाल हो गए हैं। मेरी माँ के दादा और उनके भाई सब जज और डिप्टी कलेक्टर थे। जबकि गदर शुरू हुआ तो उन्होंने मुल्क का साथ न दिया। न नवाब साहब का साथ दिया बल्कि जासूसी का काम किया। जो मुझको जेल की किताब से मालूम हुआ और जो कुछ मैंने सुना मुझे यह लिखते हुए अब शर्म नहीं आती, हाँ केस से कब्ल अगर मुझको जरूरत महसूस होती तो हरगिज भी न लिखता क्योंकि जहाँ तक मेरा ताल्लुक है मैं इसको बायसे सदनंग[2] समझता हूँ कि जब मुल्क के लोगों को एहसासे आजादी पैदा हो और वह अपना खून मिस्ल पानी के बहाएँ, अपने बच्चों की कुर्बानी कुर्बानगाहे वतन[3] पर चढ़ाएँ, अपनी दौलत, आबरू, मकान, गरज कि हर शय हँसी-खुशी के साथ आजादी और महज आजादी-ए-मजहब के लिए निसार[4] कर दें, फिर उनके साथ फरेब करना, उनके खिलाफ साजिश करना, उनकी स्कीमों को तहस-नहस करने की कोशिश करना और वतनी दुश्मनों की इमदाद करना अगर शर्म और हजार शर्म की बात नहीं तो और क्या है ? मुझे जमानए तालिबेइल्मी अपने चन्द दोस्तों से हमेशा जिल्लत उठानी पड़ी, जब वह कहते थे कि तुम खानयीने वतन[5] की औलाद हो, मैं उन अहबाब का नाम लिखना नहीं चाहता हूँ। चूँकि उनको शर्म आएगी कि वह इस वक्त अपने गले में गुलामी का पट्टा डाले हुए हैं या सरकारी कचहरियों में कुँजड़ों और कुँजड़ियों की तरह बार रूम में दुकानें लगाए हुए बैठे हैं। उस वक्त उनको फख्र था कि उनके आबा व अजदाद[6] उस गिरोह के एक बड़े रुमन[7] थे। जिसने आजादी का अलम[8] बुलन्द किया था। खैर मैंने अपनी कुर्बानी से इस धब्बे को जो 1857 ई. में मेरे नानिहाल के बुजुर्गों ने अस्मते वतन[9] पर लगाए थे, अपने खून से और नौजवान व मासूम खून से खो डाले। क्या इस खानदान का इसको काफ्फरा[10] समझा जा सकता है। ख्वाह यह हो या न हो मेरी आनेवाली नस्ल पर यह एतराज न होगा कि यह उस खानदान से ताल्लुक रखते हैं, जो खाएन था। बल्कि मेरी कुर्बानी से लोग रहम करेंगे और उनको अशफाक के खानदान का एक मेम्बर खयाल करके बुजुर्गों की गलतियाँ फिर अजसरे नौ[11] याद न करेंगे। मुझे नानिहाल के खानदान के बारे में बस इतना ही लिखना है, अब मुझको अन्देशा है कि यह खानदान अब तरक्की करने के काबिल न हो सके। चूँकि अब नौजवान तरक्की करने के बजाय अपने बुजुर्गों पर ही नाज करने को अपना शआर[12]

1. आज्ञा न माननेवाला, 2. सौ-सौ बेइज्जती, शर्मिन्दगी का कारण, 3. वतन की बलिवेदी, 4. न्यौछावर, 5. वतन के गद्दार, 6. बाप-दादे, 7. सदस्य, 8. झंडा, 9. वतन की पवित्रता, 10. प्रायश्चित्त, 11. नए सिरे से, 12. आदत।

बनाए हुए है। और यही सिम्मे कातिल (मार डालनेवाला जहर) है कि बुजुर्गों की तारीफ में लगे रहें या उन पर फख्र करते रहें। इंसान को खुद इम्तयाजी[1] हैसियत हासिल करना चाहिए। बुजुर्गों पर फख्रो मुबाहात[2] की ज़रूरत नहीं। यूँ मैं दादा की तरफ कौम परस्त और नानिहाल की तरफ से अंग्रेजपरस्त पैदा हुआ, मगर माँ का खून कमजोर था, यूँ वतनी आजादी का जज्बा ताकतवर रहा। और वतन, प्यारे वतन के लिए आज मौत के तख्ते पर खड़ा हुआ हूँ।

(यह तहरीर जेल की किताब की है, खुलकर साफ नहीं लिखा है।)

---

1. विशेषता, 2. घमंड करना

दूसरा बाब

मेरा बचपन और तालीमो-तरबियत

मेरी माँ खानदान खलील (अफगान) खानदान हाफिज खेल की एक मेम्बर थी। उनके वालिद कोर्ट इंस्पेक्टर पुलिस, उनके दादा सब-जज थे जो अय्यामे-गदर में आजादी के पुजारियों के हाथों मारे गए थे। मेरी माँ की तालीमी हालत अच्छी-खासी थी और निहायत अक्लमन्द थीं। उन्होंने हम लोगों को ऐसी अच्छी तरबियत दी कि आज हम जवान होने पर भी चारों भाई उनसे इतना डरते हैं कि उनके खिलाफ-हुक्म कुछ भी नहीं कर सकते। मेरे वालिद साहब मुहम्मद शफीक उल्ला खाँ सब-इंस्पेक्टर पुलिस थे, मगर खुदा के फजलोकरम[1] से मेरे पैदा होने से पेश्तर ही वह मुस्तैफी[2] हो चुके थे और गो कि वह मेरी कम उमरी में ही दुनिया से गुजर गए। खुदा उनको जिवारेरहमत[3] में जगह दे और उनके कारनामों को, जो अय्यामेमुलाजमत में किए थे, फरामोश[4] करे, जिनकी वह हमेशा माफी माँगते रहे। वह मुझे पुलिस के कारनामे बतौर किस्से के सुनाया करते थे, जो मुझे अकसर अभी तक याद हैं और फिर उनका सामना भी किया। और वह सबक भी जो कभी थ्योरिटिकल था, अब प्रैक्टिकल सूरत में मिल गया। गरज कि किब्ला वालिद साहब भी मेरी वालिदा के हुक्म के ताबे रहते थे। मेरे तीन भाई और एक बहन और हैं। बड़े भाई मुहम्मद शर्फ उल्ला खाँ, मँझले भाई मुहम्मद रियासत उल्ला खाँ, सँझले भाई मुहम्मद शहनशाह खाँ हैं। इस तरह हम चार भाई और एक बहन है। मै अपनी वालिदा और वालिद की आखिरी औलाद हूँ। मेरे सब भाई शादीशुदा हैं, और बहन भी शादीशुदा है। वालिद जबकि वह पुलिस की मुलजमत पर थे और काफी पैदा कर लेते थे, सुना है कि बड़े भाई और मँझले भाई पर बहुत कुछ सर्फ[5] किया। नतीजा कुछ भी नहीं निकला। बस वह अब शहरों के नाम अंग्रेजी मे लिख लेते हैं और पढ़ भी लेते हैं और वह वैसे ही हैं जैसे खानदान कदनखेल के और मेम्बर हैं। मेरे मँझले भाई जो उर्दू मिडिल पास है और अंग्रेजी उन्होंने सातवाँ दर्जा पास करके छोड़ दी, उन पर हमारे खानदानी बुजुर्गों की करमफर्मायी[6] ज्यादा है। उनकी हालत वाकई इस काबिल थी कि वह किसी काबिल हो जाते हैं मगर भला हो उन अंग्रेजी के दुश्मनों का, जो अंग्रेजी की किताब को हाथ लगाना, हाथ का नजिस[7] हो जाना समझते थे। एक

1. ईश्वर की कृपा से, 2 त्यागपत्र देना, 3. मृत्यु पश्चात ईश्वर अपने निपट रखे अथवा मोक्ष दे, 4. भुला देना, 5 खर्च, 6. मेहरबानी, 7. अपवित्र।

दिलचस्प किस्सा मशहूर है कि हमारे एक अजीज अपनी अंग्रेजी की किताब अपने एक करीबी रिश्तेदार के यहाँ इत्तफाकन भूल आए तो उन्होंने नौकर से चिमटे से पकड़वाकर उसको अलग रखवा दी। अगर वह साइंस से वाकिफ होते तो यह जानकर कि धातु जो कि कंडक्टर है, तो हरगिज ही चिमटे से न थमवाते, बल्कि लकड़ी की चीज से अलहैदा करवाते ! गरज कि मैं बहुत बच्चा था, मौलवी साहब किबला खुदा उनको गरीक रहमत[1] करे जो मेरे भाइयों को पढ़ाते थे, उनके पास मैं भी भेजा गया। चूँकि गैरमामूली[2] दिमागी हालत थी, मैं बिस्मिल्लाह जो कि एक रस्म हमारे यहाँ है, उसके होने से पेश्तर ही मैं बाकायदा कायदा वगैरह खत्म कर चुका था और यूँ ही मेरी बिस्मिल्लाह ही न हुई कि मैं बाकायदा पढ़ने-लिखने लगा। गरज कि मौलवी साहब ने उसी पुराने तरीके पर पढ़ाना शुरू किया और रफ्ता-रफ्ता उर्दू-फारसी में बड़ी-बडी किताबें अखलाक मोहसनी, अनवार सहेली पढ़ा दी और उर्दू में तो वह कई लाहौर की किताबें पढ़ाया करते थे। चूँकि उर्दू किताबों का जखीरा[3] मेरे घर में मेरी वालिदा का काफी था। मैंने दिल भरकर उर्दू पढ़ी और शायद कोई किताब बाकी रही हो, जो किस्सा-कहानियों की न पढ़ी हो। शाहनामा, तिलस्महोशरुबा वगैरह बहुत पढ़ा करता था और मुझको जंग के हालात पढ़ने में हमेशा से दिलचस्पी थी और मैं पढ़कर मस्त रहता था और अमली सूरत भी पैदा करने की कोशिश करता था जिसका नतीजा यह निकलता था कि मौलवी साहब मुझे कान पकड़कर उठाया-बैठाया करते थे। थी तो वह सजा, मगर वह कसरत का काम देती थी और मैं अपने खानदान के भाइयों में सबसे छोटा होने पर भी सबको जमीन झँका देता था, मुहल्ले में हमेशा जंग छिड़ी रहती थी, क्योंकि मैं एक जंगज[4] लड़का था, मारपीट का बाजार गरम रहता था। उस पर यह सजा तजवीज की गई कि फुरसत ही न दी जाए कि यह शरारत करे। चुनाँचे मौलवी साहब के साथ दोपहर को जाना और फिर शाम को मगरिब के वक्त तक साथ रहना, जब मगरिब की नमाज पढ़कर मौलवी साहब घर वापस जाएँ उस वक्त मुझे छुट्टी मिले। बस वैसा ही मजा अब आ रहा है कि फाँसी की कोठरी है और हम हैं। बाहर कुछ भी तमाशा हो, कुछ भी हो, न बाहर निकल सकते हैं, न देख सकते हैं। यही हाल जब था कि बाहर के लड़कों के खेलने की आवाज सुना करते थे और दिल मसोस-मसोसकर रह जाते थे। सबक में मौलवी साहब खुश रहते थे, मगर शरारत के वक्त और ज्यादा खुश कि सैकड़ों बैठक करा लेते थे या यों समझिए कि मौलवी साहब मुझे पहलवान बनाने का शौक रखते थे! हमारे मौलवी साहब का तरीका-ए-तालीम निराला था। काबलियत में उनकी शक नहीं। इल्मेरिआजी में महारत[5] रखते थे। मगर हम ऐसे बदकिस्मत कि हमेशा रिआजी[6] में ही कमजोर रहे। वह सबक कम देते थे, मगर अंग्रेजी तालीम का खाका बहुत उड़ाते थे और अंग्रेजी की दोस्ती को जहन्नुम[7] जाने का जरिया समझते थे ! अंग्रेजी पोशाक से सख्त नफरत थी और ऐसे-ऐसे किस्से गढ़-गढ़कर सुनाया करते थे कि जिनका महज नतीजा यह निकला कि हम लोग आज तक कोट-पतलून पहनते हुए

1. मुक्ति, 2. असाधारण, 3. भंडार, ढेर 4. लड़ाकू 5. गणित में दक्षता, 6. गणित, 7. नर्क।

झिझकते हैं। गो कि अब अकसर इस वक्त के दोस्तों के साथ बैठकर हँसते हैं मगर अब पता चलता है जब प्यारे महात्मा गांधीजी ने भी वही तालीम दी कि देशी वजा रखो और देशी कपड़ा पहनो। प्यारे मौलवी साहब की बातें याद आईं। एंटी ब्रिटिश स्प्रिट उनमें ज्यादा थी। चुनाँचे उस वक्त के ग्रुप में से इस वक्त हम सिर्फ दो मौजूद हैं जो उनकी उम्मीदों के मुआफिक निकले। गो कि एक बहुत आगे निकल गया। शायद वह आज जिन्दा होते तो खुश होते। मैं तो उनकी मर्जी के मुताबिक उनको मिलता, क्योंकि विदेशी खयालात मुझमें कुछ नहीं और अंग्रेजों के खिलाफ स्प्रिट भी है। मगर सैयद हबीब अहमद एंटी ब्रिटिश तो हैं मगर कोट-पतलून के दिलदादा जरूर हैं और यह उनकी पुरानी आदत हो चुकी है और वह और भी आगे बढ़ गए हैं। खैर उनको उनके मकासिद[1] में खुदा कामयाब करे। एक और भी उनके शागिर्द थे—मिस्टर अयूब अहमद सब्र, जिन्होंने जेल भी काटी है। और हम तीनों शायद उनकी रूह को खुश करते हों। गर्ज कि अब न वह मौलवी साहब हैं, न वह जमाना है। फाँसी की कोठरी है और हम हैं। जब मैं जवान हुआ तो बदकिस्मती से 14 बरस का खासा जवान, पहलवान मालूम होता था और मुझे फाँसी महज मोटा-ताजा होने की वजह से दी जाएगी और यह बात प्रासीक्यूटर की बहस में आई। खैर अंग्रेजी जुबान पढ़कर जबकि रियाजी बिलकुल सिफर थी, स्कूल में जब दाखिल हुआ। अब जैसे ही हमने अंग्रेजी शुरू की तो हमारे खानदान के लोगों में खलफिशार[2] पैदा हुआ। चूँकि फिजाए खानदान में अजीब किस्म के जरासीम मौजूद थे और कम उम्र लड़कों में चूँकि अक्ल की कमी होती है जो उनसे प्यार से बोला, उसी के दोस्त हो गए। चुनाँचे मेरा भी यही हाल हुआ। 3-4 साल में और बड़ा हुआ। और कभी मास्टर ने गलती पर डाँटा तो मैं भी ऐंठ गया, जिसका नतीजा आपस का खलफिशार और मेरी बदबख्ती[3] व बदकिस्मती निकली। और मैं भी वैसा ही था कि बुजुर्गों पर नाज करता और किस्मत पर शाद[4] रहता था। गंडे-तावीजों[5] की मदद से पास होने की उम्मीद रखता, वक्त को लहोवो-लुआब[6] में और किस्सा-कहानियों के सुनने में सर्फ करना मेरा काम हो गया। फिर एक जमाना जल्द वह आ गया कि तुर्कों और ईसाइयों में जंग छिड़ गई। बस फिर क्या था, लोगों को प्रोपेगंडे का मौका हाथ आया और इधर मेरी भी दबी हुई आग दहकने लगी और तालीम की तरफ से लापरवाही। क्योंकि अंग्रेजी हमारे दुश्मनों की जुबान थी, नफरत होने लगी। और अखबार बीनी हमारा शुआर (काम) हो गया। किताबें लेकर स्कूल चले तो जाते थे मगर लापरवाही के साथ, नतीजा क्या निकला नामुरादी व नाकामी। लेकिन तरबीयत[7] वालिदा के हाथ में थी, जो कामयाबी के साथ जारी रही और तालीम मेरे महज जौक व शौक पर मुनहसिर थी, वह चौपट हो गई। चूँकि मैं बचपन से ही गजबनाक[8] और लड़ाकू था। यूँ लड़के तो फिर लड़के थे, मास्टरों से भी न दबता था वह भी अगर कुछ नहीं कह सकते थे तो इतना उनसे हो सकता था कि इम्तिहान में खयाल रखें और अकसर हमारे मास्टर पृथ्वीसिंह साहब आँजहानी[9] कहा करते थे कि "खाँ साहब ! अप्रैल के महीने

1. उद्देश्यों, 2. झगड़ा, 3. दुर्भाग्य 4. खुश 5. जन्त्रों, 6. खेलकूद, 7. पालन-पोषण, 8. भयानक, 9. स्वर्गीय।

का भी खयाल है।" और वे बेचारे अपना वायदा पूरा करते थे। मैं था कि परवाहे नबाशुद[1]। जब छठे दर्जे में था, जामेट्री का कोर्स सिर्फ छः घंटे में पूरा खत्म करके सुबह को इम्तिहान देकर छः में पाँच सवाल हल किए थे। जबकि एक दिन पहले मुझे जामेट्री की एक लाइन भी याद न थी। खैर, आज यह सब हाल अपने आनेवाले बच्चों के लिए छोड़े जाता हूँ कि मुझे किन-किन वाकियात का सामना करना पड़ा और तक्मीले-तालीम[2] में कौन-कौन-सी बातें हारिज[3] हुईं। इस पर वह गौर करें और उनसे वर-परहेज करें। खैर, अब गम बेकार है। मुझे अपने बचपन का जब खयाल आता है और उस जमाने के चन्द एक वाकियात याद आते हैं तो हँसी आ जाती है। चूँकि मैं बचपन ही से मार्शल स्प्रिट लिए हुए पैदा हुआ था। मुझे अगर मेले से कोई चीज लाने का शौक था तो वह टीन की तलवार होती थी। एक मर्तबा मैंने अपने वालिद से कहा कि मियाँ आप मुझे एक तलवार मोल ला दें। उन्होंने जवाब दिया–"बेटा ! तुमसे कोई छीन लेगा।" उस पर मैंने जवाब दिया–"आप चाँदी की तलवार न लाएँ बल्कि लोहे की ला दें, वह कोई न छीनेगा।" इस पर मेरी वालिदा और वालिद हँस पड़े और कहा, अच्छा। और मेरा यह तकाजा उनसे हमेशा जब तक वे जिन्दा रहे, होता रहा। उस वक्त तलवार पर लाइसेंस था। ये मुझे अपनी जिन्दगी का किस्सा याद रहेगा। और इस सवाल-जवाब से लोग हिसाब लगा सकते हैं कि मैं कितना बड़ा था। चुनाँचे यही स्प्रिट मैं अपने भतीजे और भतीजी में भी पाता हूँ कि वह बजाय गेंद और खिलौनों के मेले से तमंचा और चाकू लाते हैं। खुदा यह स्प्रिट उनमें कायम रखे और उन्हें आला तालीम से हमकिनार[4] करे। मेरे बचपन के वाकियात मेरी माँ और मेरे भाइयों से मालूम हो सकते हैं और वही इसमें कुछ इजाफा कर सकते हैं। जैसा मैं लड़नेवाला था वैसा ही मैं फय्याज[5] भी था। अपनी माँ का दूध दूसरों को पिलवा देता था, यही बात मेरी माँ भी बता देंगी।

---

1. लापरवाह, 2. पूर्ण शिक्षण, 3. बाधक, 4. मिलाए, 5. सखी, दानी।

तीसरा बाब

मेरा स्कूल और मेरी मायूस जिन्दगी

मैं स्कूल जाने लगा। वहाँ मेरे बहुत दोस्त थे। मैं भी दूसरों का दोस्त था। मगर यह स्कूल अंग्रेजी था। वहाँ मेरी मार्शल स्प्रिट का नतीजा मिस्टर मनोहरलाल ज्योतिषी के बेंत थे। खुदा ने एक-दो वाकियात से साफ बचाया। फिर मैं भी फूँक-फूँककर कदम रखने लगा। मगर इस जमानए-तालिबेइल्मी[1] का मुझे सबसे ज्यादा शिकवा[2] आज भी इस फाँसी की कोठरी में बन्द होने पर भी एक ओर महज एक दोस्त से हैं जिसको मैं दिलोजान से ज्यादा मोहब्बत करता था। जिसके लिए मैं दुनिया व माफीहा (संसार) से कतई बेखबर था। जो मेरा दीनों ईमान था। जो कि मेरा सबकुछ था। भाई की तरह प्यारा, दोस्तों के दायरे में अफजल, मगर उसने हमेशा दुख, तकलीफ-पर-तकलीफ दी। मैं उसका नाम न लिखूँगा, जाननेवाले जानते हैं, पढ़नेवाले समझ जाएँगे, वह खुद जान जाएँगे, वह खुद समझ जाएँगे (मैं यह किस्सा नजरअन्दाज[3] कर जाता, मुझे इस जमन[4] में आइन्दा लिखना है, यों इसका लिखना जरूरी समझा) खुदा उनका भला करे, परवान चढ़ाए, बाल-बच्चों में खुश रखे। मुझको जो-जो भी मायूसियाँ उठानी पड़ीं और मेरी तालीम को नुकसान पहुँचाने का बाइस हुईं वह मेरी इन्हीं करमफरमा[5] की करमफरमाइयाँ[6] थीं। और इन तमाम बातों ने मिलकर मुझे किसी काबिल न बनाया। गो कि वह खुद भी मेरी ही तरह रहे। खैर वह मजे में हैं चूँकि वह अपनी और महज अपनी ही खिदमत करना जानते थे और मैं दूसरों के लिए भी कुछ करने का ख्वाहिशमन्द था। और मैं बहुत मशकूर हूँ कि मुझको रिवोलूशनरी इन तमाम डिसअपोइंटमेंट्स (नाउम्मीदियों) ने ही बनाया और मैंने जहाँ तक तजुरबाह किया मैं इसी नतीजे पर पहुँचा कि यह डिसअपोइंटमेंट्स ही हैं जो इंसान को उसकी मौत से बेखौफ बना देते हैं। मुहब्बत का माद्दा जिसके दिल में होगा वही देश के लिए, देश-भाइयों के लिए, सबके लिए सबकुछ कर गुजरेगा। मसअलए तस्सवुफ[7] इश्केमजाजी[8], इश्केहकीकी[9] का जीना[10] है, मैंने तो ऐसा ही पाया। यह वही मुहब्बत का माद्दा है जो वतन की तरफ रुजू हो गया और मैं मौत का इन्तजार कर रहा हूँ। मैं फखरिया कहूँगा

1. विद्यार्थी जीवन, 2. शिकायत, 3. छोड़ देता, 4. बारे में, 5. कृपाल, 6. कृपा, 7. सन्तवाद, 8. मानवीय प्रेम, साकार पूजा, 9. ईश्वरीय प्रेम, निराकार उपासना, 10 सीढ़ी।

कि मैं और वह दोस्त मिस्ल भाई के थे। मैं उससे हकीकी भाई जैसा प्यार करता था और वह मुझसे सौतेले भाई जैसा प्यार ! मुझे बच्चों को नसीहत मकसूद है कि उनको किस दौर में गुजरना है और किन-किन मसाइब[1] से मुकाबला करना है। तालिबेइल्मी की जिन्दगी निहायत खतरनाक है। एहतियात शर्त है।

1. कष्टों।

चौथा बाब

जज्बाते इत्तिहादे इस्लामी

जब यूरोप की फिजा पर हिलाल[1] के इर्द-गिर्द ईसाइयत का तूफान उठ रहा था, जब खिलाफत के झंडे को सरनगूँ[2] करने के लिए यूरोप के तसलीसपरस्त[3] जमा हो रहे थे, जबकि आले उस्मान[4] के कमजोर ने नहीफ[5] बदन के चारों तरफ ईसाई जागो[6]-जगन[7] इकट्ठे हो रहे थे जबकि हमारे यूरोपीय चौधरी कभी आरमीनियंस लोगों को और कभी बल्गारिया व सर्वियावालों को इटली सामान हर्ब (लड़ाई का सामान) पहुँचा-पहुँचाकर इश्तऑल[8] दे रहे थे कि जो पाओ ले लो, जो मिले न छोड़ो, मासूम तुर्कों का खून तुम्हारे लिए हलाल है। इटली बढ़कर तराबलुस को हड़प करना चाहता है। बल्गारिया, सर्विया, थरेस और अदरना, एड्रियानोपल वगैरह-वगैरह दाब बैठे हैं। वहाँ नित नए मजालिम[9] ढाए जाने लगे हैं। उस वक्त एक दर्द भरी आवाज, दुख की पुकार, साहिले मगरिब[10] से बुलन्द हुई है। दीवारे-जबल[11] से टकराती है तो उसकी आवाजे बाजगश्त[12] हिन्दुस्तान में सुनाई देती है। वादिए दरयाए नील के मुसलमान[13] ही उससे बेचैन नहीं होते, गंग और जमन के दुआबे के मुसलमान कलमागो मुसलमान और बिलादे हिन्द[14] के कलमा अशहद इनलाइलाह इल्ल्लाह[15] पढ़नेवाले मुतास्सिर[16] हो जाते हैं। यह आवाज तो हम जैसी है। लहजा दूसरा है तो वह भी लब्बैक[17] कहते हैं और खुदा के शेर यहाँ भी खड़े हो जाते हैं। अगर वहाँ अनवर व शकरी दस्ते हकपरस्त[18] में तलवार लेकर मैदान में कूद पड़ते हैं तो इधर भी अहले दिल गर्दन में झोलियाँ डालकर दर-दर की भीख माँगते फिरते हैं और रुपए से उनका खजाना पुर कर देते हैं। यों बाहमी उखवत[19] और इत्तहादे इस्लामी की बुनियाद पड़ती है और भूला हुआ वायदा याद आता है। खोई हुई मंजिल दिखाई पड़ती है, भाई-भाई मिलते हैं। प्रोपेगंडा फैलता है, जिसका असर नौजवान मुसलमानों पर यह पड़ता है कि इटली का माल (जो सख्त तरीन दुश्मन उस वक्त में था) जला दिया जाता है और उसके खिलाफ शोरिश[20] पैदा की जाती है। तुर्की ख्वातीन[21]

---

1. दूज का चाँद, 2. नीचा करना, 3. ईसाई धर्मानुसार ईश्वर, उसका पुत्र और ईश्वरवीय शक्ति, 4. उस्मान खलीफा की सन्तान अर्थात् मुसलमान, 5. कमजोर से कमजोर, 6. कौआ, 7. चील, 8. क्रोध फैलाना, 9. जुल्म, 10. पश्चिमी तट, 11. पहाड़ी दीवारों से, 12. आवाजें फैल गईं, 13. नील नदी की तराई में मिस्र देश के मुसलमानवासी, 14. भारत देश, 15. कलमा पढ़नेवाले मुसलमान, 16. प्रभावित 17. सर झुकाकर हँसते हुए अपने आपको प्रस्तुत करना, 18. सत्य के पुजारी का हाथ, 19. आपसी भाईचारा और मेल-जोल, 20. फसाद, 21. तुर्की की महिलाएँ।

की हुब्बुलवतनी[1], नौजवान तुर्कों की सरफरोशियाँ[2] तालिबाओं का हिजाब[3], कालिज व स्कूल की कुर्बानियाँ एक नई स्प्रिट पैदा कर देती हैं। मेरी वालिदा जो बाकायदा तालीम हासिल किए हुए थीं, बराबर अखबार की मुस्तकिल खरीदार बन गईं और मैं भी बराबर अखबार पढ़ने लगा। तब मैंने जाना कि मुसलमान और भी कहीं हैं, क्योंकि उस वक्त तक में जुगराफिया से नावाकिफ[4] था और महज हिन्दुस्तान को ही मुकम्मल दुनिया[5] खयाल करता था। जैसे मेंढक कुएँ को तस्सवुर (खयाल) करता है। चूँकि मैं पठान था और यह कौम आम तौर पर सेंटीमेंटल (जाहिल) खयाल की जाती है। गो कि मैं अब ऐसा नहीं हूँ। इन खयालात में डूब गया और रोजोशब[6] इसी दुआ में रहता था कि तुर्क हिन्दुस्तान फतह कर लें और यहाँ बादशाह बन जाएँ तो हम खलीफए वक्त[7] की रियाया बन जाएँ। और अगर अफगानिस्तान ने हुकूमत कायम कर ली तो क्या है, फिर भी हम हकदार ही हैं। अंग्रेज से नफरत पैदा हो गई। मेरा तो यही खयाल था कि यही बानिए फ़साद[8] हैं और इनकी हुकूमत ही नेस्त व नाबूद होना चहिए। और यह इस तरह हो कि अफगानिस्तानी या तुर्क लोग हमला कर दें और हम लोग इनसे बगावत कर दें। फिर इनकी सल्तनत दरहम-बरहम[9] हो जाएगी और हम बजाय ईसाइयों के मुसलमानों की रियाया हो जाएँगे। ईसाई सल्तनत खराब व खस्ता हो जाएगी। मुमकिन है ऐसे ही खयाल बाज हिन्दुओं में भी हों कि चीन या जापान यहाँ आ जाए तो अच्छा है। गो कि बंगाल के अन्दर उस जमाने में कुर्बानियाँ कुर्बानगाहे वतन पर चढ़ाना शुरू हो गई थीं। जिसके किस्से मैं सुना करता था। मगर वैसे ही रंग अमेजी के साथ जैसे कि हमारे किस्से व हमारे देश के वाकियात दूसरों की जबानों पर आ जाते हैं। गरज कि मेरा उस वक्त का खयाल आज मुझे बहुत जलील मालूम होता है कि हम एक का हलकएगुलामी उतारकर दूसरे की गुलामी का जुआ अपने कन्धों पर रखने में मुसर्रत-सी महसूस करते थे। खैर वह मेरी नासमझी का जमाना था। हाँ, मेरा खयाल उस जमाने में या उसके बाद हिन्दुओं के खिलाफ बहुत था और बाद को बहुत हो गया था। चूँकि हमारे करमफरमा एक मास्टर साहब थे। जिनका अगर मैं नाम लिखूँगा तो उन्हें मुफ्त में शर्मिन्दगी हासिल होगी और वह मेरे मास्टर थे। जब मैं गवर्नमेंट स्कूल में पढ़ता था, वह हमेशा हिन्दू-मुस्लिम में बहुत इम्तियाज करते थे। जो मैं अब कहूँगा कि उस्ताद का कमीनापन है। और यही लोग है मुल्क के असल में दुश्मन हैं। मगर आज मेरा दिल ऐसा ही कुशादा[10] एक हिन्दू के लिए भी जैसा एक मुसलमान के लिए। खैर ! उस वक्त के लीडर अब भी इत्तिहादे इस्लामी पर आमिल हैं। गो कि एक हद तक मैं भी उनसे इत्तिफाक करता हूँ कि भाई समझने में कोई नुकसान नहीं। मदद करना हमारा फर्ज है क्योंकि हम फैयाज मुल्क के फैयाज बाशिन्दे हैं। मगर किसी की हुकूमत अपने ऊपर कुबूल करना हमारी पस्तहिम्मती और बदबख्ती है। यह किसी तरह हमारे शायानेशान[11] नहीं। दुनिया में इंकलाब व तगय्युरात (तबदीलियाँ) कितनी तेजी से हुआ करते हैं। कल

---

1. देशप्रेम, 2. तुर्की के सर काटनेवाले, 3. छात्राओं के परदे की लाज, 4. अनभिज्ञ, 5. सम्पूर्ण, 6. रात-दिन, 7. समय के खलीफा, 8. फसाद की जड़, 9. तितर-बितर, 10. खुला हुआ, 11. प्रतिष्ठानुसार।

मैं क्या था और आज मैं क्या हूँ ? कल मैं तुर्की की हुकूमत अपने ऊपर बायसेसद नाजो इफतिखार[1] और जरियए बख्शिश[2] समझता था और आज बदतरीन जिल्लत। आज मैं तो हर विदेशी हुकूमत को बुरा समझता हूँ और साथ-ही-साथ हिन्दुस्तान की ऐसी जमहूरी सल्तनत को भी जिसमें कि कमजोरों का हक हक न समझा जाए, या हुकूमत के सरमायादारों और जमींदारों के दिमागों का नतीजा हो, या जिसमें मसाबी[3] हिस्सा मजदूरों और काश्तकारों का न हो, या बाहम इम्तियाज व तफरीक[4] रखकर हुकूमत के कवानीन बनाए जाएँ। मैं तो कहूँगा कि अगर हिन्दुस्तान आजाद हुआ और बजाय हमारे गोरे आकाओं के हमारे वतनी भाई सल्तनत व हुकूमत की बागडोर अपने हाथ में लें और तफरीकोतमीज–अमीर व गरीब, जमींदार व काश्तकार में रहे तो ऐ खुदा मुझे ऐसी आजादी उस वक्त तक न देना जब तक तेरी मखलूक[5] में मसावात[6] कायम न हो जाए। मेरे इन खयालात से मुझको इशतिराकी (कम्युनिस्ट) समझा जाए तो मुझे इसकी फिकर नहीं, मेरा खुदा पर भरोसा है। उसे मानता हूँ। वह सबको एक ही सूरत में पैदा करता है और एक ही सूरत पर मारता है। उसके ख्वानेकरम[7] से सबको खाने के लिए मिलता है। बदमाश बदमाशी से, लुटेरा लूट से, जालिम जुल्म से अपना पेट पालते हैं, वकील मुवक्किलों से, जमींदार काश्तकारों से, सरमायादार मजदूरों से जोंक की तरह चिमटकर उनका खून चूसते हैं और वह कमजोर हैं, इसलिए लुट जाते हैं। यह सब कानून खुदाबन्दी के खिलाफ है। इसका खात्मा करना निहायत जरूरी है और उसके खिलाफ जंग फर्ज है। गरज कि मेरा मकसद जल्द यह मुख्तसर नोट लिखना है। देखिए कल क्या होगा। अपनी राय अगर मौका मिला तो बाद को लिखूँगा। अच्छा मैं इत्तिहादे इस्लामी, पैन इस्लामिस्ट एक जमाने तक रहा, मगर यह जमाना वह था जब मुझे जिन्दगी का शऊर (अक्ल) हासिल नहीं हुआ था। यह जमाना उस जमाने के करीब का है, जब खुदीराम बोस, कन्हैयालाल दत्त ने अपनी कुर्बानी से बंगाल को हिला दिया था और जिससे तमाम हिन्दुस्तान काँप उठा था।

कभी-कभी कहानियाँ सुनने में आती थीं और बंगाली बमों का हाल सुनते थे तो दिल में ख्वाहिश पैदा होती थी कि हम भी ऐसे होते। मगर यह मालूम न था कि एक दिन हम भी कन्हैयालाल दत्त और खुदीराम बोस की तरह फाँसी की कोठरी में बन्द होंगे और हमारा तजकरा भी तुल्बा में उसी तरह होगा जैसे हम लोग उनके जिक्र किया करते थे। और फिर क्या मालूम कि हमारा जिक्र करनेवाले भी इस तरह एक कोठरी को आबाद करें ! एक दिन मैं स्कूल जा रहा था कि एकाएक सुना कि दिल्ली में वायसराय बहादुर पर किसी ने बम मार दिया और स्कूल बन्द हो गया, फिर तो खुशी की इन्तहा न रही। चलो एक पन्थ दो काज, छुट्टी मिली और एक नया वाकया भी जहूर में आ गया। फिर तो बाजारों में गप्पें खूब सुनीं। जैसी कि अब हम पर बाहर होती हैं। वैसी तब भी बाहरवाले न जाननेवाले करते थे। आप महात्मा श्री रासबिहारी

1. गर्व, 2. मोक्ष का साधन, 3. बराबर, 4. फर्क, अन्तर, 5. संसार के सभी जीव, 6. बराबरी 7. ईश्वर का दिया हुआ खाद्य-पदार्थ।

बोस की कैफियत से बखूबी वाकिफ होंगे। मैं भी वाकियात समझने के काबिल था। और वह जगह भी देखी जहाँ वह अय्यामे फरारी में रहते थे। खैर, वह कामयाब बाहर निकल गए। हम कोठरी में बन्द हैं।

[**नोट**–निहायत मुश्किलात के साथ यह मुख्तसर अलफाज लिख रहा हूँ, जब तकमील को पहुँच जाए और ऐसे हाथों में पहुँचे जो इसे शाया[1] करने का इरादा करें तो मेरे खयालात को वजाहत[2] के साथ मेरे मतलब को नजरअन्दाज न करते हुए लिखकर और तसहीह[3] जरूरी करके किताबी सूरत में ले आएँ, और बाद को लिखूँगा। हस्बुल हुक्म[4] भाई साहब मुहम्मद रियासत उल्ला लिख रहा हूँ।]

---

1. प्रकाशित, 2. व्याख्या, 3. शुद्धता, 4. भाई साहब की आज्ञानुसार।

जेल से अशफाक उल्ला खाँ के पत्र

डिस्ट्रिक्ट जेल, लखनऊ
26 फरवरी, 1927

बनाम रियासत उल्ला खाँ साहब,
जनाब भाई साहब,

बसद अदब[1] गुजारिश है कि कल 25 माह हाल को स्पेशल मजिस्ट्रेट सहाब ने तलब किया था कि गवाहाने सफाई की फेहरिस्त वजाहत[2] के साथ पेश करो ताकि यह मालूम हो सके कि हर एक चार्ज के मुतल्लिक गवाह पेश करना है ? और गवाहान की फेहरिस्त में इख्तसार[3] की जरूरत है। मैंने इनकार कर दिया कि बगैर भाई से मशविरा किए हुए मैं कोई राय कायम नहीं कर सकता। लिहाजा 11 मार्च, फिर पेशी की मुकर्रर है। इस दरमियान में आप मुझसे जरूर मिल लीजिए मय उन गवाहान की मुकम्मिल फेहरिस्त, मय वलदियत व सकूनत जिनका आपसे जिक्र किया था और जब आप जेल पर आएँ, हजेला साहब को हमराह[4] लाइएगा। उस रोज के वास्ते वक्त आध घंटे से ज्यादा दिया जाएगा और भी सबको लाइएगा।

खादिम[5]
अशफाक

डिस्ट्रिक्ट जेल, लखनऊ
19 जून, 1927

खत बनाम रियासत उल्ला खाँ

भाई साहब किबला बाद आदाब के अर्ज है कि इस इतवार को हस्बे वायदा[6] आँ जनाब का सख्त इन्तजार रहा। आपकी इस इतवार को सख्त जरूरत थी। खैर अगली इतवार को जरूर-बिल-जरूर मय वालिदा साहिबा बगैरा आइएगा। अब सिर्फ 3 इतवार दरम्यान में हैं। क्योंकि 13 जुलाई को फैसला हो जाएगा। मैंने जो लिफाफा वालिदा साहिबा को लिखा था, जिसकी बाबत आपने कहा था, लेते आइएगा। बख्शी के वालिद कानपुर जानेवाले थे। आपका इन्तजार करते रहे, मगर वह गालिबन आजकल में चले जाएँगे। आप भी ठीक करा लीजिए। मेरी गजल भी हमराह भेज दीजिएगा जिसको आपने दरयाफ्त किया था।

1. आदरपूर्वक 2. विस्तार के साथ 3. संक्षेप 4. साथ 5. सेवक, 6. वायदे के मुताबिक।

"बहार आई हुई शोरिश जनूने फितना सामाँ की"[1]

मगर मुझसे मिलकर जाइएगा। अलीगढ़ का जाने का इरादा ही रहा, या जाइएगा भी। फैजाबाद भी जरूर चले जाइएगा। वक्त अब कम है। लम्बे-चौड़े खत लिखने की अब जरूरत नहीं है। यूँ कार्ड लिख दिया। आप खुद अक्लमन्द हैं। जो मुनासिब समझें करें। दवा तो हो चुकी, अब दुआ ही बाकी है। बब्बन व आशिक वगैरह से सलाम कह दीजिए और मुलाकात के बारे में भी कह दीजिएगा। फोटो की एक काफी बख्शी के वालिद को दे दीजिएगा। बख्शी की ख्वाहिश है। मगर अपने हमराह लाइएगा ताकि हम भी देख लें। ज्यादा क्या लिखूँ।

अशफाक वारसी

डिस्ट्रिक्ट जेल, फैजाबाद
21 जुलाई, 1927

बनाम रियासत उल्ला खाँ,

जनाब भाई साहब किबला बसद अदब गुजारिश है कि मैं बखैरियत हूँ और खैर व आफियत आप लोगों की बदरगाहे रब्बे बेनियाज[2] नेक-मतलूब[3]—कार्ड मुरसिला[4] पहुँचा—हालात के आगाही हुई। एनुद्दीन सहाब के बारे में जो लिखा है उनके लिए मुझे किसी का एक शेर याद आ गया। लिखे देता हूँ :

की मेरे कत्ल के बाद उसने जफा[5] से तोबा,
हाय उस जूद पशेमाँ[6] का पशेमाँ[7] होना।

जिस-जिसने मुझे फाँसने की कोशिश की उन सबका शुक्रिया। अगर मेरी जान की कुर्बानी उन लोगों के मुफीदकार[8] हो तो जहे किस्मत। मैं भला कहाँ इस काबिल था कि मैं दुनिया में किसी की तरक्की व नामवरी का बाइस होता ? जिन्दगी व मौत यह तो दुनिया में चला ही जाता है। अगर मौत व जिन्दगी का साथ न होता तो न तो जिन्दगी का ही मजा रहता और न कोई मौत का खयाल करता और न खुदा की खुदाई ही मानता। जो पैदा हुआ, और कुरएआलम[9] की हवा में साँस ली, उसके लिए मौत जरूरी हो गई। अजआदम ताईदम[10]। बड़े-बड़े अम्बिया[11], औलिया[12] व अतकिया,[13] पहलवानानेतुहमतन[14], हसीनानेदहर[15] गर्ज कि सभी किस्म के आदमी आए और अपना-अपना पार्ट दुनिया के स्टेज पर खेल-खेलकर चले गए। अब न मूसा हैं, न फिरऔन, न यूसुफ हैं न अजीजे मिस्र, न कृष्ण हैं न कंस, न राम हैं न रावण, न कारून

1. फितने पैदा करनेवाले पागलपन की जो बसन्त के आने से अधिकतम हो गया है, 2. अदृश्य ईश्वर से, 3. भली चाहना, 4. भेजा हुआ, 5. अत्याचार, 6. लज्जित, 7. लज्जित पर लज्जित होनेवाला, 8. लाभदायक, 9. पृथ्वी का गोला, 10. इस समय तक, 11. नबी का बहुवचन, 12. वली का बहुवचन, 13. परहेजगार, 14. लौह पुरुष, 15. संसार की सुन्दर मूर्तियाँ।

है न उसका खजाना और न इमामहुसैन हैं न यजीद। हाँ, मगर उनकी याद, उनके कारनामे, उनके आमाल[1] व अकवाल[2] दुनिया के सामने मौजूद हैं और वह उनसे अच्छा या बुरा नतीजा निकालती है। दुनिया में आज मुझ पर इन डकैतियों के इलजाम में फाँसकर सजा दे दी जाए, दे लें, हम बेबस हैं। हाँ, मगर हाँ, मुन्सिफेहकीकी[3] के यहाँ फैसला जरूर होगा, वहाँ न सी.आई.डी. की चालबाजी और न पब्लिक प्रासीक्यूटर के ही आरगूमेंट चलेंगे, दूध-का-दूध और पानी-का-पानी होगा, मुझे इत्मीनान है, मुझे सुकून है, मैं खुश हूँ। मेरा फर्ज और क्या है, राजी बरजाए मौला रहना।

फैजे मुहब्बत से है, कैदे मेहन[4]
मेरे लिए एक बलाए हुस्न[5]*।*

खुदा का खुद कौल है दुनिया में जो कुछ होता है मिनजानिब[6] अल्लाह होता है। यह हमारा ईमान है। पर यह भी खुदा की मर्जी है कि मैं फाँसी की कोठरी में बन्द किया गया। और इसमें भी कोई भलाई पोशीदा है जो बादीउननजर[7] में हम लोगों को नहीं मालूम होती। आप लोगों को सब्रो शुक्र से काम लेना चाहिए और जनाबे वालिदा साहिबा को अपनी नजर खुदा की तरफ करनी चाहिए।

अजब क्या है जो बेड़ा गर्क होकर फिर उभर आए,
कि हमने इनकलाबे चर्खे गरदूँ[8] *यूँ भी देखे हैं।*

खुदा में बड़ी ताकत है, वह सबकुछ कर सकता है। दुआ करना इंसान का काम है, कबूल करना उसका। अगर जिन्दगी की रस्सी दराज है, तो फैजाबाद से एक दिन दूसरी जगह जरूर जाएँगे। वरना यहीं से जिन्दगी की आखिरी साँस लेकर दुनिया को खैरबाद[9] कहेंगे। और फिर रोजेकयामत जमीने फैजाबाद ही से उठकर खुदाएरब्बेजलील से फरियादी होंगे। बहरहाल अभी तो कुछ महीने उम्मीदे जीस्त[10] है, वह भी बहुत काफी है। आप सबको मेरा समझाना बेकार है, क्योंकि मैं आप सबका छोटा हूँ। आप लोग खुद अक्लमन्द हैं। मेरे मुकदमे की अपील की समाअत शुरू हो गई होगी। न मालूम कैसा रंग है। आप हजेला साहब और गुप्ता साहब को लिख दीजिएगा कि मुझको बराबर मुत्तिला[11] करते रहें कि क्या रंग है ? और नतीजे से मुफस्सिल तौर पर इत्तला दें। बख्शी के वालिद का क्या रहा ? और उनकी बहन वगैरह गई या अभी नहीं ? सब मुफस्सिल लिखिएगा। बख्शी के वालिद के मुकदमे का फैसला जो भी हो, लिखिएगा। अपील यहाँ से भेज दी है। कल नकले फैसला भी मिली थी। वह खुद वहाँ वापस हो जाएगी। देखिए वकील कौन लिया जाएगा। आप लखनऊ चौधरी सहाब से आकर मिलिएगा और मेरा सलाम कह दीजिएगा कि मेरे केस को आप करें और दीगर कार्यवाहियों से गाफिल न हों। अपील में चौधरी सहाब का नाम, हजेला साहब का नाम लिख दिया है। अब देखिए कौन मिले। मगर आप कौंसिल के मुताबिक गाफिल न रहिएगा। अपना आदमी चीफ कोर्ट के अन्दर होना जरूरी है। हजेला साहब से सलाम कह दीजिएगा, ज्यादा क्या

1. कार्य 2. कथन 3. वास्तविक निर्णायक–ईश्वर 4. रंज 5. सुन्दर 6. और से 7. सरसरी नजर में 8. घूमनेवाला आसमान, 9. छोड़ देने 10. जीवन की आशा, 11. सूचित।

लिखूँ। भाई सहाब अगर आएँ और फल लाएँ तो वह गालिबन मुझको मिल सकते हैं। लखनऊ जेल में बनिस्बत यहाँ के ज्यादा आराम था। आज तक तो वही खाना मिलता है जो एक अखलाकी मुजरिम को मिलता है। मगर आज से शायद सुपरिंटेंडेंट साहब कुछ बेहतर दें। मगर कहाँ लखनऊ जेल और कहाँ फैजाबाद–

हजार शेख ने दाढ़ी बढ़ाई सन की सी,
वले वह बात कहाँ मौलवी मदन की सी।

खैर, फीअमानिउल्ला। बुजुर्गों की खिदमत में आदाब दस्तबस्ता कुबूल हो। बच्चों को प्यार, छोटों को दुआ–

हसरत बहुत है मरतबाए आशकी बुलन्द,
मुझको तो मुफ्त लोगों ने मशहूर कर दिया।

खुदा का शुक्र है, यह भी दिन गुजर जाएँगे। रामप्रसाद का कौन वकील है या खुद वह चीफ कोर्ट में लाए जाएँगे। और कौन-कौन किस-किसकी तरफ से है। और जाहिरा क्या असबाब[1] हैं ? भाई साहब जब यहाँ आएँ तो लखनऊ में हजेला सहाब और गुप्ताजी से मिलकर आएँ और फल वगैरह भी लेकर आएँ। मुन्नू भैया को मेरी खैरियत लिख दीजिएगा। और वहाँ के अहबाब[2] को सलाम कहिए। जिनको लिखा था, उनसे सलाम कह दीजिएगा। अगर वह दोनों आ सकें तो आ सकते हैं, वरना उनकी मर्जी। मुसीबत और दुख में कोई किसी का दोस्त नहीं होता। बनी के सब साथी और दोस्त हैं, यही हाल उनका भी है, नई बात नहीं है। मेरा सबको सलाम। उम्मीद है, आप मुफस्सिल जवाब देंगे। सैयद को भी खत लिख देना कि मैं अच्छा हूँ और तुम्हारी सबकी मुहब्बत का ख्वाहा हूँ। और लिख दीजिएगा कि बूढ़े को भी सलाम कह दें। और मि. जान को भी सलाम कह दें। अब देखना यह है कि आखिर क्या रहे। दुआ करो उससे जिसको तुम नहीं मानते। खैर खुदा मदद फरमाए ! आमीन। यह इबारत बजिनसही[3] लिख दीजिएगा।

अशफाक वारसी 'हसरत'
फार रियासत उल्ला खाँ
मुहल्ला कदनखेल,
शाहजहाँपुर (ओ.आर.आर.)

अज जिन्दाने, फैजाबाद
29 नवम्बर, 1927

खत बनाम रियासत उल्ला खाँ,

प्यारे भाई साहब ! कार्ड मुरसिला आँ जनाब मिला। हालात से आगाही हुई। कजा

1. कारण, 2. मित्रों, 3. जैसी की तैसी

व कदर[1] में चारा ही क्या है ? रंजो-मुसीबत में इन्ना-लिल्लाह[2] पढ़कर सब्र करना चाहिए। इससे कब्ल के खत में साफ लिख दिया है कि खुदा हर सूरत से, माल से, औलाद से, जानों से, जानवरों से इम्तिहान लेता है, पस जिसने सब्र किया, उसने उसे राजी कर लिया। क्योंकि वह साबिर[3] और शाकिर[4] का साथी है। खुदा ही देता है और खुदा ही लेता है और वह फिर देगा। हर हाल में शुक्र कीजिए। भाभी को खुदा के सुपुर्द करता हूँ। खैरियत से मुत्तला फरमाइएगा। और उम्मीद है कि इस मर्तबा भाई साहब मुझसे मुलाकात करने आएँगे। क्योंकि इस मर्तबा उनसे मुलाकात करने की मुझे सख्त जरूरत है। मसनवीशरीफ मिल गई, खूब है। भाभी की तरफ से फिक्र है, जल्द मुत्तला फर्माइए। वालिदा साहिबा व भाई साहब किबला की खिदमत में आदाब दस्तबस्ता कबूल हो।

कैदिए जिन्दाने फरंग अशफाक बारसी

डिस्ट्रिक्ट जेल, लखनऊ

जनाब वालिदा साहिबा,

बाद अदब ये गुजारिशे खिदमते बाबरकत है कि बन्दा बखैरियत है और सेहनबरी मिजाजे आँजनाबा नेक मतलूब। 4 जून को मुकदमे की सुनवाई खत्म हो गई और असेसरान की राय भी ले ली गई। यह सुनकर आपको बहुत दुख होगा कि मोअज्जज हिन्दुस्तानी असेसरान ने क्या राय दी। मैं आपको हरगिज न लिखता मगर मैं इसको अपना फर्ज[5] खयाल करता हूँ कि अपने मुकदमे के हालात से आपको काफी तौर से आगाह कर दूँ। यह तो आप जानती ही हैं कि चार असेसरों में से एक का इन्तकाल हो गया था और तीन बाकी रह गए थे, जिनमें एक खुदातरस[6] बूढ़े ने हम दोनों को बिलकुल बेकसूर कहा और दो ने न सिर्फ खुफिया साजिश करनेवाला ही कहा, बल्कि डाकू भी कहा। खैर इसका अफसोस मुझे तो कुछ भी नहीं, आप करें तो करें। यह हिन्दुस्तानी ही तो हैं, जो हम पर जुल्म कर रहे हैं। और वह भी हिन्दुस्तानी ही थे, जिन्होंने मुझको इस मुकदमे में ख्वाहमख्वाह[7] घसीटा। अगर अंग्रेज आज मेरे खिलाफ हों और मुझ पर ज्यादती करें हक बजानिब है, क्योंकि अपने मुल्क को फायदा वह इसी हालत में पहुँचा सकते हैं कि हम पर हुकूमत करें, मगर तआज्जुब तो इन हिन्दुस्तानियों पर है जो इस तरह ख्वाहमख्वाह बगैर समझे-बूझे महज खुशनुदीए मिजाज की खातिर हाँ-में-हाँ मिला देते हैं। वह यह नहीं जानते कि हकीकतन उनकी क्या इज्जत अंग्रेज कौम के दिल में है। अंग्रेज किसी भी ऐसे इंसानों को पसन्द नहीं करते, जो काम निकालने की खातिर उनकी पीठ ठोंक दिया करते हैं। खैर, मुझे इस मसले पर बहस

1. ईश्वर की इच्छा, 2. सब ईश्वर का है, 3. सब्र करनेवाला, 4. शुक्र करनेवाला, 5. कर्त्तव्य, 6. ईश्वर से डरनेवाला 7. फिजूल।

नहीं करना है। मुझे तो आप को समझाना है। आप से इस बात के लिए कहना है, जो आप जैसी जईफ के लिए न सिर्फ बेजा बल्कि जुर्म होगा। यानी सब्रोसुकून (शान्ति और धैर्य) के बारे में। बजाहिर सब्र तल्ख[1] मालूम होता है मगर बाद को मीठा फल लाता है। मैं बचपन से आपकी सब्र आजमा तबियत देखता चला आ रहा हूँ और आपको एक साबिर और राजी बरजाए मौला (ईश्वर की इच्छा पर राजी) पाया। यूँ ही मैं आज पाक खुदा के नाम पर आपसे सबके के लिए अपील करूँगा। आपकी उम्र का आखिरी हिस्सा निहायत अफसोसनाक और तकलीफ से भरा हुआ है। मगर यह सब महज इस वजह से कि खुदा का हुक्म यही है। आराम व राहत, तकलीफ व मसाइब (मुसीबतें) सब उसके हुक्म के ताबे हैं। तारीखे मजहबी पर एक सरसरी नजर डालिए। अच्छा वाकए करबला को ही लीजिए। क्या किसी मजहब की ऐसी दर्दनाक और खूनी तारीख मिलेगी कि ख्वातीन (महिलाएँ) खानदाने नबी को अपने बच्चों और घरवालों के जनाजे देखना पड़े। क्या उनकी दानिस्त और इल्म में नेजों, तलवारों और तीरों का निशाना न बनाए गए। सब कुछ हुआ और क्यों ? महज इसलिए कि आइन्दा जब किसी पर दुख और तकलीफ आए, वह इस मिसाल को अपने सामने रखे और सब्र करे। आपको इस किस्म की मिसालें देना, मेरी हिमाकत होगी, क्योंकि बफजले तआला आप मुझसे ज्यादा लायक और वाकिफ हैं। मैं इसे अब मजाक समझता हूँ कि लिखूँ कि मैं बेकसूर हूँ, क्योंकि मेरा सबसे बड़ा कसूर यह था कि मोटा-ताजा हूँ और मिस्टर खैरात नबी की बहस के मुताबिक मुझको बड़ा मुजरिम होना चाहिए। वह मसखरापन कोर्ट में हुआ कि खुदा की पनाह। मुझे तो न पहले उम्मीद थी, न अब है, मगर भाई साहब और लल्लू भैया के कहने के मुताबिक सफाई वगैरह पेश कर दी और चाराजोई की—खैर ! अब सुनिए आपको मालूम हो जाना चाहिए कि खैरात नबी ने साफ अलफाज में कह दिया है कि इन्तहाई सजा मिलेगी (यानी सजाए मौत) मेरे लिए तो यह एक बड़े मजे की बात है। मेरे लिए इससे ज्यादा फख्र[2] की बात कौन-सी हो सकती है। मेरी माँ से बढ़कर मेरे खानदान में कौन-सी माँ हो सकती है, जिसका बेटा जवाँमर्दी और बहादुरी से, इस्तकामत (साहस और दृढ़ता) व इस्तकलाल[3] से रास्तबाजी (सत्यता) के साथ, मासूमियत का जामा पहने हुए, कुरबानगाहे वतन पर कुरबान हो जाए। मेरे लिए सकून व इत्मीनान यूँ है कि मैं अपने को मासूम (निरपराध) समझता हूँ और आपके भी सब्र के लिए यह काफी है कि आपका मासूम लड़का एक ऐसे मकसद की खातिर जान से जाएगा, तो बड़ा ऊँचा और नेक व पाक है।

(दो सतर इस जगह खत की जो जेल से आया है, बिलकुल काट दी गई हैं जो पढ़ने में नहीं आती हैं—सम्पादक)

वह इलजामात (अभियोग) जो मुझ पर लगाए गए हैं मैं कभी भी इसके लिए तैयार नहीं। हाँ, एक हिन्दुस्तानी होने की वजह से अगर यह तमाम बातें हैं तो खैर—दुनियावी बादशाहतें खत्म हो जाएँगी। किब्रो-गरूर[4] मिट्टी में मिल जाएगा—शौकत और हशमत

1. कड़वा, 2. गौरव, सम्मान, 3. पक्के और सत्य विचार, 4. बड़प्पन और घमंड।

(ठाट-बाट) का कहीं पता भी न होगा मगर हाँ खुदावन्द कुद्दूस[1] के दरबार में वाकियात असली रोशनी में होंगे और वह हाकिम हकीकी जिसने 'मूसा' और 'फिरऔन' का फैसला किया था मेरा भी करेगा। चन्द रोज जिन्दगी पर खुश होनेवाले इंसान जुल्मातअद्दी[2] करनेवाले सी.आई.डी. के लोग उस दिन मालूम करेंगे कि वे किसके सामने जवाबदेह हैं। आप खुदा पर शाकिर रहिए। सब्र कीजिए और मेरे लिए दुआ फरमाइए और अगर उसको मुझे शहादत की इज्जत देना मकसूद है, तो अजमो इस्तकलाल, जुरअत[3] व हिम्मत भी अता करे और इम्तिहान के दिन मुझे बहादुर बनाए। आप कभी अफसोस न करें कि मैंने ऐनुद्दीन साहब और तसद्दुक साहब के कहने पर अमल नहीं किया। क्या वह इस बात की गारंटी कर सकते थे कि मैं कभी न मरूँगा ? नहीं, मौत व जिन्दगी खुदावन्दे करीम के हाथ में है और दुनियावी ताकतों से बालातर एक ताकत है जो निजामे आलम[4] को सँभाले हुए है।

मौत और जिन्दगी का साथ है—जो दुनिया में आया वह एक रोज जरूर मरेगा—फिर एक ऐसी चीज से, जिसका आना लाजिमी है, जरूरी है; गम करना या खौफ खाना फिजूल व अबस है। मैं अप्रूवर हो सकता था, मैं इकबाली बन सकता था, मगर दूसरों की जान फँसाने के लिए और अपनी जिन्दगी बचाने के लिए ! वह इंसान जो अपनी जिन्दगी की खातिर कमीनी हरकत करता है, क्या वह आनेवाली नस्लों के लिए बाइसे-नाज[5] हो सकता है—नहीं, कभी नहीं।

मुझे इत्मीनान है—मुझे खुशी है कि आनेवाली नस्ल मुझको डरपोक और कमीना न कहेगी, बल्कि सच्चा और बहादुर कहेगी। दुनिया महज इसी पर मरती है कि मरने के बाद उसको बुरे अलफाज से न याद किया जाए। मस्जिदें, तालाब, मदरसा, कुएँ बनाकर छोड़ जाते हैं ताकि बाद को याद रखे जाएँ। मेरी मासूमियत भी कभी फरामोश[6] नहीं की जा सकती। बस, मुझे कुछ लिखना नहीं। आपको फख्र[7] करना चाहिए कि आपका बच्चा बहादुरी की मौत मरेगा। अगर मौत से मुकाबला करना पड़ा तो आपको भी एक बहादुर माँ साबित करना होगा—क्या आपकी रगों में खालिस अफगानी खून नहीं है ? क्या आप मेरी माँ नहीं हैं ? आप पठान हैं, आप मेरी माँ हैं। यह आपके ही दूध का असर है, जो मैं इन्तहाई खौफनाक बातों पर भी हँस देता हूँ। आप मुझसे मिलने को आएँगी, बोलो—व भाभी आएँगी, मगर बहादुर बनकर आएँ, जैसी पहले बनकर आई थीं। मुझको बहादुर बनाकर वापस जाएँगी। मैं आपसे एक बार मिलकर जबानी बातचीत करना चाहता हूँ। क्या मौत से पहले खुदा के हुक्म के बिना मुझको कोई मार सकता है या तकलीफ में डाल सकता है ? नहीं, कभी भी नहीं। फिर जो कुछ है सब मिनजानिब अल्लाह है। इस पर सब्र करना शाने बन्दगी है। चन्द बन्द किसी के याद आ गए लिखे देता हूँ। उनको पढ़ लीजिए। लल्लू भैया जब इतवार को आएँ तो महबूब से मिलते आएँ। अगर वह आएँ तो हमराह लेते आएँ और बिस्तरबन्द भी

---

1. पवित्र ईश्वर, 2. बड़ा जुल्म ढानेवाले, 3. हिम्मत, 4. संसार का प्रबन्ध, 5. गर्व का कारण 6. भुलाना 7. गर्व।

जरूर लाएँ ताकि सामान व बिस्तर वगैरह बाँधकर दे दूँ, बिस्तरबन्द भूले नहीं—

है अर्ज[1] आज मादरे नाशाद[2] के हुजूर[3]
मायूस क्यों हैं आप अलम[4] का है क्यों बफूर[5]
सदमा यह शाक आलमे पीरी में है जरूर
लेकिन न दिल से कीजिए सबरो-करार दूर
शायद खिजाँ[6] से शक्ल अयाँ[7] हो बहार की
कुछ मसलहत[8] इसी में हो परवरदिगार[9] की
यह जाल ये फरेब ये साजिश[10] यह शोरो शर[11]
होना जो है सब उसके बहाने हैं सर बसर[12]
असबाब जाहिरी हैं न उन पर करो नज़र
क्या जाने क्या हो परदए कुदरत से जलवागर[13]
ख़ास उनकी मसलहत कोई पहचानता नहीं
मजूर क्या उसे है? कोई जानता नहीं
राहत हो हो रंज हो कि खुशी हो कि इन्तशार[14]
वाजिब हर एक रंग में है शुकरे किर्दगार[15]
तुम ही नहीं हो कुश्तए नेरंगे[16] रोजगार
मातम कदे[17] में दहर के लाखों हैं सोगवार[18]
सख्ती सही नहीं कि उठाई कड़ी नहीं
दुनिया में क्या किसी पे मुसीबत पड़ी नहीं
देखे हैं इससे बढ़के जमाने ने इंकलाब
जिनसे कि बेगुनाहों की उमरें हुईं खराब
सोजे दरूँ[19] से कलबो जिगर हो गए कबाब
पीरी मिटी किसी की किसी का मिटा शबाब[20]
कुछ बन नहीं पड़ा तो जो नसीबे बिगड़ गए
वह बिजलियाँ गिरीं कि भरे घर उजड़ गए।
पड़ता है जिस ग़रीब पे रंजो-महन[21] का वार,
करता है उनको सब्र अता आप किर्दगार[22]।
मायूस होके होते हैं इंसाँ गुनाहगार,
यह जानते नहीं, वह है दानाए रोजगार[23]।
इंसान उसकी राह में साबित कदम रहे,
गरदन वही है अमरीरजा[24] में जो खम रहे।

---

1. प्रार्थना, 2. सोगवार माँ, 3. सामने, 4. शोक, 5. अधिकता, 6. पतझड़, 7. प्रकट, 8. भेद, कारण, 9. ईश्वर, 10. षड्यन्त्र, 11 फसाद-झगड़ा, 12. प्रत्यक्ष, 13. प्रकाशित, 14. बेचैनी, 15. ईश्वर, 16. जमाने की मारी हुई, सताई हुई, 17. दुख का स्थान अर्थात् विश्व में, 18. दुखी, 19. आन्तरिक पीड़ा, 20. जवानी, 21. शोक 22. ईश्वर 23. विवेकी 24. ईश्वर के समक्ष झुकी रहे।

इन अशआर को जो किसी शायर ने लिखे हैं, पढ़िए और खुदा से मदद माँगिए। आप कभी भी यह खयाल न कीजिए कि आप नुकसान में हैं। यहाँ पर मुझे एक किस्सा याद आ गया। इंग्लैंड के एक बड़े शख्स हिन्दुस्तान आए। वह अपनी बीवी की हमराह आगरे गए। जब ताजमहल में पहुँचे तो उनकी बीवी ने कहा कि अगर कोई वायदा करे कि मेरे मरने के बाद ऐसी आलीशान इमारत जैसा यह ताजमहल है, बनाकर मुझे दफन करेगा तो मैं इसी वक्त अपने को गोली मारने को तैयार हूँ। यह बात उस औरत ने कैसे कही, महज इस वजह से कि मरने के बाद वह ख्वाहिशमन्द थी कि याद की जाए। हर शख्स की ख्वाहिश होती है कि मर जाने के बाद लोग उसको भूलें नहीं और याद करें। मैं भी फख्र करता हूँ कि ख्वाह मैं इस लायक था, या न था मगर लोग मुझको समझते हैं और हरगिज फरामोश[1] न करेंगे। मैं सी.आई.डी. का मशकूर हूँ कि उसने हमेशा की जिन्दगी दे दी, मेरे खानदान को फख्र करना चाहिए। जो मैं हूँ, वह मैं खुद जानता हूँ, और सी.आई.डी. भी खूब जानती है। खैर ! अब खत्म करता हूँ, खुदा आपको सब्र अता फरमाए और मुझको इस्तकलाल[2] दे। भाई साहब, अब्दुल कादिर दादा, बूलू-भाभी, दिल्लीवाली भाभी, शहादत भाई की दुल्हन को सलाम। रजी, अनीसा, खलील, रुकय्या, सुल्ताना, माहजबीन सबको दुआ व प्यार।

दस्तखत
अशफाक उल्ला खाँ
दस्तखत
सुपरिंटेंडेंट जेल

फना[3] है सबके लिए हम पे कुछ नहीं मौकूफ,
बका है एक फकत जाते किब्रिया[4] के लिए।

मेरी सोगवार माँ—भाईयो, बहनो और अजीजो ! यह खत जबकि तुम्हारे हाथ में पहुँचेंगे तब न मालूम तुम्हारा क्या हाल होगा। न मालूम उस वक्त मैं जिन्दा रहूँगा या राही-ए-अदम हो चुका हूँगा। मुझे पूरा इत्मीनान है कि जेल के हुक्काम यह खत जरूर रवाना कर देंगे। जबकि यह मरनेवाले की आखिरी ख्वाहिश है। बहरहाल मैं लिख रहा हूँ अब खुदा आलिम[5] है कि क्या हो ? खैर ! आखिरी हुक्म आ गया है अब दो-एक रोज के मेहमान हैं। इंसान की कोशिश हुक्म खुदावन्दी को टाल नहीं सकती। जिसने बिसातेआलम[6] पर मोहरे लगाए, वह मौत के हाथों जरूर मात खाएगा। अज आदम ताईदम[7] कौन रहा है या कौन बाकी रहेगा। एक खानदान के अन्दर दस-पाँच आदमी होते हैं वक्तन-फवक्तन जिसका वक्त पूरा होता जाता है वह कूच करता जाता है। बकिया रोते-धोते हैं जो तकाजाए मुहब्बत[8] है। मगर इनमें से जाना हर एक को है। कोई जल्दी जाएगा और कोई बदेर। जिसको आप लोग समझते हैं कि कबल-अज-वक्त[9] मर गया, वह उम्र ही इसलिए लेकर आया था और बाकी मसलहत खुदा जानता है।

---

1. न भूलेंगे, 2. साहसी, 3. समाप्त, 4. ईश्वर, 5. जानता है, 6. संसार का बिछौना, 7. आदम से लेकर मेरे तक, 8. प्रेमरूपी मौत, 9. समय से पहले।

जिसको हुक्म उसकी जानिब से होता है वह लब्बैक[1] कहता है और चला जाता है। तुम्हारे दिलों को रंज होगा, गम करोगे, मगर खुदा के नाशुक्रे न बनना। सब्र करना और मेरे लिए मगफिरत[2] की दुआ करना कि खुदा मुझपर रहम करे और जवारे रहमत में जगह दे। मैं तुम्हारे लिए सब्र की दुआ करता हूँ। मौत इसी बहाने थी सो आएगी और जो-जो लिखा है वह भी पूरा होगा। उसके हुक्म में मजाले दमजदन[3] नहीं। उसी की अमानत थी उसी की जानिब वापस जाती है। आप लोगो के साथ इतना तआल्लुक उसने पैदा कर दिया था, वह अब रखना नहीं चाहता, तुम लोगों को क्या-क्या लिखकर समझाऊँ। मुझ में न इतनी काबलियत है, न मैं आलिमेदीन हूँ कि मजहबी बातें लिखूँ या आहादीस[4] व आयात[5] लिखूँ। हाँ, बस इतना जानता हूँ और इतना ही लिखना चाहता हूँ कि सब फानी है और सबको फना है। सब मरेंगे, न कोई रहा है और न कोई रहेगा। रहेगा तो वह, बस वही खुदावन्दकुद्दूस ही रहेगा जिसने दुनिया रची है। हम लोग खुदा को मानते हैं और मुत्तबए[6] जनाबेरसूल करीम हैं अगर दावा सही है तो बस—

है रजा उसकी तो हम पर है बहरहाल ये फर्ज,
शुक्रे हक लब पे रहे शिकवए आदा[7] न करें।
मान लें फैसलाए दोस्त को बेचूनों चरा[8],
फिकरे इमरोज[9] ही रक्खे गमें फरदाँ[10] न करें।

बस जाते खुदावन्दी के सामने सरे नियाज[11] खम कर दें और अपने को उसकी मर्जी पर छोड़ दें। रोजे जजा[12] का वह मालिक है। इसका भी गम न करें क्योंकि गुलाम हैं जनाबे रसूले करीम सलल्लाहो अलैहे वसल्लम के। ऐ मातम कुनिन्नदिगाने अशफाक[13] ! सब्र करो और दुआ करो कि वहाँ की मुसीबत आसान हो।

बनकर मैं रजाकार मोहइयाए कजा हूँ,
आवाजे हके बाँगे दिरा[14] मेरे लिए है।
खुशनूदिए फिरऔन के पैरों हैं यजीदी[15],
तकलीदे शहे करबोबला मेरे लिए है[16]।

मेरी जिन्दगी इतनी ही थी। न वह घट सकती है, न बढ़ सकती है। न तुम्हारा नाल-ओ-बुका[17] ही काम आ सकता है। न आह बजारी ही जिन्दगी का एक लमहा[18] बढ़ा सकती है। हाँ, तुम्हारी दुआएँ मेरे लिए वहाँ काम आ सकती हैं। पस सब्र करो और दुआ से याद करो। मैं नहीं जानता कि मेरी लाश तुम लोगों को दी जाएगी या न दी जाएगी। यूँ तो जब जान निकल गई फिर मिट्टी का ढेर है। मगर फिर भी मुझे तसफीश[19] है। खैर ! मुर्दा बदस्त जिन्दा का मजमून है। जबर्दस्ती जो चाहे करे, उसका हर फेल दुरुस्त है। खैर मैं अपने दिमाग को इस खयाल से परेशान करना नहीं चाहता।

---

1. हाजिर हैं हम, 2. मोक्ष, 3. दम मारना, 4. श्री मुहम्मद साहब का सन्देश, 5. कुरान शरीफ के वाक्य, 6. पीछे चलनेवाले, 7. दुश्मन, 8. बिना संकोच, 9. आज ही की चिन्ता, 10. कल की चिन्ता, 11. ऐक्षुक माथ, 12. प्रलय, 13. अशफाक का शोक मनानेवाले, 14. ईश्वरीय घंटे की आवाज यानी ईश्वरीय आज्ञा, 15. जालिम फिरऔन (शैतान) के पक्षपाती हैं यजीद, खलीफा और उसके साथी, 16. करबला के शाह इमाम हुसैन के पद-चिह्नों पर चलनेवाला मैं हूँ, 17. रोना-धोना, 18. क्षण, 19. चिन्ता।

जो भी हो, हो, इसमें कोई शक नहीं कि मैं तख्त-ए-मौत पर खड़ा हुआ यह खत लिख रहा हूँ, मगर मैं मुतमईन व खुश हूँ कि मालिक की मर्जी इसी में थी। बड़ा खुशकिस्मत है वह इंसान जो कुर्बानगाहे वतन पर कुर्बान हो जाए। गो कि यह फिकरा[1] जिस स्प्रिट के साथ मैं लिख रहा हूँ वह आप लोगों में नहीं है। यूँ आपको तकलीफ महसूस होगी। मेरी गजलियात मकान पर मौजूद होंगी। वह आज से बहुत पहले की लिखी हुई हैं उनको पेशीनगोई[2] समझिएगा और वैसा ही होना था जो कलम से निकला। मेरे सुकून की वजह मेरी बेगुनाही है और यकीन रखिए कि अशफाक का दामन इंसानी खून के धब्बों से पाक व साफ है।

मेरे घर में आनेवाले बच्चों ! और मौजूदा छोटों ! तुम जब दुनिया में आओगे मेरी कहानी सुनते पाओगे और तहरीर देखोगे। मेरी इस तहरीर को मेरे दिमाग का असर न समझना। मैं बिलकुल सही दिमाग का हूँ और अक्ल ठीक काम कर रही है। मेरा मकसद महज आनेवाले बच्चों के लिए लिखना यूँ है कि वह अपने फराइज[3] महसूस करें और मेरी याद ताजा रखें। प्यारे रजी व खलील—तुम्हारा चच्चा चन्द रोज के बाद इस दुनिया में नहीं रहेगा और हमेशा-हमेशा के वास्ते तुम सबको छोड़ जाएगा। तुम से वह कुछ नहीं चाहता और न कहना चाहता है। तुम्हारा खुदा मददगार रहें। तुम्हें परवान[4] चढ़ाए। आला तालीम अता[5] फरमाए और तुम्हें किसी काबिल बनाए। काबिलेफखरे[6] खानदान करे।

किए थे काम हमने भी जो कुछ भी हमसे बन आए,
ये बातें जब की हैं आजाद थे और था शबाब[7] अपना।
मगर अब तो जो कुछ भी हैं उम्मीदें बस वह तुम से हैं,
जवाँ तुम हो लबे बाम आ चुका है आफताब[8] अपना।

तुमको बुजुर्गों की राय पर चलना चाहिए और तालीम में तन-मन-धन लगा देना चाहिए और बेहतरीन इंसान अपने को साबित करना। मेरी बस तुमसे इतनी ख्वाहिश है और मौत का खयाल रखना। वतन की मुहब्बत का मुझ पर इलजाम लगाया गया है और यूँ ही मुझे सजाए मौत मिली। जब तुम इस काबिल होगे मेरे मुकदमे की कुल कार्यवाही पढ़ना। ज्यादा तुमको क्या लिखूँ। मेरी दुआएँ तुम्हारे साथ हैं।

अशफाक उल्ला खाँ
8 अक्टूबर, 1927

जनाबा वालिदा साहिबा,

बखैरियत हूँ और जनाबा की खैरियत का ख्वाहाँ[9] हूँ। कल फैसला सुनाया जाएगा।

---

1 वाक्य, 2. भविष्यवाणी, 3. कर्त्तव्य 4. फूले फलाए 5. उच्च आदर्श की शिक्षा प्रदान करे 6. परिवार शिरोमणि 7. जवानी 8. सूर्य जो अस्ताँचल के कोठे के निकट आ गया, 9. चाहनेवाला।

खुदा मुझको हिम्मत दे। ताकत, इत्मीनान दे। सुकूने कल्ब अता[1] फरमाए। आप सबको सब्र दे। बीबी दुनिया सराय-फानी[2] है। कौन रहा है और कौन रह जाएगा। अज आदम ताईदम मौत व जीस्त[3] का सिलसिला चला जा रहा है और चला जाएगा। कहाँ तक गम, कहाँ तक रंज किया जाए। मुझे अपनी सजा का कोई गम नहीं, कोई रंज नहीं। सजा-ए-मौत या सजा-ए-कैद या कोई भी हो मेरा ईमान है कि सब मिनजानिब अल्लाह[4] होगी। फिर "सरे तस्लीम खम[5] है जो मिजाजे यार में आए।" मगर जो दुख है वह तुम्हारी जईफी का है। तकलीफ है वह तुम्हारी कमजोर और काबिले रहम हालत पर। खुदा वाकिफ है कि इस इतवार की मुलाकात के बाद किसी घड़ी किसी पल तुम्हारा कमजोर चेहरा और नाउम्मीदी से भरे हुए अल्फाज फरामोश नहीं कर सका। खैर ! जो मर्जी मौला। मेरी गुजारिश और आखिरी गुजारिश यह है कि अगर खुदा ने जिन्दा मुझको बाहर निकाला, तो आपकी जईफी देखकर जिसकी मुझको उम्मीद तो है नहीं, वैसे दुआ है कि खुदा आपको उम्रे-नूह[6] अता फरमाए। आप अपनी तस्वीर हिंगू से खिंचवा लीजिएगा। आप कुछ फिक्र न करें। वह आपका दामाद है और सामने आता है यानी सफिया का खाविन्द[7]। कम-अज-कम बाहर आकर आपकी तस्वीर से कुछ तसल्ली होगी। आप बखूबी वाकिफ हैं कि आपको बिना देखे हुए मैं दो रोज भी नहीं रह सकता। मगर यह मसला मजबूरी और इज्जत व जिल्लत का था। लिहाजा उन लोगों के कहने पर नहीं चला। क्योंकि जिन्दगी जैसी जलील[8] चीज के लिए दुनिया की नजरों में और अपनी नजरों में गिरकर रहने से मौत बेहतर व अफजल है। काश[9] कि खुदा एक मौका और अता करता कि आपकी खिदमत करूँ और कदमों से जुदा न हूँ। मैं निहायत बदकिस्मत हूँ कि आपकी खिदमत करने का जब मेरा वक्त आया तो आपके कदमों से दूर हूँ। खैर खुदा की मर्जी यही थी। आप भी सब्र कीजिए और मेरे लिए दुआ कीजिए। आपको जईफी में जो मुझसे दुख पहुँचा, आप खुदारा मुझे माफ फरमाइएगा। तब मेरे दिल को तस्कीन होगी। ज्यादा क्या लिखूँ। हाँ, एक बात और यह है कि मेरे फैसले के बाद लोगों को ढोंग न फैलाने देना; जो बिहीख्वाह[10] और दोस्त थे, सब मालूम हो गए। आपके खानदानवालों को भी देख लिया और अपने खानदानवालों को भी देख लिया। मेरा खानदान मेरे हकीकी भाई, मेरी भावज, बहन व बहनोई हैं। और मुल्क के हिन्दू और मुसलमान मेरे भाई व बुजुर्ग हैं। और किसी बदमाश से वास्ता नहीं। जो मुसीबत में शरीक था, वह बहादुर और दोस्त है। बाकी सब कमीने हैं, जो आरामोआसाइश के साथी और दुख-दर्द पर अलग। मैं कसम खाकर कहता हूँ कि मैं उन सबसे नाराज हूँ। अगर बाहर निकलने का मौका मिल गया तो उनसे कितातआल्लुक करके जानवरों से दोस्ती कर लूँगा। साँपों से प्यार करूँगा। भेड़ियों के गिरोह में बैठा रहूँगा, मगर इन अजीजों से अलग रहूँगा। फीअमानिल्लाह ![11]

अपना फोटो जरूर खिंचवाइएगा और अगर जिन्दा बाहर निकला तो मेरे लिए वही

---

1. आत्मा की शान्ति 2. नश्वर संसार 3. जीवन 4. ईश्वर की ओर से 5. सिर झुकाकर स्वीकार 6. नूह पैगम्बर की आयु 7. पति 8. तुच्छ 9. क्या ही अच्छा होता, 10. शुभचिन्तक, 11. ईश्वर शान्ति प्रदान करे।

काफी होगा। अगर वक्त बराबर आ गया है तो खैर खुदा के सुपुर्द किया।

आपका खादिम
अशफाक वारसी
दस्तखत
सुपरिंटेंडेंट जेल

आखिरी खत अपनी माँ के नाम

अज जिन्दान फैजाबाद, फाँसी की कोठरी
15 दिसम्बर, 1927

दुखिया और बूढ़ी माँ की खिदमत मे उसके मरते हुए फरजन्द का सलाम पहुँचे, जो इसी हफ्ते में इस फानी दुनिया को अलविदा कहकर उस मुल्के जावेदाँ[1] को जा बसाएगा, जहाँ कि इससे पहले भी सब जा चुके हैं और हर रूह इसके बाद भी जाएगा—

फना है सबके लिए हमपे कुछ नहीं मौकूफ,
बका है एक फकत ज़ाते किब्रिया[2] के लिए।

आप भी बखूबी वाकिफ हैं और तालीमयाफ्ता हैं मगर यह जरूर है कि बूढ़ी सिनरसीदा[3] दुखिया माँ के लिए यह सदमा जरूर बड़ा है कि उनका जवान बेटा नामुराद दुनिया से उठ जाए और वह उसकी लाश पर दो आँसू भी न डाल सके या उसकी मरी हुई सूरत देख सके। मगर यह तो बताओ यह हुक्म किसका है ? क्या दुनिया के किसी इंसान का हुक्म है ? क्या कोई मुझे उसके हुक्म के बिला मार सकता है ? उसने रोजेअज़ल[4] से ऐसा ही लिखा था कि अशफाक तुझको फाँसी पर मरना है और जब तू मरेगा तो कोई तेरे पास तेरे आइज्जा व अकरुबा (रिश्तेदार) व अहबाब में से न होगा। पस हुक्म खुदावन्दी पूरा होकर रहेगा और ऐसा ही होता चला आया है। मैं यह लिख देना चाहता हूँ कि मैं बइत्मीनान और पुरसुकून (शान्ति से) मौत मर रहा हूँ। हुक्मे खुदा ऐसा ही था और वह अटल है, होकर रहेगा। मौत सबके लिए है और सब मरेंगे। दुनियावी तकालीफ, माद्‌दी बन्दिशें, इंसानी कयूदात[5] सब पीर[6] के रोज तक खत्म हो जाएँगी और मेरी रूह इस कफसे[7]-अंसरी[8] से आजाद हो जाएगी। अब दूसरी मंजिल सामने है, देखिए वहाँ कैसी गुजरे। यह उसकी बखशीश-व-करम पर मुनहसिर है। सफर दरपेश है, जादेराह (रास्ते का सामान) पास नहीं। बस उसी की उम्मीदे करम[9] पर खुश-खुश मर रहा हूँ। मैं तो आप सबको अलविदा कहता हुआ आप सबको और खसूसन आपको बक्या जिन्दगी में वक्फे-नौहा व बुका[10] करके उस तरफ जा रहा हूँ, जहाँ से आया था और फिर वापस जाने का वायदा था। वायदा पूरा करना है। आप

1. स्थायी देश (परलोक), 2. खुदा, 3. बूढ़ी 4. सृष्टि के समय 5. सीमाएँ, परम्पराएँ 6. सोमवार 7. पिंजड़ा 8. चार तत्त्व निर्मित शरीर, 9. मेहरबानी की आशा, 10. रोता-धोता छोड़कर

सबके सामने राहे अमल क्या है ? मैंने तो बुरा किया या अच्छा। मैं इकरार करता हूँ कि मेरी जिन्दगी की इतनी बरसें गुमराही, मासियत, सियाकारी (गुनाह) और गुनाहों में गुज़री, उसके लिए मेरे दोस्त, मेरे अजीज, मेरे भाई और मुख्तसिर यह कि हर हमदर्द मुसलमान दुआए मगफिरत (आत्मा की शान्ति के लिए) करे और आप सब लोग सब्र कीजिए। सब्र तल्खअस्त[1] व लेकिन बरे शीरीं दारद (फल मीठा)—मुझे डर है कि आप घबरा न उठें और यह न कह बैठें कि जिसकी जवान औलाद मर जाए वह कैसे सब्र करे तो सुनिए, मेरी प्यारी माँ ! खुदा ने मुझको आपके शिकम[2] से पैदा किया था। मेरी पैदाइश पर खुशियाँ मनाई गई थीं। शुकराने अदा किए गए थे। और किस्सा मुख्तसर यह कि मुझको आँखों का नूर और दिल का सुरूर समझा जाता था। आपने इस सिले[3] में खुदा को क्या दिया कि उसने आपको एक इंसान की शक्ल में औलाद दी। आपसे जो भी पूछता था आप यही कहती थीं कि खुदा का बन्दा है, खुदा ने दिया है। उसी की अमानत है और मैं अमानतदार हूँ। पस अब मालिक अपने गुलाम को तलब करता है। अमानत रखनेवाला अपनी अमानत तलब करता है। आप खयानत न करें, न आपकी चीज थी न आपसे छीनी गई। इतने दिन के वास्ते आपको दी गई थी कि रखो, बाद को हम वापस लेंगे, अब वापस लिया जा रहा हूँ फिर आपको क्या हक है कि रद्दोकद[4] करें। क्या आपने हमेशा से यह सोचा था कि मुझे मौत कभी न आएगी ? अरे ! तुम भी जानती थीं और मुझे भी मालूम था कि हम तुम सब मरेंगे कोई आगे कोई पीछे। या तो मुझको रोना पड़ता तुम्हारे लिए, या तुम्हें मेरे लिए। उसका मन्शा यह था कि बूढ़ी माँ जवान औलाद को रोएगी और बकिया[5] तीन भाई अपने छोटे भाई का मातम करेंगे। तो क्या कोई आज इस दुनिया में इतनी ताकतवाला है कि खुदावन्द के अहकाम पलट दे ? कोई नहीं ! अपने खानदान ही में कितनी ऐसी माएँ हैं जो बुढ़ापे में जवान औलाद का दाग खाए बैठी हैं और कितने ही ऐसे भाई हैं, जो अपनी आँखें अपने भाई के लिए सुर्ख कर चुके हैं और कितनी ही बहनें, भावजें, भतीजियाँ, भतीजे, भानजियाँ, भानजे हैं जो कि अपने भाई, देवर, चचा, मामू के लिए सीनाकोबी[6] कर चुके हैं। दुनिया का यही धन्धा है। दुनिया नाम ही उसका है। अगर मरना न होता तो जिन्दगी का फायदा ही क्या था ? अगर रात न हो तो दिन में लज्जत ही क्या ? अगर गम न हो तो शादी-ब-मंजिले गम है। गरज के दुनिया एक माजूने मुरक्कब[7] है। जिसमें सब जायके हैं। ऐशोमसर्रत, गमो अन्दोह, आराम व तकलीफ, गफलत व बेदारी, नेकी व बदी, मौत व जीस्त, गरज कि हर चीज यहाँ मिलेगी। पस खुशकिस्मत वह है जिसने अच्छी बातें कबूल कीं और बुराइयों से परहेज किया। गफलत पर होशियारी को तरजीह[8] दी और माबूदे हकीकी[9] की याद में लगा और होशियार रहा अपने फराइज की अदायगी में। नेकी को कबूल किया और बदी को ठुकराया। अबदी[10] आराम की खातिर तकलीफ बरदाश्त की और इबादत में मसरूफ रहा, मौत को पेशे-नजर रखा और जीस्त[11] ही में

1. कड़ुआ है, 2. पेट, 3. बदला, 4. अस्वीकार, 5. शेष रहे, 6. छाती पीटकर रोना, 7. दुख-सुख मिश्रित पदार्थ, 8. उच्चता, श्रेष्ठता, 9. ईश्वर, 10. सदा रहनेवाला प्रलय काल तक, 11. जिन्दगी।

सामाने आखिरत जमा कर लिया। ऐश व इशरत में पड़कर गफलत नहीं की और पेश आनेवाले गम व अन्दोह का खटका महसूस करता रहा। पर जिसने इन बातों को अख्तियार किया और हर मुसीबत व तकलीफ व आराम व राहत को मिनजानिबअल्लाह तसव्वुर किया और उसकी निआमतों[1] का शुक्रिया अदा किया। मसाइब व तकालीफ पर सब्र किया और कहा कि यह सब मिनजानिबअल्लाह[2] हैं।

दोस्त का दिया हुआ जहरेहलाहल भी शहद मुसफ्फा खयाल किया और सब्र किया, शुक्र किया पस राजी कर लिया उसे जो कौनेन[3] का मालिक और मशरिक व मगरिब का रब[4] है। क्या तुम इसके ख्वाहिशमन्द नहीं हो कि खुदा तुम्हारा पैदा करनेवाला है और जिसके सामने तुम्हें जाना है, तुम्हें अपना दोस्त कहकर पुकारे ? अरे दुनिया उसकी मुतमन्नी[5] है और वह हमको अपना दोस्त कहे। आज मौत के सामने बैठा हुआ अशफाक कुछ ख्वाहिश नहीं रखता, मगर हाँ वह कह दें कि अशफाक मैं तुझसे राजी हूँ और तू मेरा बन्दा है मैंने बन्दगी में कबूल किया। वह कहता है, ऐ ईमानवालो ! बेशक अल्लाह सब्र करनेवालों के साथ है। दूसरी जगह फरमाता है यानी खुशखबरी सुना दो उन सब्र करनेवालों को कि जब उनको कोई मुसीबत पहुँचती है तो कहते हैं कि बेशक हम अल्लाह ही के हैं और बेशक हम उसकी तरफ लौटने वाले हैं। फिर फरमाता है यानी यही हैं जिन पर बरकात हैं उनके रब की तरफ से और रहमत है। यही लोग हिदायतवाले हैं। यह कौल आपको जनाबे बारी[6] के लिख दिए। अब समझना न समझना आपका काम है।

आपका सब्र व शुक्र आपको उसके दरबार में मकबूल[7] व मुकर्रब[8] करेगा। और अगर खुदा ना ख्वास्ता आप हद से आगे बढ़ गईं तो आप खुद समझदार और पढ़ी-लिखी हैं। आपका नाल-ओ-शेवप[9], आहवजारी, सीनाकोबी, मुझको जिन्दा नहीं कर सकती, न मौत से बचा सकती है। हाँ सब्र करना, कलमा व दरूद पढ़ना और बख्शना मेरे लिए कुछ सूदमन्द साबित हो सकते हैं। पस मेरी अच्छी माँ मेरी खताएँ माफ फरमाकर मशगूले-खुदा हो जाओ। उसकी मर्जी यही थी और कौन है जो उसके हुक्म को टाल सके। मुझसे आपको दुख पहुँचा। आपका बुढ़ापा बर्बाद हो गया। आपकी जिन्दगी जीक में पड़ गई, मैंने की। हाँ जाहिर असबाब[10] में से एक मैं भी हूँ। मगर मौला की मरजी और उसका हुक्म पोशीदा[11] रहता है। समझदार मिनजानिबअल्लाह हर बात को समझते हैं और नासमझ इंसानों की तरफ खयाल दौड़ाते हैं। इससे कब्ल[12] एक कार्ड फैसले के मुतअल्लिक मिला होगा। कैसे मजे की बात है कि मैं अपने कलम से अपनी मौत की खबर आपको भेज रहा हूँ। मैंने एक किताब लिखना शुरू की थी और वह तकमील को न पहुँच सकी। खैर मालिक की मरजी ही न थी जिसमें मेरा मकसद बच्चों के लिए नसीहत करना था। खैर उनके लिए जो मैदाने अमल[13] है और जो सामने

---

1. अच्छी-अच्छी चीजें, 2. ईश्वर की तरफ से, 3. संसार, 4. पालनेवाला, 5. इच्छुक, 6. ईश्वर, 7. पसन्दीदा, 8. पास ले जाएगा, 9. रोना-धोना 10. जाहिरी कारण, 11. छिपा हुआ, 12. पहले, 13. कार्यक्षेत्र।

आए उस पर गामजन[1] हों। मुझे जो लिखना है थोड़ा-थोड़ा सब लिख दूँगा क्योंकि अब वक्त मेरे पास मजमून निगारी[2] व कलम फरसाई[3] का नहीं है। मुख्तसर-मुख्तसर सबको लिख दूँगा। सब अपना-अपना मतलब निकाल लें। मुझे तो सबसे जरूरी आपको लिखना था। और यूँ तो ये मजमून वाहिद तसव्वुर किया जाए। सभी से सब्र की गुजारिश है और सब्र ही खुशी की कुंजी है। मुझे बूबू की भी परेशानियों का इल्म है और आप सबकी कोफ्त में ऐसे वक्त में इजाफा नए गम का है। मगर क्या मौला की मर्जी टाली जा सकती है ? नहीं हरगिज नहीं। वह हर सूरत से आजमाइश कर रहा है। तुम सब्र को हाथ से न जाने दो। जो दोस्त की तरफ से खुशी व गम मिले मुस्कुराते हुए चेहरे और मुतमईन[4] दिल के साथ कबूल करो कि फलाहे दीनी व दुनयावी[5] हासिल कर सको। मैं कोशिश करूँगा कि यह खत तुमको मेरी मौत से पहले ही मिल जाए ताकि तुम्हारे दुख में कमी हो जाए और तुम सोच सको कि मरनेवाला क्या बात है कि मरते हुए भी मुतमइन व खुश है—फना[6] है सबके लिए हमपे कुछ नहीं मौकूफ, बका है एक फकत जाते किब्रिया के लिए। आदम[7] अलैहिस्सलाम से लेकर इस वक्त तक कौन ऐसा है जो मरा न हो ? जिसने बसाते-आलम पर जिन्दगी के मोहरे बसाए और और मौत के हाथों के सामने जरूर मात खाई, पस उसका गम बेकार है और आनेवाली और जरूर आनेवाली बात के लिए परेशान होना सरासर गलती है। अब रहा मुहब्बत, डाह, मोह, प्रेम—ये सब दुनियावी धन्धे हैं। खुदा से मुहब्बत करो। उसको पूजो जो हमेशा जिन्दा व कायम रहेगा। तुम्हें अपनी बकीया जिन्दगी में कभी भी उसके लिए रोना नहीं पड़ेगा। बस उसी से मुहब्बत करो और उसी को समझो। अक्ली-दलाइल, मजहबी मसाइल, फलसफियाना बहस दुखे हुए दिल पर नमक-मिर्च का काम करते हैं। मैं खूब जानता हूँ कि आप सोचेंगी कि मैंने अपनी करतूतों से आपका बुढ़ापा खराब किया और भाइयों और दीगर अइज्जा[8] की जिन्दगी दुख की जिन्दगी बना दी। मैंने क्या किया ? मैंने कुछ नहीं किया। उसका हुक्म रोजेअज़ल[9] से ऐसा ही था, सो होकर रहा। जो बात होनेवाली होती है असबाब[10] उसके पेशतर से होना शुरू होते हैं और असबाब जब पाय-ए-तकमील[11] को पहुँच जाते हैं, बात पूरी हो जाती है। पस मेरे लिए यह मौत और यह दिन था। सो मुझे मिला। और तुम्हारे लिए दुख, बुढापे का धक्का और सीनाकोबी[12] लिखी थी वह तुम्हें मिल रही है। जो जिसके लिए उसने मुनासिब समझा वह उसे तकसीम कर दिया। पस कौन है जो शिकवा करे और लब शिकायत के वास्ते खोले—

हम रजाकार हैं हम पर है बहरहाल यह फर्ज,
शुक्रे हक लब पे रहे शिकवए आदा[13] न करे।
मान लें फैसलाए दोस्त को बेचूनोचरा,
फिक्रे इमरोज[14] ही रखें, गमे फर्दा[15] न करें।

---

1. चलें, 2. लेखन कला, 3. कलम घसीटना, 4. सन्तोष, 5. लोक-परलोक का साथ, 6. मौत, 7. आदि पुरुष, 8. रिश्तेदार, 9. सृष्टि रचना का प्रथम दिन, 10. कारण, 11. कार्य की सम्पूर्णता, 12. छाती पीटना, रोना-धोना, दुख मनाना, 13. दुश्मन की शिकायत, 14. आज, 15. कल।

तुम सबको गम उठाने के लिए इन्तखाब किया और मुझे मंसूरे वक्त बनाने को चुन लिया। अगर तुमको गिरियए[1] याकूब अता किया तो मुझको सुन्नते यूसफी[2] अदा करने के लिए पुकारा। अगर तुमको मातम कुनाँ मिस्ल[3] खानदाने नबवी[4] बनाना चाहा, बना दिया और मुझे मुत्तबए[5] हुसैन शहीदे तेगेजफा[6] के खिताब से नवाजा[7]। उसकी शान निराली। उसकी अदा अनोखी, हर जगह नए रंग में हर तरफ नए रूप में जलवागर[8] है। जो कुछ हुआ और जो होगा और रहा है उसकी मरजी से हो रहा है और होगा। पस कौन है जो सरताबी[9] करे। और कौन है जो उसके हुक्म से बाहर जा सके ? बस उसी पर नजर रखो और सब्र व करार हाथ से न जाने दो। शुक्र करो उसकी अमानत उसकी तरफ जा रही है। और सानआ[10] अपने मसनूअ[11] को बिगाड़ना चाहता है। फिर तुम कौन रोनेवाली, तुम कौन तड़पनेवाली ? उसकी चीज थी उसको अखतियार है। सब्र करो, सब्र करो और बकिया जिन्दगी का वेश-बहा[12] वक्त मेरे लिए रोने में न सर्फ करो बल्कि उस सफर की तैयारी में लगाओ को एक दिन दरपेश है। इबादत में मगफिरत[13] है। गुनाहों में वक्त न गुजार दो क्योंकि यही काम आएगा। गफलत छोड़ो और उसको पकड़ो। दुनिया फना होनेवाली है और तुम्हारा भी बुढ़ापा है। अच्छा मेरी खताएँ माफ करो और मुझे अपने हकूक से सुबुकदोश[14] करो। तुमको खुदा की अमान में दिया। तुम्हें नेक बीवी और साबिरा बीवी बनाए। आमीन !

भावजो और भाइयो ! अलफराक[15] बीनी व बीनकुम—तुम आपस में मिल-जुलकर रहना और दुखिया व बदकिस्मत माँ की खिदमत में लगी रहना और बकिया जिन्दगी को सुकून से गुजारने का मौका देना। अगर तुम लोग ऐसे ही आपस मे शिकवा व शिकायत करते रहे और शकररन्जी[16] तुम्हारे दरमयान में रही तो कुछ लुत्फ नहीं। शीरोशकर बनकर रहना और जुदा न होना। मेरी तो यही ख्वाहिश है और मुझे माफी देना। खुदा की मरजी यही थी।

भाइयो ! तुमने इन्तहाई कोशिश की मगर मौत और खुदा का हुक्म टाले नहीं टलता और पूरा होकर रहेगा। तुम भी मजबूर हो रहे। सब्र-शुक्र करो। खुदा की मरजी ही यह है। मैं बताए देता हूँ कि मैं एक पुरसकून मौत मर रहा हूँ। मैं नहीं कह सकता कि कौन खयाल मुझे मस्त व खुश बनाए हुए है। दिल अन्दर से फूला चला आता है। मुझे कतई खयाल ही नहीं गुजरता कि मुझे फाँसी दी जाएगी। मरेंगे तो सभी कुछ, मैं ही नहीं मर रहा हूँ। तुम खुदा पर नजर रखो और बजाय रोने-धोने के मेरे ईसाले सवाब[17] में लगे रहना कि वहाँ काम आए। अब ज्यादा क्या लिखूँ ? खुदा तुम सबको सब्रे जमील अता फरमाए और मुझ गुनाहगार को जवारे रहमत[18] में जगह दे।

—फकत अशफाक उल्ला खाँ

---

1. सोग मनाना, रोना-धोना 2. हजरत युसुफ की तरह चलना 3. मातम-दुख-सोग मनानेवाला 4. रसूल के परिवार की तरह 5. आज्ञाकारी 6. जुलम की तलवार से मारा हुआ 7. प्रदान किया, 8. प्रज्वलित 9. सर फोड़ना 10-11. झूठे खिलौनों (मनुष्य) को बनानेवाला (ईश्वर) 12. अमूल्य 13. मोक्ष 14. छुटकारा, निवृत्ति, 15. जुदाई 17. अनबन 17. सवाब पहुँचाना 18. कृपाकोर।

कंडेम्ड सैल, फैजाबाद
7 दिसम्बर, 1927

मुकर्रम[1] व मुअज्जम[2] जनाब भाई साहब किबला दामजिल्लकुम[3]

बसद अदब गुजारिश खिदमते आली है कि मैं बखैरियत हूँ और खैरआफियत आपकी मय दीगर मुतअल्लकीन के नेक मतलूब। लल्लू भैया (रियासत उल्ला खाँ) के खत से मालूम हुआ कि अपील दाखिल हो गई है। 6 ता. को बाबू मोहनलाल सक्सेना के पास दरियाफ्तहाल के लिए खत लिखा दिया है। आप लोगों में से जो आए, वह मिलता हुआ आए ताकि ताजे वाकियात व हालात से खबर मिले। भाई साहब, दुनियावी ताकतें मुजमहिल और मजहूल[4] साबित हुईं। अब उसी का दर खटखटाइए जिसके दरवाजे से सबको मिलता है और जहाँ से हुक्म सादिर होकर सूरतेअमल अख्तियार करता है। उसका जरा-सा इशारएकरम काफी है और वह जब पूरा करना चाहता है किसी काम को, तो बस उसको कहता है कि हो जाए और वह हो जाता है। होगा तो वहीं से ओर न होगा तो उसी के हुक्म से। पस उसी से लौ लगाइए और उसी से इल्तिजा[5] और मेरे लिए दुआ फर्माइए कि तौबा कबूल फरमाए और रहम करे। उसी की दरगाह में इल्तजा कीजिए और बुजुर्गी का दामन थामिए। यही अब कशूदेकार[6] का बाइस हो सकता है। मैं अपनी कैफियते-कल्ब[7] भी लिख नहीं सकता। और यूँ ही मैंने अपने खत में आपको भी लिख दिया था कि जबानी कहकर सलाह लूँगा और अपने दर्द की दवा ढूँढ़ने के लिए आपसे अर्ज करूँगा। लल्लू भइया ने दुनियावी कोशिशों में खाक छान डाली। अब आप मेरी दीनी मुश्किलात[8] में मदद फरमाइए। खुदा मालूम मैंने किस सूरत से यह इन्तजार के दिन गुजारे। इस इतवार को खत देखते ही तशरीफ लाइए।

–अशफाक उल्ला खाँ

---

1. कृपालु 2. बुजुर्ग 3. हमेशा साया रहे मुझ पर आपका 4. उदास और निरर्थक 5. प्रार्थना 6. सत्यता का परिचायक 7. मनस्थिति 8. धर्म और कर्त्तव्य की कठिन परिस्थितियों में

रचनाएँ

ग़ज़ल व अन्य रचनाएँ

ग़ज़ल

बहार आई हुई शोरिश जनूने फितना सामाँ[1] की,
इलाही ख़ैर करना तू मेरे जेबो-गिरेबाँ[2] की।

सही जज़्बाते हुर्रियत[3] कहीं मेटे से मिटते हैं,
अबस[4] हैं धमकियाँ दारो-रसन[5] की ओर जिन्दाँ[6] की।

वह गुलशन जो कभी आबाद था गुज़रे ज़माने में,
मैं शाख़े-खुश्क हूँ हाँ हाँ उसी उजड़े गुलिस्ताँ की।

नहीं तुम से शिकायत हम सफ़ीराने-चमन[7] मुझको,
मेरी तक़दीर ही में था कफ़स[8] और क़ैद ज़िन्दाँ की।

करो ज़ब्ते-मुहब्बत[9] गर तुम्हें दावाए-उलफ़त[10] है,
ख़मोशी साफ़ बतलाती है ये तस्वीरे-जानाँ[11] की।

यूँ ही लिक्खा था क़िस्मत में चमन पैराए आलम[12] ने,
कि फसले-गुल में गुलशन छूटकर है क़ैद ज़िन्दाँ की।

ज़मीं दुश्मन ज़माँ दुश्मन जो अपने थे पराए हैं,
सुनोगे दास्ताँ क्या तुम मेरे हाले-परीशाँ की।

ये झगड़े और बखेड़े मेटकर आपस में मिल जाओ,
ये तफ़रीक़े-अबस[13] है तुम में हिन्दू और मुसलमाँ की।

---

1. वसन्त के आने पर, मस्ती के साधनों की अधिकता का शोरगुल 2. कुरते की जेब और गला जिसमें बटन लगाई जाती है 3. आजादी के उद्‌गार 4. फिजूल 5. सूली और फाँसी का तख्ता 6. जेल 7. चमन के साथी, सारे पक्षीगण, 8. पिंजड़ा 9. प्रेम भार सहन करना 10. प्रेमी होने का दावेदार 11. माशूक की तस्वीर 12. ईश्वर 13. भेदभाव बेकार हैं।

सभी सामाने-इशरत[1] थे मजे से अपनी कटती थी,
वतन के इश्क़ ने मुझको हवा खिलवाई ज़िन्दाँ[2] की।

ख़ुदा वाक़िफ़ है जैसी भी गुज़रती है गुज़रती है,
सुनो मत दास्ताँ ऐ यार तुम बीमारे हिज़्राँ की।

मिसाले-कैस[4] दीवाना किसी लैला की ख़ातिर में,
महीनों ठोकरें खाया किया कोहो-बियाबाँ[5] की।

बहम्दुलिल्लाह[6] चमक उट्ठा सितारा मेरी क़िस्मत का,
कि तक़लीदे हक़ीक़ी की अता शाहे-शहीदाँ की[7]।

इधर ख़ौफ़े-ख़िज़ाँ है आशियाँ का डर उधर दिन को,
हमें यकसाँ है तफ़रीहे-चमन और क़ैद ज़िन्दाँ की।

जबहसाई[9] दरे-हज़रत की हसरत अपना ईमाँ है,
मुबारक हज़रते-वाइज़ को ख़्वाहिश बाग़े-रिज़वाँ[10] की।

x x x

वह रंग अब कहाँ है नसरीनो-नसतरन[11] में,
उजड़ा पड़ा हुआ है क्या ख़ाक है वतन में।

कुछ आरज़ू नहीं है, है आरज़ू तो यह है,
रख दे कोई ज़रा सी ख़ाके वतन कफ़न में।

ए पुख़्ताकारे[12] उल्फ़त हुशियार डिग न जाना,
मेराजे[13]-आशिक़ाँ है इस दार[14] और रसन[15] में।

था नार-ए-अनलहक़[16] और दावा-ए-मुहब्बत,
रखा हुआ था और क्या मंसूरो-कोहकन[17] में।

---

1. सुख के सामान, 2. कैदखाना, 3. वियोग का रोगी, 4. मजनूँ का दूसरा नाम, 5. जंगलों-पहाड़ों, 6. बलिहारी ईश्वर की, 7. सच्चा अनुकरण हजरत इमाम हुसैन का, 8. बाग की सैर, 9. ईश्वर के समक्ष माथा टेकना, 10. उपदेशक की जन्नत का दारोगा होने की कामना, 11. फूलों के नाम हैं, 12. सफल-प्रेमी, 13. प्यार की बुलन्दी, 14. सूली, 15. फाँसी की रस्सी, 16. मन्सूर एक सूफ़ी सन्त थे जिन्होंने अपने आप में ईश्वर के दर्शन किए थे और इसीलिए अनलहक का नारा लगाया था। अतः उसे फाँसी दी गई। उसी फाँसी के लिए दारोरसन शब्द आते हैं, 17 फ़रहाद (शीरीं का आशिक़)

अशफ़ाक उल्ला खाँ 'हसरत वारसी' की हस्तलिखित ग़ज़ल

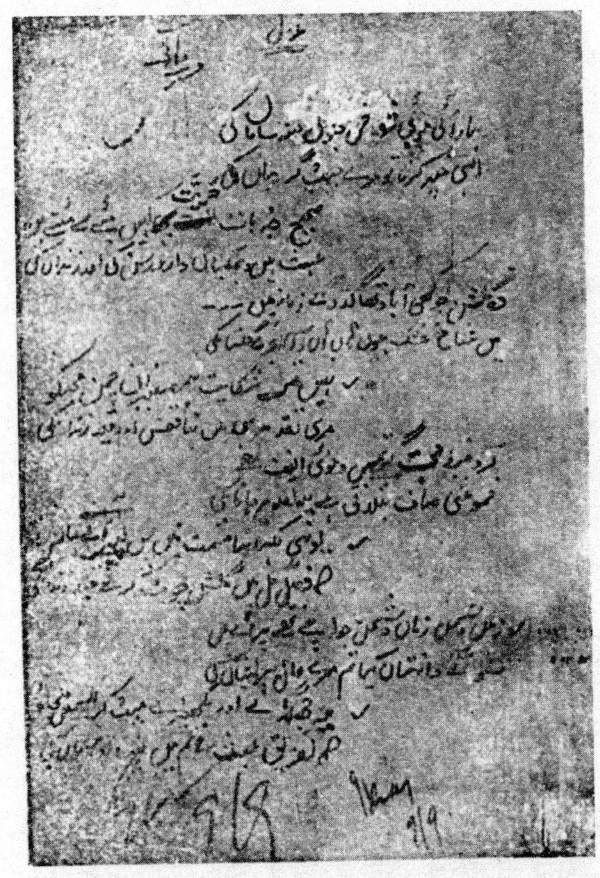

अशफाक उल्ला खाँ 'हसरत वारसी' की हस्तलिखित ग़ज़ल

मौत और ज़िन्दगी है दुनिया का एक तमाशा,
फ़रमान कृष्ण का था अर्जुन को बीच रन में।

जिसने हिला दिया है दुनिया को एक पल में,
अफ़सोस क्यों नहीं है वह रूह अब वतन में।

ऐ ख़ायनीने मिल्लत[1] ये ख़ूब याद रखना,
हैं बोस और कन्हाई अब भी बहुत वतन में।

सैयाद ज़ुल्मपेशा आया है जब से हसरत,
हैं बुलबुले क़फ़स में जागा[2] जगन[3] चमन में।

x x x

सुनाएँ ग़म की किसे कहानी हमें तो अपने सता रहे हैं,
हमेशा सुबहो-शाम[4] दिल पर सितम के ख़ंजर चला रहे हैं।

न कोई इंगलिश न कोई जर्मन न कोई रशियन न कोई टर्की,
मिटानेवाले हैं अपने हिन्दी जो आज हमको मिटा रहे हैं।

कहाँ गया कोहेनूर हीरा किधर गई हाय मेरी दौलत,
वह सबका सब लूट करके उल्टा हमीं को डाकू बता रहे हैं।

जिसे फ़ना वह समझ रहे हैं बक़ा[5] का है राज उसी में मुजमर[6],
नहीं मिटाए से मिट सकेंगे वह लाख हमको मिटा रहे हैं।

जो है हुकूमत वह मुद्दई है जो अपने भाई हैं, हैं वह दुश्मन,
ग़जब में जान अपनी आ गई है क़ज़ा के पहलू में जा रहे हैं।

चलो-चलो यारों रिंग थिएटर दिखाएँ तुमको वहाँ पे लिबरल,
जो चन्द टुकड़ों पे सीमोज़र[7] के नया तमाशा दिखा रहे हैं।

ख़मोश हसरत ख़मोश हसरत अगर है जज़्बा[8] वतन का दिल में,
सजा को पहुँचेंगे अपनी बेशक जो आज हमको फँसा रहे हैं।

x x x

---

1. ख़यानत करनेवाले लोग, 2. कौवा, 3. चील, 4. प्रातः और सन्ध्या, 5. उन्नति, 6. छिपा हुआ, 7. चाँदी-सोने के टुकड़े, 8. भाव।

ख़ुदाया देख ले हम कैसे ख़्वार हो के चले,
तिरे ही नाम पे प्यारे निसार हो के चले।

ख़राबो ख़स्ताओ ज़ारो-नजार[1] हो के चले,
वतन में आह गरीबुद्दियार[2] हो के चले।
निशानाए सितमे सदहज़ार हो के चले।

जनाब माफ़ हो ये गुफ्तगूए बेतासीर,
मुक़द्दरात में चलती नहीं कोई तदबीर।

हमारी तरह से हैं और भी कई दिलगीर[3],
फिराए देखिए हमको कहाँ-कहाँ तक़दीर।
असीरे-गर्दिशे-लैलो-निहार[4] हो के चले।

तिरे ही वास्ते आलम में हो गए बदनाम,
तिरे सिवा नहीं रखते किसी से हम कुछ काम।

तिरे ही नाम को जपते हैं हम तो सुबहो शाम,
वतन न दे हमें तर्के-वफ़ा[5] का तू इलज़ाम।
कि आबरू पे तेरी हम निसार[6] हो के चले।

x x x

वह असीरे-दामे-बला[7] हूँ मैं जिसे साँस तक भी न आ सके।
वह क़तीले-ख़ंजरे-ज़ुल्म[8] हूँ तो न आँख अपनी फिरा सके ॥
मिरा हिन्दूकुश हुआ हिन्दूकश ये हिमालिया है दिवालिया।
मेरी गंगा-जमना उतर गई हैं बस इतनी हैं कि नहा सके ॥

मेरे बच्चे भीख हैं माँगते, उन्हें टुकड़ा रोटी का कौन दे।
जहाँ जावें कहें परे-परे, कोई पास तक न बिठा सके ॥
मेरे कोहेनूर को क्या हुआ, उसे टुकड़े-टुकड़े ही कर दिया।
उसे ख़ाक में ही मिला दिया, नहीं ऐसा कोई कि ला सके ॥*

x x x

1. रोते हुए, परेशान हाल, 2. बेवतन, 3. रँजीदा, 4. रात-दिन, 5. वफा को छोड़ देना 6. कुर्बान, भेंट, 7. मुसीबत के जाल में फँसा हुआ, 8. अत्याचार के खड्ग से आहत।

* रिंग थिएटर में मुकदमा हुआ था यह व्यंग्य सरकारी वकील पं. जगतनारायण मुल्ला पर है जो 500 रुपए रोज़ाना पाते थे। यह ग़ज़ल ऐनुद्दीन मजिस्ट्रेट के इजलास मे अशफ़ाक़उल्ला ख़ाँ ने गाई थी।

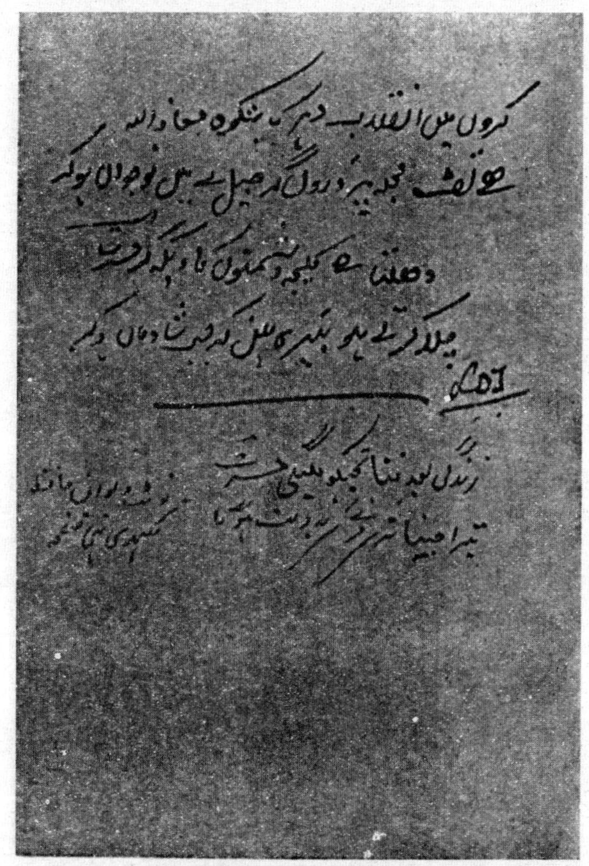

अशफाक उल्ला खाँ 'हसरत वारसी' की हस्तलिखित ग़ज़ल

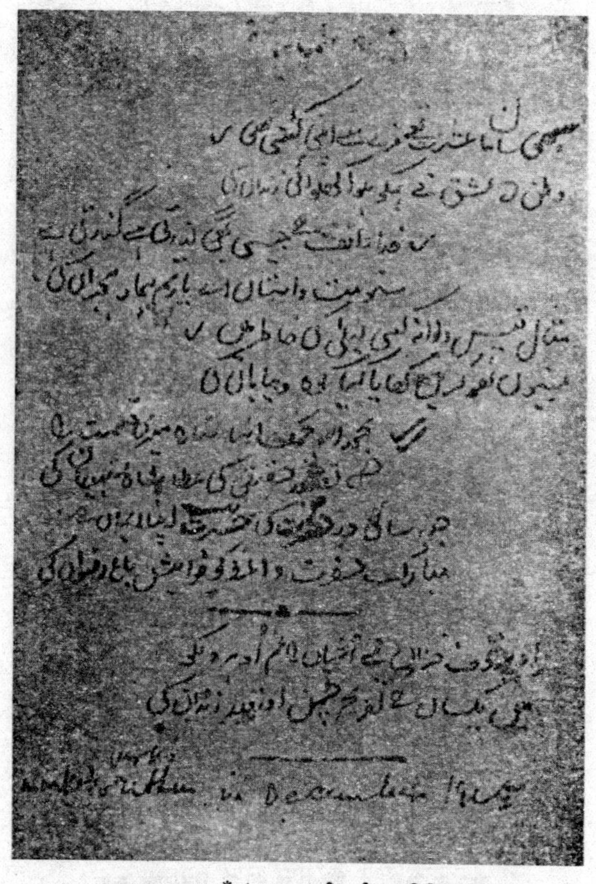

अशफाक उल्ला खाँ 'हसरत वारसी' की हस्तलिखित ग़ज़ल

नहीं अपनी हालत बताने के क़ाबिल।
नहीं माजरा ये सुनाने के क़ाबिल॥
जुबाँ तक नहीं हम हिलाने के क़ाबिल।
बुजुर्गों का किस मुँह से हम राग गाएँ॥
जब इक गुन भी उनका न अपने में पाएँ।
किसी को नहीं मुँह दिखाने के क़ाबिल॥

चमन में ख़िज़ाँ अपने इठला रही है,
क़यामत गुलो-गुँचो पर आ रही है।
ज़मीं चर्ख़ बनकर सितम ढा रही है,
सूनो रोके बुलबुल ये क्या गा रही है।
कभी ख़ार था इसका बाग़े-अदन को,
नज़र हाय किसकी लगी इस चमन को ??

(भाषान्तर-पाठान्तर)

(शरद अपनी फुलवाड़ी पर आ रही है,
वो पल्लव लता-पुष्प पर ला रही है,
स्व-उपजों को भू भी स्वयं खा रही है।
सुनो रोके कोकिल यह क्या गा रही है,
कभी काँटा था इसका चन्दन के बन को,
नजर खा गई किसकी हा ? इस सुबन को ??)
कभी यों न उजड़ा था मसकन किसी का,
न यों जल गया होगा ख़िरमन किसी का।
हरदयाल आता है यूरोप से न पाल आता है,
दिल में रह-रहके बस इतना ख़याल आता है।
भरने जाते हैं कहीं उम्र के पैमाने को,
हिन्द को छोड़ते हैं रंजोअलम ख़ाने को।

बांसासिजीर्णानि यथाविहा,
नवानि ग्रहणाति नरा पराणि।
तथा शरीराणि विहाय जीर्ण,
न्यन्यानि संयाति नवानि देही।

ये सब कुछ सही है, मगर जान तन में,
शरारे हैं कुछ अपने ठंडे अगन में।

लटे भी तो हाथी लटेगा कहाँ तक,
समन्दर घटे भी घटेगा कहाँ तक।
बहुत फ़र्क़ है मुर्दा, मुर्दा-दिलों में,
तफ़ावत है बेजान और बिस्मिलों में।

x x x

उरुजे[1] कामयाबी पर कभी हिन्दोस्ताँ होगा,
रिहा सय्याद[2] के हाथों से अपना आशियाँ[3] होगा।
चखाएँगे मज़ा बरबादी-ए-गुलशन का गुलचीं[4] को,
बहार आ जाएगी उस दिन जब अपना बाग़बाँ[5] होगा।
जुदा मत हो मेरे पहलू से ऐ दर्दे-वतन हरगिज,
न जाने बादे-मुरदन[6] मैं कहाँ, और तू कहाँ होगा ?
वतन[7] की आबरू का पास[8] देखें कौन करता है ?
सुना है आज मक़तल[9] में हमारा इम्तहाँ होगा।
ये आए दिन की छेड़ अच्छी नहीं ऐ ख़ंजरे-क़ातिल ?
बता कब फ़ैसला उनके हमारे दरमियाँ होगा ?
शहीदों के मजारों पर लगेंगे हर बरस मेले,
वतन पर मरनेवालों का यही बाक़ी निशाँ होगा।

कभी वो दिन भी आएगा जब अपना राज देखेंगे--
जब अपनी ही ज़मीं होगी जब अपना आसमाँ होगा।

ज़माना बना यूँ न दुश्मन किसी का ?
ख़िज़ाँ[10] से लुटा यूँ न गुलशन[11] किसी का ?
रही एक बुलबुल भी जिसमें न बाक़ी,
फ़साना जो उजड़े चमन[12] का सुनाती ??

हमें ख़ाक में वो मिलाए हुए हैं,
जमाने के रौंदे सताए हुए हैं।
तनज़्ज़ुल[13] के चक्कर में आए हुए हैं,
कि अपने ही घर में पराए हुए हैं।
ये सब कुछ सही है, मगर जान तन में,
शरारा[14] है ये अपने ठंडे अगन[15] में॥

---

1. उन्नति का शिविर, 2. चिड़ीमार (बन्दी बनानेवाला विदेशी शासक), 3. घोंसला, (भावार्थ--अपना घर, अपना देश), 4. फूल तोड़नेवाला (दमनकारी), 5. माली, रक्षक-पोषक, 6. मृत्यु के बाद, 7. देश, 8. मान्यता, गौरव, 9. वधशाला, 10. पतझड़, उजाड़, 11. आवासगृह 12. उजड़े बाग की कहानी 13. पतन, अवनति 14. स्फुलिंग, 15. अग्नि।

नहीं गरचे अब वे हरारत दिलों में,
वही खून बाक़ी है लेकिन रगों में।
जुनूँ गरचे बाक़ी नहीं अब सरों में ?
मगर आबोगिल[1] है वही हड्डियों में ?
लटे भी तो हाथी लटेगा कहाँ तक,
समन्दर घटे तो घटेगा कहाँ तक ??

नहीं गरचे रौनक़ वे अपने चमन में,
न वो रंग-बू हैं गुले-यासमन[2] में ?
है मुद्दत से गो अपना सूरज गहन में ?
मगर ख़ूँ तो है वो भी अपने बदन में ?
बहुत फ़र्क़ है मुर्दा, मुर्दा-दिलों में।
तफ़ावत[3] है बेजान और बिस्मिलों[4] में॥

वह स्थान गंगोतरी का पवित्तर,
पिथौरा की लाट और उदयपुर के दफ्तर ?
हिमालय की वे चोटियाँ सर उठाकर—
इक आवाज़ से कह रही हैं बराबर—
कि, जब तक हैं हम इनको मरने न देंगे।
फ़ना[5] का इन्हें जाम भरने न देंगे॥

x x x

ख़याल आता है जिस दम दिल में चुभता है सिनाँ[6] होकर,
रहे क्यों क़ब्ज़ाए अग़ियार में हिन्दोस्ताँ होकर।
शहीदाने-वतन का ख़ून एक दिन रंग लाएगा,
चमन में फूट निकलेगा यह बरगे-अर्गवाँ[7] होकर।
फ़क़त दारोरसन ही कामयाबी का ज़रिया है,
मक़ासिद तक यह पहुँचाएगी हमको निर्दबाँ[8] होकर।
नहीं वाक़िफ़ थे मादर और पिदर इस अमरेशुदनी[9] से,
कि आफ़त में पड़ेंगे उनके बच्चे नौजवाँ होकर।
सता ले ऐ फ़लक मुझको जहाँ तक तेरा जी चाहे,
सितम परवर सितम झेलूँगा शेरे-नेसताँ[10] होकर।

---

1. पानी-मिट्टी (तत्त्व), 2. यासमीन यानी चमेली का फूल, 3. अन्तर, 4. घायल, 5. नश्वरता, मृत्यु, 6. बाछी, 7. लाल, 8. सीढ़ी, 9. होनी, होनेवाली बात, 10. जंगल का शेर।

करूँ मैं इंकलाबे-दहर का शिकवा मआज-अल्लाह[1],
है तुफ़[2] मुझ पर डरूँ गर जेल मैं नौजवाँ होकर।
दहलता है कलेजा दुश्मनों का देखकर 'हसरत'
चला करते हो जब बेड़ी पहनकर शादमाँ[3] होकर।

1. ईश्वर बचाए, 2. खेद, 3. प्रसन्न

मुतफ़र्रिक़ अशआर

आनी थी हमको मौत सो आई वतन से दूर,
अब देखना ये है कि ये मिट्टी कहाँ की है।

x x x

बहुत ही जल्द टूटेंगी गुलामी की ये ज़ंजीरें,
किसी दिन देखना आजाद ये हिन्दोस्ताँ होगा।

ज़िन्दगी बादे-फना तुझको मिलेगी 'हसरत',
तेरा जीना तेरे मरने की बदौलत होगा।

x x x

वतन हमेशा रहे शादकाम और आजाद,
हमारा क्या है अगर हम रहे रहे न रहे।

बुज़दिलों को ही सदा मौत से डरते देखा,
गो कि सौ बार उन्हें रोज़ ही मरते देखा।

वीर को मौत से हमने नहीं डरते देखा,
तख़्ताए-मौत पे भी खेल ही करते देखा।

x x x

मौत इक रोज़ जब आनी है तो डरना क्या है,
हम सदा खेल ही समझा किए मरना क्या है।

x x x

तंग आकर हम भी उनके जुल्म से बेबाद से,
चल दिए सूये-अदम ज़िन्दाने फ़ैज़ाबाद से।

जबकि ग़ैरों से उन्हें इकदम की भी फ़ुरसत नहीं,
फिर वह क्यों मिलने लगे अब हसरते नाशाद से।

बाइसे-नाज़ जो थे अब वह फ़साने न रहे,
जिन तरानों में मज़ा था वह तराने न रहे।

घर छुटा बार छुटा अहले-वतन छूट गए,
माँ छुटी बाप छुटा भाई बहन छूट गए।

x x x

अपना यह अहद सदा से था कि मर जाएँगे,
नाम माता तेरे उश्शाक़[1] में कर जाएँगे।

x x x

कौन वाक़िफ़ था कि यूँ सर पे बला आएगी,
बैठे बिठलाए हुकूमत यह ग़ज़ब ढाएगी।

(अशफाक उल्ला खाँ, शहीद काकोरी केस)

---

1. प्रेमियों

सन्देश

बिरादराने वतन के नाम कब्र के किनारे से पैगाम

बिरादराने वतन[1] की खिदमत में उनके उस भाई का सलाम पहुँचे जो उनकी इज्जत व नामूसे वतन की खातिर फैजाबाद जेल में कुर्बान हो गया। आज जबकि मैं वह पैगाम[2] बिरादराने वतन को भेज रहा हूँ, इसके बाद मुझको तीन दिन और चार रातें और गुजारनी हैं और फिर मैं हूँगा और आगोशे[3] मादरेवतन होगा। हम लोगों पर जो जुर्म लगाए गए थे वह इस सूरत में पब्लिक में लाए गए कि हमको बहुत से लोग जो गैर-तलीमयाफ्ता[4] या हुकूमत के दस्तरख्वान[5] की पसेखुर्दा (बची हुई) हड्डियाँ चचोड़नेवाले थे, डाकू, खूनी कातिल के लकब से पुकारा किए। मैं आज इस फाँसी की कोठरी में बैठा हुआ भी खुश हूँ और अपने उन भाइयों का शुक्रिया अदा करता हूँ। और कहूँगा–

मर मिटा आप पे कौन आपने यह भी न सुना,
आपकी जान से दूर आप से शिकवा है मुझे।

खैर, यह तुम्हारा फेल[6] है कि हमारी कुर्बानियों को कबूल न करो और यह हमारा फर्ज है कि तुम बार-बार ठुकराओ मगर हम तुम्हारा ही दम भरे जाएँगे। बिरादराने वतन, मैं उसी पाक व मुकद्दस[7] वतन ही की कसम खाकर कहूँगा कि हम नंगे नामूसेवतन[8] पर कुर्बान हो गए। क्या यह शर्म की बात नहीं थी कि हम अपनी आँखों से देखते कि नित नए मजालिम[9] हो रहे हैं और गरीब हिन्दुस्तानी हर हिस्साएमुल्क[10] और खित्त-ए-दुनिया[11] में जलील और रुस्वा[12] हो रहे हैं और कहीं न ठिकाना है न सहारा। किस्सा मुख्तसर ये कि हमारा वतन भी हमारा नहीं। हम पर टैक्स की भरमार, हमारी माली हालत का रोजबरोज गिरते जाना, 33 करोड़ बहादुर हिन्दुस्तानी हिन्दू और मुसलमान भेड़-बकरियों की मानिन्द बनाए गए। हमारे गोरे आका[13] हमें ठोकरें मार दें तो बाजपुर्स[14] न हो। जनरल डायर जलियान वाला बाग को नमून ये हशर[15] बना दें। हमारी माताओं की बेइज्जती करें। हमारे बूढ़ों और बच्चों पर बम के गोले गनमशीनों की गोलियाँ बरसाएँ और हर नया दिन हमारे लिए नई मुसीबतें लेकर आए। फिर भी हम मस्ते बादए गफलत[16] रहें। और एशो इशरत[17] में अय्यामे-जवानी[18] गुजार देते। यह

1. वतनी भाई 2. सन्देश 3. गोद 4. विद्वान 5. वह कपड़ा जिस पर खाना रखकर खाते हैं, 6. कार्य-कलाप, 7. पवित्र, 8. वतन की इज्जत, 9. जुल्म, 10. देश के भाग, 11. संसार के टुकड़े अथवा भागों, 12. अपमानित, 13. अंग्रेज मालिक, 14. पूछ-गछ, 15. प्रलय का नमूना, 16. गफलत के शिकार या बेपरवाह शराब की मस्ती की तरह गाफिल, 17. आराम, 18. जवानी के समय में।

खयाल करके–

जनूनें हुब्बे वतन[1] का मजा शबाब[2] में है,
लहू में फिर यह रवानी[3] रहे रहे न रहे।

जो भी किया, भला किया, आज हम नाकाम[4] रहे, डाकू हैं। कामयाब[5] होते मुहिब्बे वतन[6] के पाक लकब से पुकारे जाते। और जो आज हम पर झूठी गवाहियाँ दे गए, हमारे नाम के जयकारे लगाते–

बहे बहरे फना[7] में जल्द यारब लाश बिस्मिल[8] की,
कि भूखी मछलियाँ हैं जौहरे शमशीरे[9] कातिल की।

आह ! क्या ऐसे दौर की जिन्दगी प्यारी खयाल की जा सकती है ? जबकि हमारे ही गिरोहे-सियासी[10] में खलफिशार[11] मचा है। कोई तबलीग[12] का दिलदादा[13] है, तो कोई शुद्धी पर मर मिटने को (बाइसे-निजात[14]) समझ रहा है। मुझे तो रह-रहकर इन दिमागों और अक्लों पर तरस आ रहा है जो कि बेहतरीन दिमाग हैं और माहरीने सियासत[15] हैं। काश[16] कि वह आजादिए मिस्र की जद्दोजहद[17], एहरारान[18] मिस्र के कारनामे और बर्तानवी सियासी चालें स्टडी कर लें और फिर हमारे हिन्दुस्तान की मौजूदा हालत से मुकाबिला व मवाजना[19] करें क्या ठीक वही हाल इस वक्त नहीं है। गवर्नमेंट के खुफिया एजेंट प्रोपेगंडा मजहबी बुनियाद पर फैला रहे हैं। इन लोगों का मकसद मजहब की हिफाजत या तरक्की नहीं है बल्कि चलती गाड़ी में रोड़े अटकाना है। मेरे पास वक्त नहीं और न मौका कि सब कच्चा चिट्ठा खोलकर रख देता जो मुझे अय्यामे फरारी[20] में और उसके बाद मालूम हुआ है। यहाँ तक मुझे मालूम है कि मौलवी नियामतुल्ला कादियानी कौन था कि काबुल में संगसार[21] किया गया था। वह ब्रिटिश एजेंट था जिसके पास हमारे करमफरमा खानबहादुर तसद्दुक हुसैन साहब, डिप्टी सुपरिटेंडेंट सी.आई.डी., गवर्नमेंट ऑफ इंडिया पैगाम[22] लेकर गए थे मगर बेदारमगज[23] हुकूमत काबुल के इलाज जल्द कर दिया और मर्ज को फैलने न दिया। मैं अपने हिन्दुओं और मुसलमान भाइयों को बता देना चाहता हूँ कि सब ढोंग है जो सी.आई.डी. के खुफिया खजाने के रुपए से रचा गया है। मैं मर रहा हूँ और वतन पर मर रहा हूँ। मेरा फर्ज है कि हर नेकोबद[24] बात भाइयों तक पहुँचा दूँ। मानना न मानना उनका काम है। मुल्क के बड़े-बड़े लोग इससे बचे हुए नहीं हैं। पस अवाम को आँखें खोलकर इत्तबा[25] करना चाहिए। भाइयो ! तुम्हारी खानाजंगी तुम्हारी आपस में फूट, तुम दोनों में किसी के भी सूदमन्द साबित[26] न होगी। यह गैरमुमकिन है कि 7 करोड़ मुसलमान

---

1. देश प्रेम का पागलपन, 2. जवानी, 3. बहाव, 4. असफल, 5. सफल, 6. देश प्रेमी, 7. मौत का समुद्र (अर्थात मृत्यु लोक), 8. घायल, 9. तलवार की धार के पानी की मछली, 10. राजनीतिक समूहों में, 11. झगड़ा-झंझट, 12. मुसलमान धर्म की दीक्षा देना, 13. प्रेमी, 14. मोक्ष का साधन, 15. राजनीतिक ज्ञानी, 16. यदि ऐसा होता ? 17. मिस्र की स्वतन्त्रता का आन्दोलन, 18. स्वतन्त्रता के लिए लड़नेवाले, 19. तोलना, जाँचना, परखना, 20. फरारी के दिनों में 21. पत्थरों, रोड़ों से मारा जाना 22. सन्देश 23. समझदार, दिमाग, चतुर 24. भले-बुरे 25. पैरवी करना, मानना 26. लाभदायक सिद्ध न होगी।

बना लिए जाएँ। मगर हाँ यह आसान है और बिलकुल आसान है कि यह सब मिलकर शुद्ध हो जाएँ और वैसे ही यह भी महमल[1] सी बात है कि 22 करोड़ हिन्दू मुसलमान गुलामी का तौक गले[2] में डाल लें। ये वह कौम जिसका कोई कौमी झंडा नहीं—ऐ वह कि तेरा वतन मेरा वतन नहीं—ऐ वह कि तू दूसरों की तरफ हाथ फैलाए हुए रहम की दरख्वास्त पर नजर रखनेवाली बेकस कौम[3] तेरी अपनी गलतियों का यही नतीजा है कि आज तू गुलाम है और फिर भी वही गलतियाँ कर रही है कि आनेवाली नस्लों के लिए धब्बा गुलामी का छोड़ जाएगी कि जो भी सरजमीने हिन्द[4] पर कदम रखेगा, गुलामी में रखेगा और गुलाम बनाएगा। ऐ खुदावन्दे कुद्दूस[5] क्या कोई ऐसा सवेरा नहीं आएगा कि जिस सुबह को तेरा आफताब[6] आजाद हिन्दुस्तान पर चमके ? और फिजाए हिन्द[7] आजादी के नारों से गूँज उठे ? कांग्रेसवाले हों कि सौराजिस्ट[8], तबलीगवाले हों कि शुद्धीवाले, कम्युनिस्ट हों कि रिवोलूशनरी, अकाली हों कि बंगाली। मेरा पयाम हर फरजन्देवतन[9] को पहुँचे। मैं हर शख्स को उसकी इज्जत व मजहब का वास्ता देता हूँ। अगर वह मजहब का कायल नहीं तो उसके जमीर[10] को और जिसको भी वह मानता हो, अपील करता हूँ कि हम काकोरी केस के मर जानेवाले नौजवानों पर तरस खाओ। और फिर हिन्दुस्तान को सन् 20 व 21 वाला हिन्दुस्तान बना दो। फिर अहमदाबाद कांग्रेस जैसा इत्तिहाद[11] व इत्तिफाक का नजारा[12] सामने हो। बल्कि उससे बढ़कर हो और मुकम्मल आजादी का जल्द-अज-जल्द ऐलान करके इन गोरे आकाओं[13] को हटा दो कि ये काले अब केंचुली उतार चुके हैं और अब वह किसी मन्त्र से बस में न होंगे—तबलीग[14] व शुद्धी वालो खुदारा आँख खोलो, कहाँ थे और कहाँ पहुँच गए, अपनी-अपनी शान खत्म करो, सोचो तो मजहब में जबर्दस्ती इखतिलाफे राय[15] पर जंग, एक काम नामुकम्मल छोड़कर दूसरी तरफ रुजू[16] हो गए। आज कौन ऐसा हिन्दू या मुसलमान है जो मजहबी आजादी इतनी रखता है कि जितना उसका हक है। क्या गुलाम कौम का कोई मजहब होता है ? तुम अपने मजहब का सुधार क्या कर सकते हो ? तुम खुदा की इबादत पुरसुकून तरीके[17] पर करो। तुम ईश्वर का ध्यान खामोशी से करो और दोनों मिलकर इस सफेद भूत[18] को मन्त्र से जन्त्र से उतार भगाओ। इसी की यह सारी कार्यवाही है। जब यह भूत उतर जाएगा, हमारी आँखें खुल जाएँगी। आओ हमारी भी सुनो, पहले हिन्दुस्तान को आजाद करो, फिर कुछ और सोचना, खुदा ने जिसके लिए जो रास्ता मुन्तखिब[19] कर दिया है, वह उसी पर रहेगा। तुम किसी को भी नहीं हटा सकते। आपस में मिल-जुलकर रहो और मुत्तहिद[20] हो जाओ, नहीं तो सारे हिन्दुस्तान की बदबख्ती[21] का बार तुम्हारी गर्दन पर है और गुलामी का बाइस[22] तुम हो। कम्युनिस्ट ग्रुप से अशफाक की गुजारिश है कि तुम इस गैर मुल्क की तहरीक[23] को लेकर जब

1. निरर्थक, 2. गुलामी की जंजीर, 3. दीनहीन देशवासी, 4. भारत-भूमि 5. पवित्रतम ईश्वर 6. सूर्य, 7. भारत के वातावरण में अर्थात् भारत में, 8. स्वराज्य प्रचारक 9. भारती-पुत्रों, 10. आत्मा, 11. मेल-मिलाप, 12. दृश्य, 13. मालिकों, 14. मुसलमान बनानेवालों, 15. जबर्दस्ती हठ के साथ धर्म के भेदभाव, 16. मुड़ गए, 17. स्वतन्त्रता के साथ ईश्वर उपासना, 18. गोरे भूत अर्थात् अंग्रेजों को, 19. रास्ते चुनो, 20. मिज-जुलकर, 21. दुर्भाग्य, 22. कारण, 23. विदेशी तरीकों को।

हिन्दुस्तान में आए हो तो तुम अपने को गैरमुल्की ही तसव्वुर[1] करते हो, देशी चीजों से नफरत, विदेशी पोशाक और तर्जेमआशरत[2] के दिलदादा[3] हो, इससे काम नही चलेगा। अपने असली रंग में आ जाओ। देश के लिए मरो, देश के लिए जियो। मैं तुमसे काफी तौर से मुत्तफिक[4] हूँ और कहूँगा कि मेरा दिल ग़रीब किसानों के लिए और दुखिया मजदूरों के लिए हमेशा दुखी रहा है। मैं अपने अय्यामे फरारी[5] में भी अकसर इनकी हालत देखकर रोया किया हूँ क्योंकि मुझे इनके साथ दिन गुजारने का मौका मिला है। मुझसे पूछो तो मैं कहूँगा कि मेरा बस हो तो मैं दुनिया की हर मुमकिन चीज इनके लिए वक्फ[6] कर दूँ। हमारे शहरों की रौनक इनके दम से है। हमारे कारखाने उनकी वजह से आबाद और काम कर रहे हैं। हमारे पम्पों से इनके ही हाथ पानी निकालते हैं, गर्ज कि दुनिया का हर एक काम इनकी वजह से हुआ करता है। गरीब किसान बरसात के मूसलाधार पानी और जेठ बैसाख की तपती दोपहर में भी खेतों पर जमा होते हैं और जंगल में मँडलाते हुए हमारी खुराक का सामान पैदा करते हैं। यह बिलकुल सच है कि वह जो पैदा करते हैं जो वह बनाते हैं उनमें उनका हिस्सा नहीं होता, हमेशा दुखी और मफलूकुन हाल[7] रहते हैं। मैं इत्तिफाक[8] करता हूँ कि इन तमाम बातों के जिम्मेदार हमारे गोरे आका[9] और उनके एजेंट हैं मगर इनका इलाज क्या है कि उनको उस हालत पर ले आएँ कि वह महसूस[10] करने लगें कि वह क्या हैं ? इसका वाहिद जरिया[11] यह है कि तुम उन जैसी वजा-कित्ता इख्तियार[12] करो और जेंटिलमैनी छोड़कर देहात का चक्कर लगाओ। कारखानों में डेरे डालो और उनकी हालत स्टडी करो और उनमें एहसास[13] पैदा करो। तुम कैथरीन, ग्रांड मदर ऑफ रशिया की सवानेहउम्री[14] पढ़ो और वहाँ के नौजवानों की कुर्बानियाँ[15] देखो। तुम कालर टाई और उम्दा सूट पहनकर लीडर जरूर बन सकते हो, मगर किसानों और मजदूरों के लिए फायदेमन्द साबित नहीं हो सकते। दीगर पोलिटिकल जमाअतों से मुत्तहिद होकर काम करो। और अपनी माद्‌दापरस्ती[16] से किनारा करो कि यह फिजूल है जो तुम्हें दूसरी जमाअतों से अलग किए हुए हैं। मेरे दिल में तुम्हारी इज्जत है और मैं मरते हुए भी तुम्हारे सयासी मकसद[17] से बिलकुल मुत्तफिक[18] हूँ। मैं हिन्दुस्तान की ऐसी आजादी का ख्वाहिशमन्द था जिसमें गरीब खुश और आराम से रहते और सब बराबर होते। खुदा मेरे बाद वह दिन जल्द लाए जबकि छत्तर मंजिल लखनऊ में अब्दुल्ला मिस्त्री, लोको वर्कशाप और धनिया चमार, किसान भी मिस्टर खलीकुज्जमा और जगत नारायण मुल्ला व राजा साहब महमूदाबाद के सामने कुर्सी पर बैठे हुए नजर पड़ें। मेरे कामरेडो—मेरे रिवोलूशनरी भाइयो—तुम से मैं क्या कहूँ और तुमको क्या लिखूँ, बस यह तुम्हारे लिए क्या कुछ कम मुसर्रत[19] की बात होगी, जब तुम सुनोगे कि तुम्हारा एक भाई हँसता हुआ फाँसी पर चला गया और मरते-मरते खुश था। मैं खूब जानता हूँ कि जो स्प्रिट तुम्हारा तबका[20] रखता है—चूँकि मुझको भी

1. विदेशी ही समझते हो, 2. रहन-सहन का ढंग, 3. आशिक, प्रेमी, 4. सहमत, 5. फरारी के दिनों में, 6. दे दूँ, 7. फटेहाल, दुखी, 8 सहमति प्रकट करता हूँ, 9. अंग्रेज मालिक, 10. अनुभव, 11. एक ही उपाय, 12. तौर-तरीका बनाओ, 13. जागृति, विचार, 14. जीवन-चरित्र, 15. बलिदानों को देखो, 16. भौतिक पूजा, 17 राजनीतिक मान्यता, 18. सहमत, 19. प्रसन्नता, 20. समुदाय।

फख्र[1] है और जब बहुत ज्यादा फख्र है कि एक सच्चा रिवोलूशनरी होकर मर रहा हूँ। मेरा पयाम[2] तुमको पहुँचाना फर्ज था, मैं खुश हूँ—मसरूर हूँ, मैं उस सिपाही की तरह हूँ जो फाइरिंग लाइन पर हँसता हुआ चला जा रहा हो और खन्दकों में बैठा हुआ गा रहा हो। तुम्हें दो शेर हसरत मोहानी साहब[3] के लिख रहा हूँ—

जान को महवे गम[4] बना दिल को वफा निहाद[5] कर
बन्द-ए-इश्क[6] है तो यूँ कता रहे मुराद[7] कर।
ऐ कि निजाते हिन्द की दिल से है तुझको आरजू[8]
हिम्मते सर बुलन्द से[9] यास या इंसदाद कर[10]?

हजार दुख क्यों न आएँ—बहरे जखार[11] दरमियान में मोजें मारें—आतिश पहाड़[12] क्यों न हायल[13] हो जाएँ मगर ऐ आजादी के शेरों अपने-अपने गरम खून को मातृभूमि पर छिड़कते हुए और जानों को मातृवेदी पर कुर्बान करते हुए आगे बढ़े चले जाओ। क्या तुम खुश न होगे जब तुमको मालूम होगा कि हम हँसते हुए मर गए। मेरा वजन जरूर कम हो गया है, और वह मेरे कम खाने की वजह से हो गया है—किसी डर या दहशत वजह से नहीं हुआ है—और मैं कन्हाईलाल दत्त की तरह वजन न बढ़ा सका मगर हाँ खुश हूँ, और बहुत खुश हूँ। क्या मेरे लिए इससे बढ़कर कोई इज्जत हो सकती है कि सबसे पहला और अव्वल मुसलमान हूँ जो आजाद-ए-वतन[14] की खातिर फाँसी पा रहा है—मेरे भाइयो ! मेरा सलाम लो और इस नामुकम्मल[15] काम को, जो हमसे रह गया है, तुम पूरा करना। तुम्हारे लिए यू.पी. में मैदानेअमल[16] तैयार कर दिया। अब तुम जानो, तुम्हारा काम जाने। इससे ज्यादा उम्दा मौका तुम्हारे हजार प्रोपेगंडे से न होता। स्कूल और कॉलिजों के तुलबा हमारी तरफ दौड़ रहे हैं, अब तुम्हें बहुत अर्से तक दिक्कत न होगी—

उठो-उठो सो रहे हो नाहक पयामेबाँगे जरस[17] तो सुन लो
बढ़ो कि कोई बुला रहा है निशाने-मंजिल[18] दिखा-दिखाकर।

ज्यादा क्या लिखूँ, सलाम लो—और कमर हिम्मत बाँध लो और मैदानेअमल में आन पहुँचो। खुदा तुम्हारे साथ हो, मेरी मुल्की मुत्तहिदा जमाअत के सियासी लीडरो मेरा सलाम कबूल करो और तुम हम लोगों को उस नजर से न देखना जिस नजर से दुश्मनाने वतन[19] और खाइनीने कौम[20] देखते थे। न हम डाकू थे, न कातिल—

कहाँ गया कोहेनूर हीरा किधर गई हाय मेरी दौलत,
वह सबका सब लूटकर कि उलटा हमीं को बता रहे डाकू हैं।

हमीं को दिनदहाड़े लूटा, फिर हमीं डाकू हैं। हमारे भाइयों और बहनों और बच्चों

1. गर्व, 2. सन्देश, 3. हसरत मोहानी साहब उर्दू के प्रसिद्ध कवि और निर्भीक देशभक्त थे, 4. जान को चिन्तित, 5. वफादार, 6. आशिक, प्रेमी है तो, 7. आकांक्षा की राह तो काट दे, 8. भारतीय दासता के उद्धार की आकांक्षा, 9. ऊँचा सर रखनेवाले साहस के द्वारा, 10. अनुत्साह को समाप्त कर, 11. भयानक समुद्र जो भयानक लहरें मारते हैं, 12. अग्नि का पहाड, 13. आड़े आए, 14. देश की स्वतन्त्रता, 15. अपूर्ण 16. कार्यक्षेत्र, 17. घंटे की आवाज का सन्देश, 18. लक्ष्य बिन्दु, 19. देश-द्रोही, 20. देश को लूटनेवाले भारतीय जो अंग्रेजों के भक्त हैं।

को जलियानवाला बाग में भून डाला और अब हमीं को कालस बलूट फैसले में लिखा जाता है। अगर हम ऐसे हैं तो वह कैसे हैं और किस खिताब[1] से पुकारे जाने के काबिल हैं, जिन्होंने हिन्दुस्तान का सुहाग लूट लिया, जिन्होंने लाखों बहादुरों को अपनी गरज के लिए मेसोपोटामिया और फ्रांस के मैदान में सुलवा दिया, खूँखार[2] जानवर, जालिम दरिन्दे वह हैं या कि हम। हम बेबस थे, कमजोर थे, सब कुछ सुन लिया और ऐ वतनी भाइयो यह तुमने सुनवाया। आओ फिर मुत्तहिद हो जाओ, फिर मैदाने अमल में कूद पड़ो और मुकम्मल आजादी का ऐलान कर दो। अच्छा अब मैं रुखसत होता हूँ और हमेशा के लिए खैरबाद[3] कहता हूँ। खुदा तुम्हारे साथ हो और फिजाए-हिन्द पर आजादी का झंडा जल्द लहराए। मेरे पास न वह ताकत है कि हिमालय की चोटी पर पहुँचकर एक ऐसी आवाज निकालूँ जो हर शख्स को बेदार[4] कर दे और न वह असबाब[5] हैं कि जिससे फिर तुम्हारे दिल मुश्ताइल[6] कर दूँ कि तुम उसी जोश से आगे बढ़कर खड़े हो जाओ जैसे सन् 20 व 21 में थे। मैं चन्द सुतूर[7] के बाद रुखसत होता हूँ।

To every man upon this earth,
Death cometh son of late,
But (then) how can a man die better,
Than facing fearful odds,
For the ashes of his fathers and,
Temples of his God

बाद को मैं अपने उन भाइयों से रुखसत शुक्रिए के साथ होता हूँ जिन्होंने हमारी मदद जाहिरा तौर पर की या पोशीदा[8]। और यकीन दिलाऊँगा कि अशफाक आखिर दम तक सच्चा रहा और खुश-खुश मर गया—और ख्यानते वतनी[9] का उसपर कोई जुर्म नहीं लगाया जा सकता। वतनी भाइयों से गुजारिश है कि मेरे बाद मेरे भाइयों को वक्त जरूरत न भूलें और उनकी मदद करें और उनका खयाल करें।

वतन पर मर मिटनेवाला
अशफाक वारसी 'हसरत'
अज, फैजाबाद जेल

मेरी तहरीर मेरे वतनी भाइयों तक पहुँच जाए। ख्वाह विद्यार्थीजी अखबार के जरिए से या अंग्रेजी, हिन्दी, उर्दू में छपवाकर कांग्रेस के अय्याम में तकसीम[10] करा दें, मशकूर[11] हूँगा। मेरा सलाम कबूल करें और मेरे भाइयों को न वह कभी भूलें और न मेरे वतनी भाई फरामोश[12] करें। अलविदा[13] !

अशफाक उल्ला वारसी 'हसरत'
फैजाबाद जेल,
19 दिसम्बर, 1927

---

1. सम्मान से पुकारने योग्य, 2. खून पीनेवाले जानवर, 3. छोड़ता हूँ, 4. जागृत, 5. कारण, 6. भड़काऊ, 7. पंक्तियाँ, 8. छिपी हुई, 9. वतन को लूटनेवाले गद्दार, 10. कांग्रेस अधिवेशन के समय बाँटा जाए, 11. कृतज्ञ, 12. न भुलाएँ, 13. विदा लेता हूँ।

भतीजों के नाम सन्देश

प्यारे रजी व खलील !

जब तुम दुनिया में आओगे तो मेरी कहानी सुनोगे और मेरी तस्वीर देखोगे। मेरी इस तहरीर को मेरे दिमाग का असर न समझना। मैं बिलकुल सही दिमाग का हूँ और अक्ल ठीक काम कर रही है। मेरा मकसद[1] महज बच्चों के लिए लिखना यूँ है कि वह अपने फराइज महसूस[2] करें और मेरी याद ताजा रखें।

तुम्हारा चचा चन्द रोज बाद इस दुनिया में नहीं रहेगा और हमेशा के लिए तुम सबको छोड़ जाएगा। तुमसे वह कुछ नहीं चाहता और न कहना चाहता है। तुम्हारा खुदा मददगार है। तुम्हें परवान[3] चढ़ाए, आला तालीम अता फरमाए[4] काबिले फखरे खानदान[5] बनाए–शेर

किए थे काम हमने भी जो कुछ भी हम से बन आए,
ये बातें जब की हैं आजाद थे और था शबाब अपना।
मगर अब तो जो कुछ भी हैं उम्मीदें सब वो तुम से हैं,
जवाँ तुम हो लबे बाम आ चुका है[6] आफताब अपना॥

तुमको बुजुर्गों की राय पर चलना चाहिए और तालीम में तन, मन, धन लगा देना चाहिए और बेहतरीन इंसान[7] अपने को साबित करना। मेरी बस तुमसे इतनी ख्वाहिश[8] है। मेरी मौत का खयाल रखना, वतन की मुहब्बत का मुझ पर इलजाम लगाया गया है और यूँ ही मुझे सजा-ए-मौत[9] मिली। जब तुम इस काबिल हो मेरे मुकदमे की कुल कार्यवाही पढ़ना। ज्यादा क्या लिखूँ, मेरी दुआएँ तुम्हारे साथ हैं।

–अशफाक 'हसरत'

नोट–खलील पुत्र मुहम्मद शफीकउल्ला खाँ व रजी पुत्र रियासत उल्ला खाँ दोनों अमर शहीद अशफाक उल्ला खाँ 'हसरत' के खास भतीजे थे।

---

1. आशय, 2. कर्त्तव्यों को अनुभव करें, 3. समृद्धशाली बनाए, फलाए-फुलाए, 4. उच्च शिक्षा प्रदान करे, 5. परिवार में गर्व योग्य, 6. जीवन के सूर्यास्त का समय, 7. सफल मानव, 8. कामना, 9. मृत्यु-दंड।

संस्मरण

काकोरी षड्यन्त्र केस

10 अगस्त, 1925 के समाचार-पत्रों में जब काकोरी ट्रेन डकैती के समाचार प्रकाशित हुए, तो हर तरफ सन्नाटा छा गया, क्योंकि इस घटना में रेल का खजाने का बक्स रेलगाड़ी से गिराकर तोड़ डाला गया था और अज्ञात डाकू लोग खजाने का रुपया ही नहीं लूट ले गए, वरन् एक यात्री भी गोली खाकर मर गया। हालाँकि यात्रियों का कोई माल नहीं लूटा गया, न किसी अन्य यात्री को किसी और ही तरह से मारा, पीटा या दुखी किया गया। ऐसी रोमांचकारी घटना उसके पहले सुनने में नहीं आई थी। इसलिए सब ही चकित थे कि इस घटना का क्या करण था और किस गिरोह ने की, क्योंकि यह साधारण डाकुओं का काम नहीं समझा जा सकता था, जो कि प्रायः असहाय यात्रियों का धन लूटने का ही साहस कर सकते हैं। इस घटना के उल्लेख का वर्णन लखनऊ चीफ कोर्ट के चीफ जज सर लुइस शर्ट (Sir Louis Shiart) ने भी काकोरी षड्यन्त्र केस की अपील के फैसले में इन शब्दों में किया है—"The dacoity was of a character unsusual in India." ''यह डकैती भारत में अनोखी थी''।

अंग्रेज सरकार ने इस डकैती के अन्वेषण का कार्य एक विशेष पुलिस (Special police) विभाग को श्री हार्टन की अध्यक्षता में सौंपा। जाँच के पश्चात् पहला काकोरी षड्यन्द्र केस, जिसमें श्री रामप्रसाद बिस्मिल, श्री शचीन्द्रनाथ सान्याल, श्री जोगेशचन्द्र चटर्जी, श्री राजेन्द्र लाहिड़ी इत्यादि अभियुक्त थे—श्री ऐनुद्दीन मजिस्ट्रेट के इजलास से 1926 में सेशन के सुपुर्द हुआ। उसी समय इन नवयुवकों को साधारण अभियोगी न समझा जाकर उनके बचाव (defence) के लिए एक अनौपचारिक समिति (Informal Committee) बनी, जिसके अगुआ जहाँ तक मुझे स्मरण है स्वर्गीय श्री गणेशशंकर विद्यार्थी थे और श्री चन्द्रभानु गुप्त, जो उस समय नवयुवक ही थे और जिन्होंने एल. एल.बी. पास करके वकालत करना शुरू ही किया था, इस बचाव (Defence) समिति के उत्साही सहकारी थे। जिस समय यह अभियोग सेशन (Session) की अदालत में चल रहा था, उस समय भी यह चर्चा थी कि इस षड्यन्त्र के कुछ प्रमुख कार्यकर्ता अभी पुलिस के हाथ नहीं लगे हैं। इन लोगों में स्वर्गीय श्री चन्द्रशेखर आजाद, श्री अशफाक उल्ला खाँ वारसी का नाम प्रमुख था। श्री चन्द्रभानु गुप्त की इच्छानुसार मैं भी मुख्य षड्यन्त्र मामले की (Main Conspiracy Case) की सुनवाई (trial) में सफाई के वकीलों (Defence Councils) में सम्मिलित हो गया। वकालत शुरू किए हुए मुझे भी उस समय तक थोड़ा ही समय हुआ था, परन्तु लखनऊ विश्वविद्यालय में कानून

अध्यापक होने के नाते श्री चन्द्रभानु गुप्त से जो उस समय से कुछ पूर्व विश्वविद्यालय की लॉ क्लास में विद्यार्थी थे, मेरा कुछ घनिष्ठ सम्पर्क-सा हो गया था, क्योंकि उन दिनों मैं भी उनकी निर्भीकता, निस्पृह कार्य-क्षमता, सार्वजनिक भावना (Public Spirit) आदि गुणों से काफी प्रभावित था और इसी कारण यह सम्बन्ध बराबर ही बना रहा।

जब मुख्य काकोरी का मुकदमा (Main Kakori Case) सेशन की अदालत में चल ही रहा था, उन्हीं दिनों श्री अशफाक उल्ला भी पकड़े गए और उसके पश्चात श्री शचीन्द्रनाथ बख्शी भी पकड़े गए।

श्री अशफाक उल्ला का अभियोग जब प्रारम्भिक (Committing) मजिस्ट्रेट श्री ऐनुद्दीन के इजलास पर चल रहा था उस समय श्री चन्द्रभानु गुप्त तथा श्री अशफाक उल्ला के बड़े भाई रियासत उल्ला खाँ के अनुरोध से मैं श्री अशफाक उल्ला की ओर से वकील हुआ। इन दिनों मुझे श्री अशफाक उल्ला के सम्पर्क में आने से उनके आचार-विचार, गम्भीरता, उत्कट देशप्रेम, निर्भीकता तथा देश-सेवा और लगन का भली प्रकार अनुभव हुआ और मैं यह समझने लगा कि यह कोई साधारण नौजवान नहीं है, परन्तु देश की सेवा के लिए वह अपना आत्म-समर्पण करने के लिए सदैव उद्यत है। यह दूसरी बात है कि उनकी कार्य-शैली से दूसरों को मतभेद हो और किसी हद तक वह स्वयं भी हर बात से सहमत नहीं थे। परन्तु वे सिपाही की हैसियत से अपनी पार्टी के लीडर श्री रामप्रसाद बिस्मिल की आज्ञा का पालन करना अपना फर्ज समझते थे।

श्री अशफाक उल्ला का मुकदमा अदालत सेशन के सुपुर्द हुआ और 24 मार्च, 1927 से सेशन के न्यायालय में उनका तथा शचीन्द्रनाथ बख्शी का अभियोग पेश हुआ।

सेशन न्यायालय में श्री बख्शी की ओर से श्री चन्द्रभानु गुप्त और श्री अशफाक उल्ला की ओर से मैं बहैसियत वकील के पैरवी कर रहे थे। उन दिनों के जो कुछ थोड़े से वाक्यात मुझे दृष्टिगोचार हुए , उनमें से कुछ का मैं उल्लेख नीचे कर रहा हूँ–

1. जिन दिनों अदालत सेशन में यह मुकदमा चल रहा था कि मुख्य काकोरी के मुकदमे (Main kakori case) में सेशन जज का फैसला हो गया जिसमें श्री रामप्रसाद बिस्मिल, श्री राजेन्द्र लाहिड़ी और रोशनसिंह को मौत की सजा दी गई और करीब-करीब सब ही अन्य अभियुक्तों को कड़ी सजा-ए-कैद दी गई। उस समय इसमें कोई सन्देह नहीं रह गया था कि अशफाक उल्ला को मौत की सजा के सिवाय दूसरी न दी जाएगी। अशफाक उल्ला के बहनोई श्री अब्दुल कादिर अवकाश प्राप्त (Retired) सम्मानित डिप्टी कलेक्टर थे तथा उनके घराने के और व्यक्तियों ने भी अंग्रेज सरकार की सेवाएँ की थीं। इसी कारण खान बहादुर तसद्दुक हुसैन ने (जो काकोरी षड्यन्त्र अभियुक्त के लिए Special C.I.D. Officer नियुक्त हुए थे) एक दिन मुकदमे के दौरान मुझसे कहा इस नौजवान को जो अपने खानदान के रास्ते में गुमराह हो गया है, आपको बचाना चाहिए। मैंने उत्तर दिया कि ऐसी हालत में सिवाय मुकदमे की बहैसियत वकील के पैरवी करने के मैं और क्या कर सकता हूँ। उन्होंने कहा

कि मुख्य मुकदमे (Main Case) का जो दृश्य हुआ है और रामप्रसाद बिस्मिल इत्यादि को जो मौत की सजाएँ हुई हैं आपको मालूम ही है। इसलिए अशफाक उल्ला यदि अब भी इकबाल कर ले और माफी माँग ले, तो मौत की सजा तो बच ही जाएगी और बाकी सजा से रिहाई या उसमें कमी की कुछ सबील आगे भी हो सकेगी। मैंने कहा कि इस युवक से माफी माँगने की आशा तो कभी की ही नहीं जा सकती और इकबाल करने की आशा करना भी दुश्कर ही है। फिर भी मैंने विचार करके कि अब मुख्य मुकदमे (Main case) में सेशन जज का फैसला हो जाने के बाद अशफाक उल्ला के किसी बयान का कानूनी असर उस मुकदमे पर नहीं पड़ सकता, इसलिए यदि इस युवक की मौत की सजा से किसी प्रकार मुक्ति हो सके, तो उसका जीवन उसके तथा देश के लिए तो हितकर होगा ही, सबसे बड़ी बात यह होगी कि उसकी वृद्ध माता (जिसका कि अशफाक उल्ला सबसे छोटा बच्चा था) का शेष जीवन नरकमय होने से बच जाएगा।

मैंने एक दिन अशफाक उल्ला से कहा कि सारी सरकारी गवाहियाँ करीब-करीब खत्म हो चुकी हैं और मुख्य मुकदमे (Main Case) के फैसले से यही आशंका होती है कि उनको भी शायद फाँसी ही की सजा हो। इसलिए यह विचार करके कि उनके किसी बयान का कोई प्रभाव दूसरे मुकदमे पर न पड़ेगा, यदि वह कुछ पश्चाताप अपने बयान में प्रकट करें, तो जो बातचीत मुझसे और खानबहादुर तसद्दुक हुसैन से हुई थी, उसके अनुसार उनके फाँसी की सजा से बचने की आशा की जा सकती है। मैं इतना कह ही पाया था कि अशफाक उल्ला की आकृति बदल गई और निराश होकर मुझसे कहने लगा कि हजेला साहब ! आपको मालूम है कि मैंने कितनी जिद करके आपको अपना वकील किया, जबकि मुझसे बहुत से लोग जबकि मेरा मुकदमा मजिस्ट्रेट की अदालत में था तभी से यह कह रहे थे कि इस अभियोग में मैं ही अकेला मुसलमान हूँ, मुझे किसी अच्छे मुसलमान वकील को सरकार की ओर से अपने लिए नियत कराना चाहिए—परन्तु मेरा शुरू से ही आपमें अत्यन्त विश्वास रहा और अब भी है, इसलिए मैं इन बातों से न डिगा और आप ही को अपना वकील बनाने के लिए जिद की। परन्तु मैं यह कभी नहीं समझता था कि आप जैसे व्यक्ति भी मुझे केवल फाँसी की सजा से बचने के डर से पश्चाताप प्रकट करने की सलाह देंगे। मेरे लिए यह नितान्त असम्भव ही नहीं, वरन् मुझे किसी बात का पश्चात्ताप भी नहीं है, क्योंकि जो कुछ मैंने किया गलत हो या सही, देश की आजादी की इच्छा से किया। यद्यपि मेरा मतभेद श्री रामप्रसाद बिस्मिल से बराबर रहा कि बिचपुरी डकैती इत्यादि जो अपने ही देशवासियों में घरों में पड़ी उचित नहीं थी। परन्तु, काकोरी ट्रेन घटना के लिए यह नहीं कहा जा सकता। इसको हम लोग अपने उद्देश्य-पूर्ति का एक मार्ग समझते हैं। जैसे

कांग्रेस एक मार्ग को अपनाए है, वैसे ही हम लोग इस मार्ग को देश की आजादी के उद्‌देश्य से अपनाए हैं। यद्यपि इस मार्ग में बहुत से खतरे हैं, परन्तु अब देश की आजादी के लिए बलिदान की जरूरत ही है। हाँ, एक यात्री के अकारण मारे जाने का अवश्य अफसोस है। परन्तु वह जब अपने डिब्बे से उतरकर दूसरे डिब्बे की ओर जहाँ उसकी स्त्री बैठी थी जा रहा था, एक अंग्रेज यात्री जो प्रथम श्रेणी (First class) में जा रहा था, उसकी गोली का शिकार हुआ। रही इकबाल करने की बात वह केवल अपने विषय में हर समय कहने को तैयार हूँ और सब दोषारोपण अपने ऊपर लेने को तैयार हूँ। परन्तु हजेला साहब आप तो सरल स्वभाव के हैं, आप यह नहीं समझ सकते हैं कि केवल इन बातों से पुलिस कर्मचारियों या अंग्रेज सरकार को सन्तोष होगा। वह तो अपनी कारगुजारी दिखाने के लिए और दूसरे ऐसे मुकदमे तैयार करने के लिए यह चाहेंगे कि मैं दसियों ऐसे आदमियों के नाम जिनका इस घटनाओं से किंचित् भी सम्बन्ध नहीं है, परन्तु जिनके ऊपर पुलिस की आँखें हैं, मैं अपने बयान में ले दूँ। मैं यह विचारधारा सुनकर चकित ही नहीं हुआ वरन् कुछ लज्जित भी हुआ कि ऐसे निर्भीक नवयुवक से जो अपने देश को आजादी दिलाने के लिए आत्म-समर्पण करने को सर्वदा उद्यत है, मैंने ऐसा प्रस्ताव करने की धृष्टता क्यों की।

2. इसी प्रकार जिस दिन सेशन की अदालत में मुकदमे का फैसला मिस्टर बैनट सेशन जज लखनऊ (J.R.W. Bannet, I.C.S.) सुनाने को थे श्री अशफाक उल्ला बसन्ती रंग के वस्त्र पहनकर बहुत उल्लास से न्यायालय में प्रवेश हुए। उस समय इस विशालकाय (लम्बे-तड़ंगे) बलिष्ठ गौरवर्ण नवयुवक का गौरव तथा छवि देखकर सब ही चकित हो रहे थे और समझते थे कि शायद इसको भ्रम है कि उसे फाँसी की सजा तो क्या कोई और कड़ी सजा भी नहीं मिलेगी। परन्तु तथ्य उसके विपरीत ही था। वह यह समझता था कि मैं अपना कार्य कर चुका हूँ, अब मेरे चलने का समय आ गया है (जैसा कि उनके 13.12. 1927 के पत्र, जिसको मैं नीचे उद्धृत करूँगा, विदित होगा)।

न्यायाधीश के इजलास में आने पर अभियोग का फैसला सुनाया गया और श्री अशफाक उल्ला को और सजाओं के अतिरिक्त फाँसी की सजा दो घटनाओं यानी काकोरी केस तथा बिचपुरी डकैती अभियोग में पृथक-पृथक मिली। और श्री शचीन्द्रनाथ बख्शी को जहाँ तक मुझे स्मरण है दस साल के कारागार की सजा मिली। श्री अशफाक उल्ला ने जज के फैसले को बड़े शान्त भाव और प्रसन्नचित्त से सुना। इस पर मैंने और मेरे सहयोगी श्री चन्द्रभानु गुप्त ने जब अपनी वेदना प्रकट की, तब श्री अशफाक उल्ला ने बड़ी मर्मभेदी बात कही, जिसे सुनकर हम सभी अचम्भित हो गए। उन्होंने कहा—अफसोस की क्या बात है। इस दिन के लिए तो हम सदा से ही तैयार थे। परन्तु मुझे

आज खेद केवल एक ही बात का है—हमने पूछा वह क्या बात है ? तब कहा कि मुझे केवल दो महीने पहले ही B Class मिला था और जेल में खाने का कुछ अच्छा प्रबन्ध कर दिया गया था। इसीलिए पिछले हफ्ते में जेल में जब मेरा वजन लिया गया, तो जेलर साहब ने कहा इस जेल में प्रवेश होने के बाद किसी अभियोगी का वजन आज तक इतना नहीं बढ़ा जितना कि मेरा वजन निकला, परन्तु साथ ही उन्होंने यह भी कि कहा, केवल एक अभियोगी का वजन मुझसे भी 6 पौंड या 10 पौंड (मुझे ठीक स्मरण नहीं है) ज्यादा था। मैंने उत्तर दिया कि यह भी पूरा करके दिखला दूँगा। अब केवल मुझे यही खेद है कि मैं यह पूरा न कर सका। क्योंकि आज से काल कोठरी (Condemend Cell) में रखा जाऊँगा। यदि एक हफ्ते देर से फैसला सुनाया जाता, तो इस record को भी नीचा (Beat) कर देता।

फाँसी की सजा पानेवाले के मुँह से ऐसी बातें सुनना अत्योक्ति ही नहीं, शायद असम्भव भी प्रतीत हो, परन्तु ऊपर जो कुछ मैंने उल्लेख किया है, अक्षरशः नहीं तो वस्तुतः बिलकुल सही है।

इसके उपरान्त श्री अशफाक उल्ला ने श्री खैरात नबी Inspector C.I.D. से—जो इस अभियोग में Prosecuting Inspector थे—बात करने की इच्छा की और अपनी ओर आने के लिए संकेत किया। श्री खैरात नबी पहले तो कुछ ठिठके, परन्तु फिर हँसकर और दोबारा बुलाने पर हमारे पास आकर खड़े हो गए। उनसे श्री अशफाक उल्ला ने बड़ी विनम्रता और सहृदयता से कहा कि यदि मुझसे मुकदमे के दौरान में कोई बात आपकी शान के खिलाफ हो गई हो तो मुझे माफ कीजिएगा, मुझे आपसे कोई शिकायत नहीं है आप मुलाजिम हैं और अपने मुलाजिमत का अपना फर्ज अदा किया। यह कहते हुए वे प्रसन्नबदन जेल के लिए कौमी नारे लगाते हुए रवाना हुए।

3. इसके उपरान्त चीफ कोर्ट से उनकी अपील खारिज होने पर जब मैं उनसे लखनऊ जेल की Solitary cell में उनकी Privy Council में अपील करने के विषय में बात करने के लिए गया, तब उन्होंने मुझे अंग्रेजी में एक अपील, जो सरकार को भेजने के लिए लिखी थी वह दिखाई। इसमें उन्होंने सारा दोष अपने ऊपर ले लिया था और श्री रामप्रसाद बिस्मिल को दोषमुक्त करने की भरसक चेष्टा की थी। मैंने सहसा कहा यह आपने क्या लिखा है। यह जो हाल आपने मुझे अभी तक बताए थे, उनसे सर्वथा विपरीत है। इस तरह तथ्य के विरुद्ध लिखकर आप अपने को और गहरा फँसाने की चेष्टा क्यों कर रहे हैं। ऐसी हालत में हम लोगों का Privy Council को अपील करना की चेष्टा करना बिलकुल व्यर्थ है।

उन्होंने उत्तर दिया—हजेला साहब ! मैंने आपसे सदा ही कहा कि मैं केवल सिपाही हूँ और श्री रामप्रसाद हमारे लीडर हैं। वह पक्के देशभक्त और

दिमागवाले आदमी हैं। यदि वह किसी तरह मेरी जान की बाजी लगाने पर भी बच जाएँ, तो हमारी पार्टी के उद्देश्य-पूर्ति के लिए अच्छा होगा, मैं तो केवल सिपाही आदमी हूँ। उनके दिमाग और सूझबूझ को मैं नहीं पहुँचता हूँ।

इस पर मैंने कहा कि इन सब बातों से यह कहाँ निकलता है कि आप जिन बातों में निर्दोष भी हैं, वह भी अपने ऊपर ओढ़ लें।

मेरे आग्रह करने पर कुछ सोचकर उन्होंने उत्तर दिया–सच तो यह है कि श्री रामप्रसाद जो सामनेवाली काल-कोठरी (Condemend Cell) में हैं उन्होंने मुझसे दो-तीन दिन पहले रात को बातें करते हुए यह सुझाव दिया कि यदि मैं इस प्रकार की अपील भेजूँ और दूसरी अपील वह स्वयं भेज रहे हैं, तो उनको फाँसी के दंड से मुक्त हो जाने की आशा है। मैंने उन्हें आश्वासन दिया कि मै उनकी इच्छा का पूर्ववत पालन करूँगा। इसीलिए उनके हित के लिए मैंने यह सब कुछ लिखा है।

इस पर मैंने श्री अशफाकउल्ला से कहा कि अपील मत भेजिए–परन्तु बाद में मुझे मालूम हुआ कि मेरे मना करने पर भी उन्होंने उसको भेज दिया। यह उनकी सच्ची मैत्री और मौत के मुँह का ग्रास होते हुए भी अपने लीडर की वफादारी का नमूना है।

4. इसके उपरान्त जब प्रिवी काउंसिल (Privy Council) से भी उनकी अपील खारिज हो गई तो उन्होंने मुझे काल-कोठरी (Condemned Cell) फैजाबाद से 13 दिसम्बर 1927 को एक पोस्ट कार्ड लिखा, जिसमें लिखा था–

"This very morning I received news through a telegram from the Govt. about the dismissal of the appeal by the Privy Council. So as an information I am writing you these few lines. It is possible that you yourself might have received the news alright.

I am altogether satisfied and cheerful as it is a will of my creator to see the end of my part...If possible come shar and see me. I have to say something to you and only to you.

Your's
Devoted to mother India
Sd/-Ashfaq."

उपर्युक्त अंग्रेजी पत्र का हिन्दी अनुवाद इस प्रकार है :

"आज प्रातः ही मुझे तार द्वारा सूचना सरकार से प्राप्त हुई है कि प्रिवी काउंसिल में अपील अस्वीकृत हो गई। सूचनार्थ आपको यह पंक्तियाँ लिख रहा हूँ। सम्भव है आपको भी सूचना मिल गई हो।

मुझे पूर्ण सन्तोष और प्रसन्नता है कि ईश्वर की यही इच्छा थी कि मेरा कार्यकलाप का अन्त देखे। यदि सम्भव हो तो त्वरित आकर मिलो। मुझे आपसे और केवल आपसे ही कुछ कहना है।

आपका

भारत-माता का भक्त

अशफाक

इसके उपरान्त मैं तथा श्री अशफाक उल्ला के दो बड़े भाई श्री रियासत उल्ला खाँ व श्री शहनशाह खाँ तथा उनके दो छोटे भतीजे उनसे जेल में मिलने के लिए 17 सितम्बर, 1927 को फैजाबाद गए। वह अपनी कोठरी (Cell) के बाहरे थे और नहाकर आ रहे थे। बहुत ही शान्तचित्त थे और ऐसा प्रतीत होता था कि उन दिनों खुदा की इबादत में तल्लीन थे।

जब वह अपनी कोठरी (Cell) में पहुँचे, तो उन्हें देखकर उनके भाइयों की आँखों में आँसू आ गए और दोनों भतीजे तो रोने लगे। यह देखकर श्री अशफाक उल्ला ने कहा—"हजेला साहब ! आप इन लोगों को अपने साथ क्यों लाए ? ये रोने का मौका है या कि खुश होने का ? सामनेवाली कालकोठरी (Condemned Cell) की ओर देखिए, जो लोग इन तीन सेलों में हैं--यह तीनों सगे भाई हैं। एक माँ के पेट से पैदा हुए हैं और एक बाप की औलाद हैं। इन तीनों के ऊपर एक डेढ़ सेर राब की बाबत झगड़ा होने के कारण दो आदमियों के कत्ल का मुकदमा चला और इन तीनों भाइयों को सजाए मौत मिली। यह तीनों भाई कल फाँसी पर चढ़ जाएँगे।

यदि यह तीनों भाई जो अपने बाप के उतने ही लाड़ले हैं, डेढ़ सेर राब की खातिर फाँसी पर चढ़ सकते हैं तो मेरे ऊपर तो हिन्दुस्तान की सल्तनत को अंग्रेजों से अपने देश के लिए ले लेने की साजिश का मुकदमा चला है। क्या यह मुकदमा अपनी जान की बाजी के लगाने के लायक नहीं था। फिर रोने-धोने की क्या बात ? इनको तो खुश होना चाहिए कि हमारा भाई व चचा मुल्क के लिए अपनी जान की बाजी लगाकर फाँसी पर चढ़ रहा है। हजेला साहब इनको बताइए और समझाइए कि हिन्दुओं में तो खुदीराम बोस और कन्हाईलाल दत्त जैसी हस्तियाँ गुजर चुकी हैं, जो अपनी जान पर खेल गए हैं। मगर मुसलमानों में शायद मैं पहला खुशनसीब हूँ जो ऐसे क्रान्तिकारी षड्यन्त्र (Revolutionary Conspircy Case) मुकदमे के सिलसिले में फाँसी पर चढ़ूँगा। इन शब्दों की सरलता, सहृदयता तथा उच्चादर्श अकथनीय थे और यह मेरे हृदय में चिरस्मरणीय रहेंगे।

इसके थोड़ी देर बाद जब विदा लेने का समय आया तो मैंने कहा कि अशफाक उल्ला कोई और बात आखिरी ख्वाहिश की कहना चाहते हो ? उन्होंने हँसकर कहा, हाँ एक ख्वाहिश है, अगर आप पूरी कर सकें। कहा कि परसों सुबह (19 दिसम्बर, 1927) को मैं फाँसी के तख्ते पर चढ़ूँगा। देखते जाइए कि मैं किस शौक से फाँसी पर चढ़ता हूँ। यह सुनकर मेरी आँखों में सहसा आँसू आ गए और गदगद कंठ से मैंने कहा

कि यह नजारा देखने की जुरअत तो मुझमें नहीं है, मगर मैं तुम्हारे मज़ार पर जरूर आऊँगा।

यह कहकर हम लोग दुखित हृदय से विदा हुए।

19 दिसम्बर की शाम को श्री अशफाक उल्ला का शव रेल द्वारा उनके घर शाहजहाँपुर ले जाने के लिए लाया गया। जब हमने आखिरी बार उनको अपनी श्रद्धांजलि लखनऊ स्टेशन पर अर्पित की, उस समय स्वर्गीय श्री गणेशशंकर विद्यार्थी, श्री चन्द्रभानु गुप्त तथा और भी बहुत से सज्जन उपस्थित थे। शव में चेहरे की आकृति बिलकुल शान्तिमय और जीवन सम थी—कोई किसी प्रकार की चेहरे पर खिंचन या ऐंठन नहीं मालूम होती थी। ऐसा प्रतीत होता था कि सोए हुए हैं। हाँ, यह शान्तिमय नींद ऐसे देश-भक्त, देश की सेवा में तल्लीन ऐसे नवयुवक की थी, जो अपने ध्येय के अनुसार अपना पार्ट करके सदा के लिए सो गया था और जिसकी स्मृति, इस विवाद की अपेक्षा भी कि यह देश-भक्त तथा देश-सेवा का मार्ग सही था या गलत था, आनेवाली नवयुवकों की पीढ़ियों को निस्वार्थ, निर्भीक और निर्मम अपने अब स्वतन्त्र देश की सच्ची सेवा के लिए प्रोत्साहित करती रहेगी।

इसके उपरान्त मैं श्री अशफाक उल्ला के मजार पर शाहजहाँपुर में पहली बार 1929 की जुलाई में गया और फिर तो कई बार जब भी शाहजहाँपुर मेरा जाना हुआ—बगैर उनके मजार पर जाए मैं नहीं लौटा।

यह है मेरी कतिपय स्मृतियाँ श्री अशफाक उल्ला के विषय में। उनके बड़े भाई श्री रियासत उल्ला खाँ तथा उनके एकमात्र जीवित भतीजे श्री इश्तियाक उल्ला खाँ मुझसे अति स्नेह और निजी सम्बन्ध अब भी मानते हैं, जिसके लिए अनुगृहीत हूँ।

—श्री कृपाशंकर हजेला

अमर शहीद अशफाक उल्ला खाँ

मैं सुप्रसिद्ध क्रान्तिकारी श्री मन्मथनाथ गुप्तजी के पास ही बैठा था कि अमर शहीद श्री अशफाक उल्ला खाँ के भाई रियासत उल्ला खाँ साहब पधारे। श्री अशफाक उल्ला को काकोरी षड्यन्त्र के अभियोग में ही फाँसी हुई थी। पहले से ही मैं उनके सम्बन्ध में जानने को बड़ा उत्सुक था। उनके बड़े भाई से मिलने के बाद यह उत्सुकता तीव्र उत्कंठा में बदल गई।

उसके कुछ ही दिन बाद श्री मन्मथनाथ गुप्त के यहाँ बनारस से श्री शचीन्द्रनाथ बख्शी आए। श्री बख्शी भी काकोरी केस के अभियुक्त थे और उसमें उन्हें आजीवन कारावास की सजा हुई थी। उनके सम्बन्ध में खास बात यह थी कि काफी दिन फरार रहने के बाद पकड़े जाने के कारण उनको काकोरी षड्यन्त्र के मुख्य मुकदमे में नहीं शामिल किया गया था। उधर श्री अशफाक उल्ला खाँ भी देर से पकड़े जाने के कारण ही मुख्य मुकदमे में शामिल नहीं किए गए थे, इसलिए श्री अशफाक उल्ला और श्री बख्शी का मुकदमा एक ही अदालत में साथ-साथ चला। वे लोग फैसला होने तक एक ही जेल में एक साथ रखे भी गए थे।

यह जानकर मुझे बड़ी खुशी हुई और मैंने श्री बख्शी से यह अनुरोध किया कि वे श्री अशफाक उल्ला के विषय में मुझे अधिक-से-अधिक बताने की कृपा करें।

उन्होंने मुझे श्री अशफाक उल्ला के सम्बन्ध में बताना सहर्ष स्वीकार कर लिया। दूसरे दिन भोजन से निबटकर हम बैठे ही थे कि मैं अपने को सँभाल न सका और तरह-तरह के प्रश्न करने लगा। क्षण-भर भी विश्राम न करने देकर मैंने जो धृष्टता की, उसे बख्शीजी ने एक सहज मुस्कान से क्षमा कर दिया और उन्होंने अशफाक उल्ला खाँ के बारे में बताना शुरू किया।

"शाहजहाँपुर स्टेशन के बाहर ही शहर के किनारे स्थित पठान घराने में उनका जन्म हुआ था। उनके सबसे बड़े भाई श्री शहंशाह खाँ भोपाल राज्य में बहुत ऊँचे पद पर थे। अशफाक उल्ला का घराना काफी सम्पन्न था। बड़े भाई के पास बन्दूक का लाइसेंस भी था, जिसका उपयोग प्रायः क्रान्तिकारियों ने ही किया।"

मैंने पूछा—"श्री अशफाक उल्ला क्रान्तिकारी दल में कैसे शामिल हुए ?"

बख्शीजी बोले—"बहुत से लोग समझते हैं कि अशफाक उल्ला को पंडित रामप्रसाद 'बिस्मिल' क्रान्तिकारी दल में लाए, पर ऐसा नहीं है। अशफाक उल्ला खुद कोशिश करके क्रान्तिकारी दल में आए थे।

पं. रामप्रसाद मैनपुरी षड्यन्त्र के बाद शाहजहाँपुर में बस गए थे। उस वक्त पुलिस मैनपुरी षड्यन्त्र के सिलसिले में उनका पीछा कर रही थी। अशफाक उल्ला सन् 1921 में ही असहयोग आन्दोलन में भाग लेने के कारण पढ़ना-लिखना छोड़ चुके थे। पं. रामप्रसाद उस समय क्रान्तिकारी के रूप में प्रसिद्ध हो चुके थे, इसलिए मौका पाकर अशफाक उल्ला ने उनसे मेल-जोल बढ़ाया और क्रान्ति के कामों में दिलचस्पी लेने लगे। वैसे पं. रामप्रसाद आर्य समाजी थे, पर जब वे सन् 1923 में हिन्दुस्तान रिपब्लिकन एसोसिएशन में शरीक हुए और खुलकर काम करने लगे, तब उन्होंने अशफाक उल्ला को अच्छी तरह आजमाया कि यह नौजवान पठान क्रान्तिकारी दल में आना चाहता है, कैसा रहेगा ?

इसी बीच शाहजहाँपुर में हिन्दू-मुसलमान के दंगे उठ खड़े हुए। अशफाक उल्ला ने झगड़ा दूर करने की पूरी कोशिश की और हिन्दुओं तथा मुसलमानों का सम्मिलित जुलूस निकाला। पं. रामप्रसाद को अशफाक उल्ला के सुलझे हुए विचार पसन्द आए। धीरे-धीरे वे लोग एक-दूसरे के निकट आते गए और उनमें परस्पर मैत्री हो गई।

अशफाक उल्ला खाँ के साथ मेरा प्रथम परिचय सन् 1924 के पूर्वार्द्ध में हुआ जब मैं योगेश चटर्जी (अब संसद सदस्य) के साथ शाहजहाँपुर गया था। उसके बाद हम लोग अकसर मिलते रहे तथा क्रान्तिकारी कामों में भाग लेते रहे।

वह लम्बे-चौड़े, पक्के खिलाड़ी, गोरे और खूबसूरत व्यक्ति थे। उनका वजन पौने दो सौ पौंड था। बाद में चलकर जेल में तो उनका वजन 203 पौंड हो गया था। अत्यन्त आकर्षक और भारी-भरकम व्यक्तित्व होने के कारण वे भीड़ में भी सबसे अलग पहचाने जा सकते थे। जब कभी हम लोग खुलेआम बन्दूक राइफल लेकर चला करते थे, तो अशफाक सहज ही हम लोगों के बीच राजा साहब या कुँवर साहब बन जाते थे और हम सब लोग उनके दरबारी या शिकार पार्टी के बन जाते थे। कई बार हम लोगों ने इसी तरह स्वाँग रचकर पुलिस को चकमा दिया था। उनमें ताकत भी गजब की थी। थकावट का तो नाम ही नहीं जानते थे। एक बार 55-56 मील लगातार पैदल चलने के बाद हम सभी थककर चूर हो गए। स्वयं पंडित रामप्रसाद बिस्मिल भी शिथिल हो गए थे, लेकिन अशफाक के चेहरे पर शिकन भी न आई थी।

अशफाक उल्ला शायर, लेखक, वक्ता, चिन्तनशील तथा दूरदर्शी व्यक्ति थे। हर बात में उनकी अपनी अलग विशेषता थी।

उस समय कुछ ऐसा मायूसी का वातावरण था कि कांग्रेस के बड़े-बड़े नेता पूर्ण स्वराज्य का लक्ष्य तो दूर रहा, डोमिनियन स्टेट्स के इर्द-गिर्द मँडरा रहे थे। ऐसे समय में हिन्दुस्तान रिपब्लिकन एसोसिएशन के सक्रिय कार्यकर्त्ता भारतीय लोकतन्त्र का उद्देश्य लेकर चल रहे थे। नौजवानों की भुजाएँ फड़क रही थीं। वे कुछ कर डालने को उतावले हो रहे थे। वे सरकार का सीधा मुकाबला करना चाहते थे। सभी कुछ-न-कुछ करने के लिए मर-मिटने को तैयार थे।

दल को अकसर रुपए की जरूरत रहती थी। अब तक इस अभाव को पूरा करने

के लिए गाँवों के अत्याचारी जमींदारों और महाजनों के यहाँ डाके डाले जाते थे, पर इस तरीके में कई बुराइयाँ भी थीं। इस तरह डाका डालने में पुलिस से बचे रहने की तो काफी गुंजाइश रहती थी, पर साथ ही गाँववाले हमें अकसर साधारण डाकू समझकर हमसे भिड़ जाते थे, जिसमें कितने ही निर्दोष देहातियों की हत्या का प्रश्न उठ खड़ा होता था। इसलिए व्यक्तिगत रूप से किसी पर आक्रमण करके रुपए वसूल करने के इस ढंग को छोड़ देने का विचार किया गया और हुआ भी ऐसा ही। पर दल की जरूरतों को पूरा करने की भी समस्या थी ही।

उस समय जर्मनी से माउजर पिस्तौल आनेवाले थे; जिन्हें नकद रुपए देकर कलकत्ता बन्दरगाह से प्राप्त करना था। सारी योजना गुप्त थी। ऐसा मौका हाथ से जाने नहीं दिया जा सकता था। पर रुपयों की बहुत कमी थी। गाँव में डकैती करने का विचार छोड़ा जा चुका था, क्योंकि वहाँ से बहुत काफी रुपया भी नहीं मिल पाता था।

इस बार एक बड़ी योजना बनाई गई। यह तय किया गया कि लखनऊ के पास 8 डाउन ट्रेन को रोककर उससे आनेवाला रेल का खजाना लूट लिया जाए। इसके लिए काकोरी स्टेशन के पास एक वीरान जगह भी चुन ली गई। सारी तैयारी गुपचुप, लेकिन बड़ी सरगर्मी के साथ होती रही। पर अशफाक उल्ला इसका विरोध करते रहे। यह मानना पड़ेगा कि वे बहुत दूर की सोच रहे थे। उनका कहना था कि हमारा दल अभी इतना मजबूत नहीं है कि हम ब्रिटिश साम्राज्य को खुली चुनौती दे सकें। अभी हम इस हालत में नहीं हैं कि सरकार से सीधी लड़ाई छेड़कर दल को कायम रख सकें। लेकिन सब जोश के मारे फड़क रहे थे। और अशफाक उल्ला की बात नक्कारखाने में तूती की आवाज बनकर ही रह गई।

9 अगस्त, 1925 को ट्रेन डकैती का निश्चय किया गया था। हम लोग दस आदमी जब काकोरी स्टेशन पहुँचे, उस समय भी अशफाक उल्ला कहते रहे कि रामप्रसाद बात मान जाओ। अब भी लौट चलो, पर उनका कहना अरण्य रोदन ही रहा। पं. रामप्रसाद बिस्मिल ने मुझे बुलाकर कहा कि अशफाक को समझाओ और उसे बताओ कि लोग उसके विरोध के कारण उसे क्या-क्या कह रहे हैं।

मैंने अशफाक को बताया कि ऐन मौके पर पहुँचकर तुम जो विरोध कर रहे हो उसकी प्रतिक्रिया साथियों पर बड़ा खराब असर डालेगी, बल्कि वे तो तुम्हें डरपोक भी कहने लगे हैं। दरअसल हमारे कई साथी कह रहे थे कि अशफाक डर गया है। पं. रामप्रसाद बिस्मिल ने भी अशफाक उल्ला को बताया कि सभी यही सोच रहे हैं कि तुम डर गए हो।

पर अशफाक की एक ही रट थी—लौट चलो, यह काम नहीं होना चाहिए।

खैर, नतीजा यह हुआ कि रेल डकैती का काम शुरू करने का भार पं. रामप्रसाद ने मेरे ऊपर डाला। मैंने अशफाक और राजेन्द्र लाहिड़ी को भी साथ लिया तथा तीन सेकेंड क्लास के टिकट खरीदकर ट्रेन में सवार हो गया। सारा काम बड़ी सफलता के साथ हुआ। ट्रेन रोकी गई। यात्रियों को हवाई फायर करके चुप रहने को मजबूर कर

दिया गया और साथ ही उन्हें बता दिया गया कि हम क्रान्तिकारी हैं। हमें किसी यात्री को परेशान नहीं करना है। सरकारी खजाना लूटकर हम चले जाएँगे।

गार्ड के डिब्बे से खजाने का सन्दूक उतारकर तोड़ा जाने लगा। एकाएक दूसरी ओर से इंजन की तेज सर्चलाइट दिखाई पड़ी। हमारे दिल की धड़कनें बढ़ गईं और यह शक हुआ कि किसी तरह हमारी गुप्त योजना खुल गई है और पुलिस आ रही है। फिर भी हम पूरी तरह से मरने-मारने को तैयार थे। जान हथेली पर रखकर हम युद्ध के लिए प्रस्तुत हो गए और किसी ने अपनी जगह न छोड़ी। जो जिस ड्यूटी पर था, वहीं रहा।

पर बात दूसरी ही निकली। वह कोई साधारण एक्सप्रेस ट्रेन थी और साथवाली दूसरी लाइन पर से निकल गई। सन्दूक तोड़कर खजाना निकाल लिया गया और हम सब लखनऊ के लिए पैदल ही रवाना हो गए। अशफाक उल्ला यद्यपि शुरू से ही इस डकैती का विरोध कर रहे थे, फिर भी मौके पर उन्होंने बिना किसी हिचकिचाहट के अपनी ड्यूटी पूरी तौर से अदा की।

दूसरे दिन सवेरे मैं लखनऊ स्टेशन पर काकोरी डकैती के विषय में पता लगाने को जा ही रहा था कि अचानक एक अजीब-सी सूचना मिली। अखबार में समाचार निकला था कि डकैती के सिलसिले में एक हत्या भी हो गई है। हम न तो ऐसा चाहते ही थे और न बाद को ही जान पाए थे कि किसकी और किस तरह हत्या हो गई। सारी परिस्थिति बदल चुकी थी। मैं एक अखबार लेकर डेरे पर लौटा और तुरन्त सबको खबर दी। फौरन सब क्रान्तिकारी साथियों को सावधानी के साथ तितर-बितर कर दिया गया।

1925 के 26 सितम्बर को 4 बजे सबेरे प्रान्त भर में छापा मारा गया तथा गिरफ्तारियाँ की गईं जिसमें चन्द्रशेखर आजाद, राजेन्द्र लाहिड़ी, अशफाक उल्ला तथा मैं और अन्य कई लोग गिरफ्तार नहीं किए जा सके। धीरे-धीरे और लोग पकड़े गए, पर चन्द्रशेखर आजाद अन्त तक गिरफ्तार नहीं किए जा सके।

फरार होते ही अशफाक उल्ला अपने घर से आधे मील के अन्दर ही गन्ने के खेत में छिपे रहे। रात को उनका खाना वहीं पहुँचा दिया जाता था। इस प्रकार उन्होंने दो-तीन दिन तो बिताए, पर तलाशी के समय उनके भाई की बन्दूक भी जब्त कर ली गई। उन्होंने देखा कि शाहजहाँपुर के सभी लोग पकड़ लिए गए। वे शाहजहाँपुर छोड़कर अन्य साथियों की तलाश में कई शहरों में गए। घूमते-घामते वे बनारस पहुँचे। वहाँ भी वे जहाँ-जहाँ गए कोई नहीं मिला। सब पहले से ही गायब हो चुके थे। काशी हिन्दू विश्वविद्यालय में भी कई साथी कार्यकर्ता थे, जिनसे अशफाक उल्ला का परिचय था। उन्हीं की पहचान से वे बिहार चले गए। वहाँ एक साथी के जरिए से जिला पलामू के डाल्टनगंज में एक्जिक्यूटिव इंजीनियर के ऑफिस में नौकरी करने लगे। उस जगह उन्होंने अपना परिचय मथुरा के एक कायस्थ के रूप में दिया और पूरी तरह हिन्दू बनकर लगभग आठ-दस महीने तक नौकरी की।

संयोग से इंजीनियर भी शायरी का शौकीन था और खुद भी थोड़ी-बहुत शायरी करता था। एक मुशायरे में अशफाक उल्ला की शायरी सुनकर वह बहुत प्रभावित हुआ

और अशफाक उल्ला की बड़ी इज्जत करने लगा। उसने खुश होकर अशफाक उल्ला की तनख्वाह बीस रुपए और बढ़ा दी।

डाल्टनगंज में रहने के समय ही अशफाक उल्ला ने बंगला सीख ली और बंगला कुछ-कुछ बोलने तथा समझने भी लगे। उन्हें बंगला गाना गाने का भी अभ्यास हो गया। बंगला-साहित्य के सम्पर्क में आ जाने के कारण उन्हें हिन्दू-संस्कृति का बहुत परिचय मिला। कहना यह चाहिए कि इसके द्वारा वे पठान होते हुए भी हिन्दू-संस्कृति की तह तक पहुँच गए। डाल्टनगंज में उनके आठ महीने अध्ययन, शिकार और शायरी में ही बीते। उन दिनों मैं पलामू से सौ मील के अन्दर भागलपुर और हजारीबाग में रहा, पर मेरा अशफाक से कोई सम्पर्क स्थापित नहीं हो सका, क्योंकि हम दोनों ही एक-दूसरे की स्थिति से एकदम अनभिज्ञ थे। न मुझे मालूम था कि अशफाक मेरे इतने नजदीक हैं और न अशफाक ही जानते थे कि मैं यहीं भागलपुर में हूँ। ये बातें तो हमें बाद में चलकर मालूम हुईं, जब हम दोनों गिरफ्तार होकर लखनऊ सेंट्रल जेल में मिले।

अशफाक शीघ्र ही डाल्टनगंज से ऊब गए और उन्होंने विदेश चले जाने का निश्चय किया। डाल्टनगंज से वे दिल्ली पहुँचे। वहाँ इंजीनियरिंग पढ़ने के बहाने से विदेश जाने के लिए वे पासपोर्ट प्राप्त करने की कोशिश करने लगे। उसी समय इत्तफाक से उनके एक सहपाठी मित्र दिल्ली में मिल गए, वे भी शाहजहाँपुर के पठान थे और तब शायद दिल्ली में कहीं नौकरी करते थे। वे अशफाक को बड़े तपाक से अपने डेरे पर ले गए। उस दिन उन्होंने वहीं खाना खाया और वहाँ से लगभग ग्यारह बजे रात अपने डेरे पर लौटे। दूसरे दिन 4 बजे ही उनको गिरफ्तार कर लिया गया। वे एक साल तक फरार रहे। सितम्बर, 1926 में पकड़े गए। अशफाक का पूरा खयाल था कि उनको पकड़ने के लिए ब्रिटिश सरकार की ओर से जो दो हजार का इनाम रखा गया था, उसी के लालच में पड़कर उनके सहपाठी और सजातीय मित्र ने गद्दारी की है। उनका इस बात पर पूरा विश्वास हो गया था कि मित्र ने ही दगा करके उनकी गिरफ्तारी करा दी।

उनकी गिरफ्तारी के तीन-चार माह बाद यानी कुल सोलह महीने फरार रहकर मैं भी भागलपुर में गिरफ्तार हो गया। मैं भी वहाँ से लखनऊ सेंट्रल जेल लाया गया। वहाँ मालूम हुआ कि अशफाक जेल के योरोपियन वार्ड मे रखे गए हैं। मुझे अलग बैरक की एक कोठरी में रखा गया। वहाँ से अशफाक के साथ सम्पर्क स्थापित करने में मुझे कई दिन लग गए।

उस वक्त अशफाक उल्ला सेशन सुपुर्द हो चुके थे। पर मेरे आने पर उनका मुकदमा स्थगित कर दिया गया और जल्दी-जल्दी मेरे सेशन सुपुर्द किए जाने की तैयारी होने लगी, जिससे सेशन जज के सामने हम दोनों के मुकदमों की साथ-साथ सुनवाई हो सके। उस समय काकोरी केस के अन्य कैदी लखनऊ जिला जेल में इकट्ठे थे और उनका मुकदमा अलग चल रहा था। हम लोगों को उस मुख्य मुकदमे में शामिल नहीं किया गया था, क्योंकि हम तो बहुत देर में गिरफ्तार हुए थे और हमें शामिल करने पर दोबारा सारे मुकदमे को नए सिरे से चालू करना पड़ता।

मेरे मुकदमे की सुनवाई रोज 10 बजे से 6 बजे तक होने लगी और जल्दी-जल्दी वहाँ से मेरा मुकदमा उठाकर कोई डेढ़ महीने बाद मुझे भी सेशन सुपुर्द कर दिया गया।

सेशन सुपुर्द होने के बाद पहले दिन हम दोनों साथ-साथ सेशन जज की अदालत में ले जाए गए। उस समय एक अजीब-सा दृश्य उपस्थित हो गया।

श्री बख्शी इस दृश्य का वर्णन करते समय विभोर हो गए। ऐसा लगा जैसे वे इस समय भी आँखों के सामने ठीक वही दृश्य देख रहे हैं। उनकी वाणी में कोमलता आ गई। उन्होंने बताया–

"जेल से अदालत ले जाने के पहले हमारे पैरों में बेड़ी डाल दी जाती थी। जब मैं ऑफिस में पहुँचा और मुझे बेड़ी डाली जाने लगी, उस समय मैंने देखा कि अशफाक बेड़ी पहने हुए ऑफिस जेलर के पास खड़े बातें कर रहे हैं। उस समय जेल का सारा स्टाफ, सब जेलर, ऑफिस जेलर, डिप्टी जेलर, बाबू लोग ऑफिस में इकट्ठे हो गए थे। वे हमारे प्रथम मिलन का तमाशा देखने के लिए जुटे थे। ऑफिस जेलर का कहना था कि हम लोग भरत-मिलाप देखने के लिए आए हैं।

जब मुझे बेड़ी डाली जा चुकी तो ऑफिस जेलर ने मुझे बुलाया–"बख्शीजी ! जरा इधर सुनिए !"

मैं पास पहुँचा तो अशफाक उल्ला ने बड़े तपाक से कहा–"अच्छा आप ही बख्शीजी हैं ?"

मैंने ऑफिस जेलर से पूछा–"आप कौन हैं ?"

ऑफिस जेलर ने परिचय दिया–"यही तो अशफाक उल्ला खाँ हैं।"

हम दोनों ने बड़े जोश के साथ हाथ मिलाया और एक-दूसरे से गले मिले उसी समय चारों ओर से हथेलियाँ बजीं। सब कहने लगे कि हम यही भरत-मिलाप देखने के लिए तो इकट्ठे हुए थे।

असल बात यह थी कि हम लोगों के बीच पहले से ही तय हो चुका था कि हम यह बात किसी के सामने जाहिर नहीं होने देंगे कि हम एक-दूसरे को पहले से ही जानते हैं, क्योंकि इससे हमारे मुकदमे पर हमारे विरुद्ध असर पड़ सकता था और विरोधी पक्ष को यह साबित करने का मौका मिल जाता कि हम एक साथ काम करते थे।

तब से मैं भी योरोपियन वार्ड में रख दिया गया और बाद में फैसला होने की तारीख तक हम साथ ही रहे।

हमें मालूम हुआ कि पं. रामप्रसाद हवालात में बहुत धार्मिक कट्टरता दिखाते थे तथा धर्म-प्रचार भी करते थे। मैंने जब इसका विरोध किया तब अशफाक ने यह बताया कि शायद पं. रामप्रसाद ने यह आडम्बर रचकर बचाव की कोई चाल खेली हो और वे भी खूब नियम के साथ नमाज वगैरह पढ़ने लगे। रोजा भी रखना शुरू कर दिया। नियमित रूप से नमाज वगैरह पढ़ने पर भी वे कट्टर कतई नहीं थे। धर्म को वे कभी रास्ते का रोड़ा बनते नहीं देख सकते थे। बल्कि ऐसा होने पर वे धर्म को रोड़े की तरह ठुकरा देना ठीक समझते थे। वे मुल्क की आजादी के सवाल को मजहबी मतभेदों से

कहीं ऊँची चीज मानते थे। पहले वे देश को स्वन्तत्र देखना चाहते थे। इसी से अशफाक उल्ला की धर्म सम्बन्धी उदारता का तथा उनके हृदय में हिलारें लेती हुई देशभक्ति का परिचय मिल जाता है।

मैं था कट्टर नास्तिक तथा भगवान और अल्लाह दोनों को गाली देनेवाला, लेकिन बहुत दिनों तक साथ रहने पर भी हम लोगों में कभी इस सम्बन्ध में या धर्म के किसी भी विषय पर बहस नहीं हुई, जैसा कि श्री शचीन्द्रनाथ सान्याल और श्री गोविन्द चरण कार की बहस धर्म और ईश्वर के पक्ष में दूसरे कम उम्र अभियुक्तों से हुआ करती थी। इस विषय में अशफाक उल्ला का कहना था कि मैं किसी ताकत को बहुत ऊँचा मानता हूँ यानी यह समझता हूँ कि हमारे और दुनिया के ऊपर कोई और है। तुम इसे नहीं मानते, जिस दिन मेरा भी इस बात से विश्वास उठ जाएगा, उस दिन से मैं भी ईश्वर को मानना छोड़ दूँगा। यह तो एकदम व्यक्तिगत विश्वास की बात है।

उन दिनों लखनऊ से 'हमदम' नाम का एक उर्दू दैनिक निकलता था, जिसमें 'वारसी' तखल्लुस (उपनाम) से अशफाक उल्ला की बहुत-सी गजलें छपती थीं। अशफाक हवालात में बैठकर अकसर गजलें लिखा करते थे। हमारे वकील लोग उन्हें ले जाकर छपाया करते थे। उनकी एक गजल मुझे अभी तक याद है, जिसे उन्होंने मेरे सामने लिखा था—

सुनाएँ गम की किसे कहानी, हमें तो अपने सता रहे हैं।
हमेशा सुबहोशाम दिल पर सितम के खंजर चला रहे हैं॥
न कोई इंगलिश, न कोई जर्मन, न कोई रशियन, न कोई तुर्की।
मिटानेवाले हैं अपने हिन्दी, जो आज हमको मिटा रहे हैं॥

अशफाक उल्ला बहुत खुशदिल और हँसमुख व्यक्ति थे। उनको कभी गुस्सा होते तो मैंने देखा ही नहीं। जेल में भी उनकी खुशमिजाजी हमेशा कायम रही। एक दिन मुख्य मुकदमे के सरकारी वकील पं. जगतनारायण मुल्ला हमारे कोर्ट में चन्द मिनटों के लिए आए थे। उस वक्त मुख्य मुकदमे का फैसला नहीं सुनाया गया था। अशफाक उल्ला ने पं. जगतनारायण मुल्ला के बारे में उसी वक्त कुछ शेर कहे थे—

चलो चलो यारो रिंग थिएटर, दिखाए तुमको...
जो चन्द टुकड़ों पर सीमोजर के नया तमाशा दिखा रहे हैं।

इसमें पं. जगतनारयण मुल्ला की ओर इशारा था, जो गवर्नमेंट से 500 रुपए रोज लेकर देशभक्त क्रान्तिकारियों के खिलाफ सरकार की ओर से पैरवी कर रहे थे। रिंग थिएटर में हमारे मुकदमे की अदालत बैठती थी।

मुकदमे की सुनवाई समाप्त हो चुकी थी। फैसले के दिन से पहलेवाली रात को खाने-पीने के बाद अशफाक ने सलाह की कि कल कचहरी में गाने के लिए कोई नई चीज बनाई जाए। फिर उन्होंने एक गीत बनाया, जिसकी चन्द लाइनें मुझे अब तक याद हैं—

हे मातृभूमि तेरी सेवा किया करूँगा।
फाँसी मिले मुझे या जन्म हो कैद मेरी,
बेड़ी बजा-बजाकर तेरा भजन करूँगा।

सेशन-कोर्ट में एक एक्जिविट था। वह था अशफाक उल्ला की एक चिट्ठी, जिसमें उन्होंने हिन्दुस्तान की बहुत-सी आर्थिक, सामाजिक तथा राजनीतिक समस्याओं पर खूब तर्क-वितर्क के द्वारा चिन्तन किया था।

अशफाक उल्ला वैसे उम्र में मुझसे साल डेढ़ साल बड़े ही थे, लेकिन पार्टी के संगठन का ज्यादा पुराना और तजुर्बेकार कार्यकर्ता होने के नाते वे मुझे ही बड़ा मानते थे। रोज-ब-रोज होनेवाले क्रान्तिकारी मामलों में वे मुझे ज्यादा प्रवीण भी समझते थे, इसलिए हमेशा मुझसे सलाह लेते थे और उसे मानते भी थे। लेकिन जिस वक्त मुझे और अशफाक को सजा सुनाई गई थी—मुझे उम्र कैद यानी कालेपानी की सजा दी गई और अशफाक को फाँसी की सजा सुनाई गई—तो मुझे ऐसा लगा मानो अशफाक एकाएक मुझसे बहुत ऊँचे हो गए हैं। वैसे मैं बता चुका हूँ कि वे राजकुमारों के समान ऊँचे पूरे और गठे हुए बदन के आकर्षक व्यक्ति थे, पर उस समय तो उनका व्यक्तित्व सहसा मुझे इतना बड़ा लगने लगा कि मेरी समझ में कुछ न आया। मेरी आँखों से आँसू निकल आए। मैं बड़ी कठिनाई से बंगला में कह सका—"एक यात्रा में पृथक फल नहीं होना चाहिए, मुझे भी यही सजा मिलनी चाहिए थी।"

मेरा गला रुँध गया था। मुझसे और कुछ नहीं बोला गया। उस समय अशफाक उल्ला ही उलटे मुझे समझाने लगे थे। उनके धैर्य-धारण करने की शक्ति अद्भुत थी।

हम लोग फैसला सुनाए जाने के बाद अदालत से जेल लाए गए। शाम को लखनऊ-स्टेशन तक हमारा साथ रहा, फिर वे फैजाबाद जेल में फाँसी घर के लिए भेज दिए गए और मैं आगरा सेंट्रल जेल भेजा गया।

उस दिन से हम और वे हमेशा के लिए अलग हो गए। फिर कभी अपने प्यारे अशफाक को देखने का मौका न मिला, लेकिन आज भी उनका आकर्षक व्यक्तित्व, सुन्दर हँसमुख राजकुमारों जैसा चेहरा मेरी आँखों के आगे मौजूद है।

श्री बख्शी इस समय तक बहुत व्याकुल हो गए थे, मानो उनके सामने सचमुच अशफाक उल्ला साकार होकर उपस्थित हो गए हों। बड़ी कठिनाई से वे इतना कह पाए—

"19 दिसम्बर, 1927 को उन्हें फाँसी दी गई।"

अशफाक इस संसार को छोड़कर अमर शहीद हो गए। साम्राज्यवाद ने उनके शरीर को मिटा डाला, पर अशफाक सदा-सदा के लिए भारतीयों के हृदय में अमिट हैं। देश के ऊपर न्यौछावर होने वाले वीरों को भला कौन भूल सकता है ? भारत को अपने जिन बेटों पर गर्व है, शहीद अशफाक का नाम उनकी सर्वोच्च श्रेणी में रखा जाएगा।

—सुशील कुमार

अशफाक

मुझे भलीभाँति याद है, जब कि मैं बादशाही ऐलान के बाद शाहजहाँपुर आया था, तो तुमसे स्कूल में भेंट हुई थी। तुम्हारी मुझसे मिलने की बड़ी हार्दिक इच्छा थी। तुमने मुझसे मैनपुरी षड्यन्त्र के सम्बन्ध में कुछ बातचीत करनी चाही थी। मैं यह समझकर कि एक स्कूल का मुसलमान विद्यार्थी मुझसे इस प्रकार की बातचीत क्यों करता है, तुम्हारी बातों का उत्तर उपेक्षा की दृष्टि से दे दिया था। तुम्हें उस समय बड़ा खेद हुआ था। तुम्हारे मुख से हार्दिक भावों का प्रकाश हो रहा था। तुमने अपने इरादे को यों ही नहीं छोड़ दिया, अपने निश्चय पर डटे रहे। जिस प्रकार हो सका कांग्रेस में बातचीत की। अपने इष्ट-मित्रों द्वारा इस बात का विश्वास दिलाने की कोशिश की कि तुम बनावटी आदमी नहीं, तुम्हारे दिल में मुल्क की खिदमत करने की ख्वाहिश है। अन्त में तुम्हारी विजय हुई। तुम्हारी कोशिशों ने मेरे दिल में जगह पैदा कर ली। तुम्हारे बड़े भाई मेरे उर्दू मिडिल के सहपाठी तथा मित्र थे, यह जानकर मुझे बड़ी प्रसन्नता हुई। थोड़े दिनों में ही तुम मेरे छोटे भाई के समान हो गए थे, किन्तु छोटे भाई बनकर ही तुम्हें सन्तोष न हुआ। तुम समानता का अधिकार चाहते थे, तुम मित्र की श्रेणी में अपनी गणना चाहते थे। वही हुआ। तुम सच्चे मित्र बन गए। सबको आश्चर्य था कि एक कट्टर आर्यसमाजी और मुसलमान का मेल कैसा ? मैं मुसलमानों की शुद्धि करता था। आर्यसमाज मन्दिर में मेरा निवास था, किन्तु तुम इन बातों की किंचित्मात्र भी चिन्ता न करते थे। मेरे कुछ साथी तुम्हारे मुसलमान होने के कारण कुछ घृणा की दृष्टि से देखते थे, किन्तु तुम अपने निश्चय में दृढ़ थे। मेरे पास आर्यसमाज मन्दिर में आते-जाते थे। हिन्दू-मुस्लिम झगड़ा होने पर तुम्हारे मोहल्ले के सब कोई तुम्हें खुल्लम-खुल्ला गालियाँ देते थे, काफिर के नाम से पुकारते थे, पर तुम कभी उनके विचारों से सहमत न हुए। सदैव हिन्दू-मुस्लिम ऐक्य के पक्षपाती रहे। तुम एक सच्चे मुसलमान तथा सच्चे स्वदेश-भक्त थे। तुम्हें यदि जीवन में कोई विचार था, तो यही कि मुसलमानों को खुदा अक्ल देता कि वे हिन्दुओं के साथ मिल करके हिन्दोस्तान की भलाई करते। जब मैं हिन्दी में कोई लेख या पुस्तक लिखता, तो तुम सदैव यही अनुरोध करते कि उर्दू में क्यों नहीं लिखते, जो मुसलमान भी पढ़ सकें ? तुमने स्वदेश-भक्ति के भावों को भलीभाँति समझने के लिए ही हिन्दी का अच्छा अध्ययन किया। अपने घर पर जब माताजी तथा भ्राताजी से बातचीत करते थे, तो

तुम्हारे मुँह से हिन्दी शब्द निकल जाते थे, जिससे सबको बड़ा आश्चर्य होता था।

तुम्हारी इस प्रकार की प्रवृत्ति देखकर बहुतों को सन्देह होता था कि कहीं इस्लाम-धर्म त्यागकर शुद्धि न करा लो। पर तुम्हारा हृदय तो किसी प्रकार अशुद्ध न था, फिर तुम शुद्धि किस वस्तु की कराते ? तुम्हारी इस प्रकार की प्रगति ने मेरे हृदय पर पूर्ण विजय पा ली। बहुधा मित्र-मंडली में बात छिड़ती कि कहीं मुसलमान पर विश्वास करके धोखा न खाना। तुम्हारी जीत हुई, मुझमें तुममें कोई भेद न था। बहुधा मैंने-तुमने एक थाली में भोजन किया। मेरे हृदय से यह विचार ही जाता रहा कि हिन्दू-मुसलमानों में कोई भेद है। तुम मुझपर अटल विश्वास तथा अगाध प्रीति रखते थे। हाँ ! तुम मेरा पूरा नाम लेकर नहीं पुकार सकते थे। तुम तो मुझे सदैव 'राम' कहा करते थे। एक समय जब तुम्हें हृदय-कम्प (Palpitation of heart) का दौरा हुआ, तुम अचेत थे, तुम्हारे मुँह से बारम्बार 'राम', 'हाय राम' शब्द निकल रहे थे। पास खड़े हुए भाई-बाँधवों को आश्चर्य था कि 'राम'-'राम' कहता है। कहते कि 'अल्लाह-अल्लाह' कहो, पर तुम्हारी 'राम-राम' की रट थी। उसी समय किसी मित्र का आगमन हुआ, जो 'राम' के भेद को जानते थे। तुरन्त मैं बुलाया गया। मुझसे मिलने पर तुम्हें शान्ति हुई, तब सब लोग 'राम'-'राम' के भेद को समझे।

अन्त में इस प्रेम, प्रीति तथा मित्रता का परिणाम क्या हुआ ? मेरे विचारों के रंग में तुम भी रँग गए। तुम भी एक कट्टर क्रान्तिकारी बन गए। अब तो तुम्हारा दिन-रात प्रयत्न यही था कि जिस प्रकार हो मुसलमान नवयुवकों में भी क्रान्तिकारी भावों का प्रवेश हो, वे भी क्रान्तिकारी आन्दोलन में योग दें। जितने तुम्हारे बन्धु तथा मित्र थे, सब पर तुमने अपने विचारों का प्रभाव डालने का प्रयत्न किया। बहुधा क्रान्तिकारी सदस्यों को भी बड़ा आश्चर्य होता कि मैंने कैसे एक मुसलमान को क्रान्तिकारी दल का प्रतिष्ठित सदस्य बना लिया। मेरे साथ तुमने जो कार्य किए, वे सराहनीय हैं। तुमने कभी भी मेरी आज्ञा की अवहेलना न की। एक आज्ञाकारी भक्त के समान मेरी आज्ञा पालन में तत्पर रहते थे। तुम्हारा हृदय बड़ा विशाल था। तुम्हारे भाव बड़े उच्च थे।

मुझे यदि शान्ति है, तो यही कि तुमने संसार में मेरा मुख उज्ज्वल कर दिया। भारत के इतिहास में यह घटना भी उल्लेखनीय हो गई कि अशफाक उल्ला ने क्रान्तिकारी आन्दोलन में योग दिया। अपने भाई-बन्धु तथा सम्बन्धियों के समझाने पर कुछ भी ध्यान न दिया। गिरफ्तार हो जाने पर भी अपने विचारों में दृढ़ रहे। जैसे तुम शारीरिक बलशाली थे, वैसे ही मानसिक वीर तथा आत्मा से उच्च सिद्ध हुए। इन सबके परिणामस्वरूप अदालत में तुमको मेरा सहकारी (लेफ्टिनेंट) ठहराया गया और जज ने मुकदमे का फैसला लिखते समय तुम्हारे गले में जयमाल (फाँसी की रस्सी) पहना दी। प्यारे भाई, तुम्हें यह समझकर सन्तोष होगा कि जिसने अपने माता-पिता की धन-सम्पत्ति को देश-सेवा में अर्पण करके उन्हें भिखारी बना दिया, जिसने अपने सहोदर के भावी भाग्य को भी देश-सेवा के लिए भेंट चढ़ा दिया, जिसने अपना तन-मन-धन

सर्वस्व-मातृ-सेवा में अर्पण करके अपना अन्तिम बलिदान भी दे दिया, उसने अपने प्रिय सखा अशफाक को भी उसी मातृ-भूमि की भेंट चढ़ा दिया।

'असगर' हरीम इश्क में हस्ती ही जुर्म है।
रखना कभी न पाँव यहाँ सर लिए ॥

–रामप्रसाद 'बिस्मिल' (आत्मकथा से उद्धृत)

अमर शहीद अशफाक उल्ला खाँ का एक महत्त्वपूर्ण पत्र

विदेशी हुकूमत से छुटकारा पाने के लिए देशवासी दिनोदिन उतावले होते गए। हमारी स्वाधीनता की लड़ाई सन् 1957 में शुरू हो गई थी। सौ साल की गुलामी से भारतीय जनता परेशान थी, फिर भी उस दासता का अन्त होने में और भी कितने ही साल लग गए। शुरू से जो भी कोशिशें होती रहीं, उनमें तरीके एक ही रहे—यानी उसी शस्त्र बल से अंग्रेजों को भारत से हटाना था, जिसके द्वारा उन्होंने हमारे देश पर काबू किया था। सन् 1920 तक तो यही कोशिशें रहीं, बाद को जरूर महात्मा गांधीजी ने अहिंसात्मक अहसयोग का रास्ता निकाला और जनता ने उनका साथ भी दिया। किन्तु इसके बावजूद भी जब अहिंसात्मक युद्ध की रफ्तार धीमी हुई तब बेचैन होकर जनता ने उग्र पथ को ही स्वीकार किया। सन् 1922 से सन् 1930 तक कुछ ऐसी ही बात थी, फिर सन् 1942 से 1945 तक भी।

सन् 1922 में जब गांधीजी ने असहयोग आन्दोलन को स्थगित किया, तब फिर लोगों की नाराजगी ने नया रूप ले लिया।

स्वराज पार्टी बनी और कौंसिल प्रवेश तय हुआ। नौजवानों ने सशस्त्र क्रान्ति का पथ इख्तियार किया। यह न भूलना चाहिए कि सन् 1942 का आन्दोलन और आई. एन.ए. आन्दोलन सशस्त्र क्रान्ति के ही थे। कहने का मतलब यह है कि यद्यपि गांधीवाद जन-आन्दोलन की शक्ल में सक्रिय था, तथापि जनक्रान्ति का आन्दोलन उसके साथ-ही-साथ चलता रहा और आजादी की लड़ाई में उसका महत्त्व गांधीवाद से कम नहीं था। यह बात जरूर है कि जननेतृत्व गांधीजी की वजह से ही उनके तथा कांग्रेस के हाथ में आ गया।

गांधीवाद की लड़ाई थी पैंतरेबाजी की, किन्तु क्रान्तिकारियों की लड़ाई जान को हथेली पर ही लेकर हुई। क्रान्तिकारियों की लड़ाई सीधी आजादी के लिए थी, लड़कर जीतना या मर मिटना।

गांधीवादियों से स्वराजी कुछ कड़े थे। वाक्‌युद्ध में कुछ निपुण भी थे, मगर क्रान्तिकारी थे सीधे लट्ठमार। सारे उत्तर भारत में कलकत्ते से लाहौर तक नौजवानों में इन्हीं का बोलबाला था। इस उग्रदल के ऊपर स्वराजी लीडरों का गुप्त हाथ अकसर होता था।

यह तो मानी हुई बात थी कि गांधीवादी क्रान्तिकारियों को गैर समझते थे, क्योंकि दोनों में मतभेद की दरार जबर्दस्त थी। दल के रूप में गुप्त क्रान्तिकारी तो तब ही लोगों के सामने प्रकट होते थे जब वे सरकार की गिरफ्त में आ जाते थे।

ऐसे ही क्रान्तिकारियों का काम सन् 1925 में एकाएक प्रकट हुआ। उस समय जब वे लोग काकोरी केस के सिलसिले में पकड़कर लखनऊ जेल में एकत्रित किए गए थे। रामप्रसाद बिस्मिल तथा रोशनसिंह तो तभी पकड़ लिए गए थे, किन्तु राजेन्द्र लाहिड़ी और अशफाक उल्ला खाँ उस समय तक पुलिस के हाथ नहीं आए थे। लाहिड़ी तो बाद में बंगाल में दक्षिणेश्वर बम फैक्टरी में पकड़े गए थे और उसके बहुत दिनों बाद अशफाक उल्ला खाँ भी दिल्ली में पकड़ लिए गए।

ये पठान नौजवान ऐसे थे कि एक दफा मिलने के बाद उन्हें भूलना मुश्किल था। लम्बा दोहरा बदन, चौड़ी छाती, सदा मुस्कुराता हुआ चेहरा तो आकर्षक था ही, साथ-ही-साथ बातचीत की शैली तथा उदार भावना लोगों पर सचमुच जादू कर देती थी। वैसे तो देश के लिए बलिवेदी पर कितने ही नौजवान कुर्बान हुए हैं, पर उसमें भी अशफाक उल्ला की कुछ विशेषताएँ थीं। वे थे मुसलमान और हमारे उत्तर प्रदेशीय संगठन में दूसरा कोई मुसलमान नहीं था। वे शहीद रामप्रसाद बिस्मिल के जिगरी दोस्त थे, हालाँकि उनमें एक थे आर्यसमाजी पंडित और दूसरे पठान।

शाहजहाँपुर शहर में, जहाँ के ये दोनों रहनेवाले थे, हिन्दू-मुस्लिम वारदात जोरों पर चल रही थी, लेकिन उसके बीच में ये दोनों मित्र प्रेम से एक-दूसरे से गले मिलते थे। लोग देखकर ताज्जुब करते थे।

अशफाक दिल्ली में पकड़े गए। काकोरी केस के स्पेशल मजिस्ट्रेट सैय्यद ऐनुद्दीन उन्हें रिजर्व सैकेंड क्लास में बिठाकर दिल्ली से लखनऊ ले जा रहे थे। रास्ते में चतुर मुस्लिम मजिस्ट्रेट ने उन्हें कितने ही पाठ पढ़ाए—और कहा "तुम तो अकेले मुसलमान हो, जो इन हिन्दुओं के साथ फाँसी पर लटकोगे। तुम इनका साथ छोड़ दो, मैं तुम्हें बचा लूँगा।" लेकिन ऐनुद्दीन की यह कोशिश बिलकुल फिजूल गई। अशफाक सब कुछ सुनने के बाद एक ही जवाब देते थे कि चूँकि मैं अकेला मुस्लिम हूँ इसलिए मेरी जिम्मेदारी और भी भारी है। उनके घराने के बड़े-बड़े आदमी भी उनके पीछे लगाए गए थे। उन्हें भी वे यही कहते थे कि मैं अकेला ही मुस्लिम हूँ, पठान हूँ, मैंने कुछ गड़बड़ की तो कुल मुस्लिम व पठान कौम पर धब्बा लग जाएगा। मुझे बाइज्जत मर मिटने दो।

उनके चेहरे की खूबसूरती सिर्फ बाहरी चीज नहीं थी। उनका हृदय उससे भी ज्यादा पाक-साफ था। वे तो कवि थे, दिलेर थे, मस्त थे। भावुकता उनमें कूट-कूटकर भरी हुई थी। वे थे मतवाले।

सच्चे मानी में वे क्या थे उसका एक वास्तविक चित्र उनके पत्र से स्पष्ट मिल जाता है, जो कि उन्होंने अपने मित्र बनारसीलाल को भोपाल से लिखा था। वह पत्र उर्दू में था। पत्र क्या था हृदय का एक वास्तविक उद्गार। सेशन में जब केस चल रहा था उस समय एक दिन शहीद रोशनसिंह ने उसको अदालत में ही पढ़कर सुनाया था। बहुत

ढूँढ़ने पर भी यह पत्र मुझे पुराने रिकार्ड में कहीं नहीं मिला। हाँ, उसका अंग्रेजी तर्जुमा हाईकोर्ट के रिकार्ड में मिला। अशफाक किस दर्जे के देशभक्त थे, हमारे समाज के गरीब जनता की उद्धार के लिए उनके दिल में कितनी चिन्ता थी, पिछड़े हुए ग्राम समाज के उत्थान के लिए उनका हृदय कैसा तड़पता था, इन सब बातों का पता इस पत्र से साफ-साफ मिल जाता है।

अशफाक नहीं जानते थे कि यह पत्र काकोरी केस में एक एक्सिजविट के रूप में लाया जाएगा और उसका तर्जुमा लखनऊ हाईकोर्ट में चिरकाल तक सुरक्षित रहेगा। अमर शहीद अशफाक उल्ला खाँ के हृदय में उन दिनों क्या-क्या भावनाएँ उठ रही थीं, जबकि वे मातृभूमि की मुक्ति के मन्त्र को अपना चुके थे, प्रण कर चुके थे कि माँ को बन्धन-मुक्त करके इस देश से आदमी द्वारा आदमी का शोषण मिटा देंगे, इस पत्र में उसका स्पष्ट प्रतिबिम्ब दीख पड़ता है। इस पृष्ठभूमि के साथ अशफाक उल्ला के खत को मैं पाठकों के सामने रखता हूँ। वारसी के नाम से भोपाल से शाहजहाँपुर भेजा गया यह पत्र काकोरी केस में एक्स.पी. 14 था।

अशफाक उल्ला खाँ के उर्दू पत्र का हिन्दी अनुवाद

मैं इस बार कुछ महत्त्वपूर्ण विषयों पर विचार-विमर्श करना चाहता हूँ। अतः मैंने उर्दू में पत्र लिखना ठीक समझा। मुझे लेनिन का पता आपके पत्र से मालूम हुआ। मैं आज ही उन्हें भी पत्र लिखने का विचार कर रहा हूँ।

राम का क्या हाल है ? उनसे मुलाकात होती है या नहीं ? तुम्हें आशिक का जो पत्र मिला है उसे तुरन्त राम तक पहुँचा दो। राम जितनी जल्दी हो सके मुझे उत्तर दे। तुम्हें ज्ञात है कि मेरे पास फूटी कौड़ी भी नहीं है जिससे मैं काम चला सकूँ। नौकरी का अर्थ है कि मैं अपनी भावनाओं का खून करूँ। तुम्हें अच्छी तरह ज्ञात है कि मैं स्वतन्त्र जीवन व्यतीत करना चाहता हूँ। मैं तो स्वतन्त्रता का पुजारी हूँ और उसकी एक झलक देखने के लिए प्राण तक निछावर कर सकता हूँ। दासता की माला चाहे वह किसी प्रकार की हो मैं उसे अपने गले में पहनना नहीं चाहता। मैं उसके विचार से ही घंटों रोता रहता हूँ। लेकिन सम्बन्धियों की इच्छा है कि मैं कोई नौकरी कर लूँ और अपनी वृद्धा माँ की सेवा करूँ। बात एक हद तक ठीक भी है और हमारा धर्म भी यही आदेश देता है परन्तु मुझे मातृभूमि की सेवा का अवसर न मिलेगा।

यदि आज मैं भोपाल में नौकरी करना चाहूँ तो सर असरार हसन खाँ साहब मुझे कोई न कोई नौकरी दिला देंगे। मेरे भाई ने मुझे उनसे मिलने के लिए कहा है और उनकी सिफारिश से मुझे फौज में सूबेदारी तुरन्त मिल सकती है। लेकिन इससे मेरी तमाम योजनाओं पर पानी फिर जाएगा। मैं केवल इसलिए तो अपने जीवन से प्यार नहीं करता कि खूब रुपया कमाऊँ और मौज करूँ, बल्कि मैं तो इसलिए जीवित रहना चाहता हूँ कि मातृभूमि के लिए स्वतन्त्रता प्राप्त करूँ। मैं बड़े-से-बड़े खतरे की भी कोई चिन्ता नहीं करता और न मुझे इस बात की फिक्र है कि दुनिया मुझे दीवाना या पागल

कहती है। यह मेरा विश्वास है कि मैं इसी के लिए जीऊँगा और इसी के लिए मरुँगा।

यही मैं अनुभव करता हूँ। शाहजहाँपुर की गलियों में घूमते-घूमते मैं थक गया हूँ।

तुम जानते हो कि मैं गाँव का मालिक हूँ, मेरी माँ जमींदार हैं इसलिए मैं जितनी जमीन चाहूँ मुझे मिल सकती है। मैं खेती-बाड़ी करना चाहता हूँ। लेकिन उसके लिए मेरे पास आवश्यक धन नहीं है। यदि तुम भी खेती-बाड़ी पसन्द करो तो इस कार्य में कुछ पैसा लगाओ और आओ, हम तुम दोनों वहाँ चलकर रहें। इस तरह हम अपने किसान भाइयों के बीच में रहेंगे और अपनी योजनाओं को कार्य रूप में परिणत करेंगे और इस तरह कुछ ही बरसों में हमारे पास धन भी एकत्र हो जाएगा। तब हम बड़े पैमाने पर प्रचार कर सकेंगे और दूसरे मित्रों से कहेंगे कि वे भी हमारे साथ आकर रहें और काम करें। तात्पर्य यह है कि यदि संसार में कोई पवित्र और लाभदायक काम हो सकता है तो वह खेती ही है लेकिन यदि तुम न करना चाहो और अगर तुमने अस्वीकार कर दिया तो उससे मेरा दिल टूट जाएगा। तुम्हें हर हालत में अपने बाल-बच्चों के लिए कुछ-न-कुछ करना ही पड़ेगा। तब फिर क्यों न खेती ही शुरू कर दी जाए ? पूँजी तुम्हारी, भूमि मेरी और श्रम हम दोनों का। हम दोनों सांसारिक बाधाओं का सामना करने के लिए गाँव में सगे भाइयों की तरह रहेंगे और संसार को दिखा देंगे कि संसार में नवयुवकों के लिए कौन-सा काम सम्भव नहीं। परन्तु यह आवश्यक है कि उनका दिल एक हो, इरादा एक हो और रास्ता एक हो।

नन्दिया और सालपुर की जमीनें हमारे लिए गोद पसारे हुई हैं और प्रेम से हमारी बाट जोह रही हैं। वहाँ के किसान हमारे स्वागत के लिए तैयार हैं। इसलिए प्यारे भाई, उन जमीनों को निराश न करो, किसानों के दिल न तोड़ो और मुझे अपने निर्णय से सूचित करो। क्या तुम इसके लिए तैयार हो ? यदि मेरे पास पूँजी होती तो मैं फौरन काम शुरू कर देता और तुम्हें अपना भागीदार बना लेता। परन्तु खेद है कि मेरे पास एक पाई भी नहीं। मेरे सम्बन्धी किसी भी प्रकार की सहायता करने के बजाय मुझे दासता के गड्ढे में ही ढकेलना चाहते हैं। वे खेती के महत्त्व को समझते ही नहीं कि भारत की स्वतन्त्रता किसानों पर निर्भर है। अतः आओ हम तुम खेती-बाड़ी शुरू कर दें।

देखो, देवनारायण और गंगासिंह खेती-बाड़ी से कितना लाभ उठा रहे हैं। दो साल बाद बहुत से लोग हमारे साथ आकर मिलने को तैयार हो जाएँगे। तब हम अपनी योजनाओं को कार्य रूप में परिणत करने के योग्य हो जाएँगे।**–वारसी**

–श्री जोगेशचन्द्र चटर्जी

एक मुसलमान शहीद अशफाक उल्ला खाँ

भारत में ब्रिटिश साम्राज्य की स्थापना के साथ-ही-साथ उसके विरुद्ध विद्रोह की प्रक्रिया यानी उसके विघटन के कार्य का भी श्रीगणेश हो गया। यों सांस्कृतिक दृष्टि से भारत एक था और उसकी इस एकता का मुख्य अवलम्बन हिन्दू-धर्म या उससे भी बढ़कर संस्कृत भाषा थी, जो निस्सन्देह हमारे देश की सबसे मूल्यवान थाती है। यह केवल धार्मिक, सांस्कृतिक दृष्टि से ही नहीं, साहित्यिक दृष्टि से भी कहा जा सकता है।

मुसलमान आए, वे बहुत थोड़ी संख्या में थे, फिर भी वे कुछ ऐसी प्रथाएँ तथा आचार-विचार लेकर आए, जिनके कारण प्राचीन भारतीय संस्कृति उन्हें उस प्रकार से पचा नहीं सकी, जिस प्रकार इससे पहले आनेवाले आक्रान्ताओं को पचा लिया था। फिर भी अकबर, शेरशाह जैसे शासकों और कबीर, नानक जैसे सन्तों के जरिए पचाने की यह क्रिया जारी रही, यद्यपि उसका रूप अब पहले से भिन्न हो गया।

पचाने की क्रिया अभी जारी ही थी, इस क्रिया में सभी तत्त्व अच्छे नहीं थे, इसका एक उदाहरण यह है कि मुसलमानों में भी उसी प्रकार से जातिभेद के प्रकोष्ठ बन गए, जिस प्रकार से हिन्दुओं में बन चुके थे। हम यहाँ इसका ब्यौरा नहीं दे सकते। संक्षेप में, तथ्य यह है कि यद्यपि अंग्रेजों के आने के समय तक (अब हम पचाना शब्द का प्रयोग नहीं करेंगे, क्योंकि वह एक पक्ष के लिए कुछ अपमानजनक है) हिन्दू-मुसलमान एकता की प्रक्रिया जारी थी और अभी वह पूरी तरह सफल नहीं हो पाई थी, फिर भी यह परिस्थिति तो हो ही गई थी कि सब मुसलमान एक तरफ और सब हिन्दू दूसरी तरफ नहीं थे। हिन्दू राजा मुसलमान नवाबों से मिलकर हिन्दू राजाओं से लड़ते, इसी प्रकार मुसलमान हिन्दुओं से मिलकर मुसलमानों के विरुद्ध लड़ते यानी राजनीतिक शक्ति प्रधान हो गई थी न कि धर्म। 'दो राष्ट्र' सिद्धान्त का कहीं पता नहीं था। किसी भी रूप में वह नहीं था।

इसी की अभिव्यक्ति हम अंग्रेजों के आने पर बार-बार देखते हैं। यों लोग सन् 1857 के विद्रोह के सम्बन्ध में ही जानते हैं, पर इसके पहले भी कई मुख्यतः सैनिक विद्रोह हुए थे, जैसे सन् 1774 का सैनिक विद्रोह, सन् 1795 का सिपाही विद्रोह, सन् 1806 का विल्लौर सैनिक विद्रोह। अन्तिम विद्रोह के सम्बन्ध में लार्ड बैंटिक ने अपनी सफाई देते हुए कहा था कि यह विद्रोह उनके कुशासन से विद्रोह नहीं था, बल्कि मुसलमानों में जो आग भड़क रही थी, उसी के विरुद्ध था, पर यह बात गलत थी। बाद को लार्ड बैंटिक ने खुद ही माना कि यह विद्रोह नन्दी दुर्ग, सँकरी दुर्ग आदि जिन स्थानों

में फैला था, वहाँ हिन्दू और मुसलमान का प्रश्न नहीं था। सभी धर्मों के सैनिक एक होकर ब्रिटिश साम्राज्य के विरुद्ध उठ खड़े हुए थे।

ऐसा समझना भूल होगी कि अंग्रेजी राज्य के विरुद्ध केवल सैनिक विद्रोह ही हुए। असैनिक विद्रोहों में वहाबियों का विद्रोह विशेष उल्लेखनीय है। 18वीं सदी में अरब के नेजद शहर में मुहम्मद अब्दुल वहाब का जन्म हुआ। वह मक्का और मदीना में पढ़ने के बाद अध्ययन के लिए शाम चले गए। वहाँ उन्होंने धार्मिक अनाचारों और साथ ही तुर्की शासन के विरुद्ध आन्दोलन खड़ा कर दिया। इस तरह वहाबी सही अर्थों में प्रोटेस्टेंट कहे जा सकते हैं। सैयद अहमद नामक बरेली के एक मुसलमान ने भारत में वहाबी आन्दोलन का प्रचार देश-भर में घूम-घूमकर किया। मुहम्मद अब्दुल वहाब ने तुर्की शासन के विरुद्ध प्रचार किया था और सैयद अहमद ने ब्रिटिश शासन के विरुद्ध प्रचार किया। बंगाल के तीतू मियाँ ने भी वहाबियों के साथ मिलकर अंग्रेजों के विरुद्ध प्रचार किया। फरीदपुर में भी एक प्रसिद्ध वहाबी नेता शरियतउल्ला तथा उनके पुत्र दूदू मियाँ के नेतृत्व में एक विद्रोही गिरोह खड़ा हो गया। इस गिरोह का नाम फर्ज यानी कर्त्तव्य था। नील की खेती में अंग्रेज जमींदारों की ओर से जो ज्यादतियाँ होती थीं, उनके विरोध का तत्त्व भी इस आन्दोलन में शरीक कर लिया गया। किस प्रकार वहाबी आन्दोलन के नेता अमीर खाँ बाद को नजरबन्द किए गए और किस प्रकार अब्दुल्ला नामक वहाबी को उन्हें सजा देनेवाले मिस्टर नार्मन को छुरे से मारने के कारण फाँसी हुई, तथा किस प्रकार साधारण स्थितियों में लार्ड मेयो को अन्दमन में मारनेवाला शेरअली एक मामूली अपराधी नहीं, बल्कि एक राजनीतिक कैदी था, और वह उसी प्रकार शहीद हुआ, जैसे अन्य क्रान्तिकारी, उनका ब्यौरा हम यहाँ नहीं देंगे।

सन् 1857 का विद्रोह एक सम्मिलित विद्रोह था यानी उसमें हिन्दू-मुसलमान सभी शरीक थे, एक तरफ यदि उसके नेता नाना साहब और रंगोजी थे तो दूसरी तरफ अजीमुल्ला आदि उसके नेता थे। यह बात जरूर है कि ये नेता कोई बहुत स्पष्ट विचार नहीं रखते थे, पर भारत को अंग्रेजों से स्वतन्त्र करने का स्वप्न सब देख रहे थे। हम इस सम्बन्ध में केवल एक छोटी सी घटना का उल्लेख करेंगे, वह यह कि जिन दिनों अजीमुल्ला नाना साहब की पेंशन की पैरवी करने इंग्लैंड गए थे, उन्हीं दिनों सतारा की गद्दी से उतारे हुए राजा की ओर से रंगोजी नामक एक व्यक्ति भी इंग्लैंड गया हुआ था। इन दोनों की आपस में बातचीत हुई और योजना बनी। कहा जाता है कि अजीमुल्ला ने जब देखा कि काम नहीं बनने का तो उन्होंने रूस के साथ कोई सन्धि कर ली। यदि इस बात में कुछ भी सच्चाई हो यानी इतनी भी सच्चाई हो कि अजीमुल्ला ने इस प्रकार की चेष्टा की थी तो अजीमुल्ला भारत के प्रथम अन्तर्राष्ट्रीय विचार के क्रान्तिकारी हो जाते हैं।

जिस प्रकार सन् 1857 की असफलता के बाद हिन्दुओं और मुसलमानों को फाँसी पर चढ़ाया गया (इलाहाबाद के नीम इसके गवाह हैं) उसी प्रकार से क्रान्तिकारी आन्दोलन में भी हिन्दुओं और मुसलमानों का भी खून बराबर एक साथ बहा।

पहले-पहल प्रथम महायुद्ध के समय मौलाना महमूद हुसैन, ओबेदुल्ला आदि ने जो षड्यन्त्र किया था, उसका उद्देश्य भारत में फिर से मुस्लिम राज्य स्थापित करना था, पर धीरे-धीरे वह समझ गए कि केवल मुसलमानों को लेकर कुछ करना असम्भव है, इसलिए बाद में जब पूरी योजना बनी तब उसमें क्रान्तिकारी दल के राजा महेन्द्र प्रताप को स्वतन्त्र भारत का प्रथम राष्ट्रपति बनाने की योजना तैयार की गई। इस प्रकार सर्व इस्लामी भावनाओं से प्रारम्भ करने पर भी यह सारा षड्यन्त्र सम्मिलित षड्यन्त्र हो गया।

अब हम इस लेख का अन्त विशेष रूप से महान शहीद अशफाक उल्ला की जीवनी से करेंगे, जो एक बहुत ही सुलझे हुए क्रान्तिकारी थे और जो फाँसी का फन्दा सामने झूलते हुए देखकर भी मुसलमान उच्च अधिकारी की बातों में नहीं आए और यह स्पष्ट शब्दों में कहा कि अव्वल तो क्रान्तिकारियों का उद्देश्य हिन्दू-राज्य की स्थापना नहीं है, पर यदि हो तो भी मुझे ब्रिटिश राज्य के मुकाबले हिन्दू-राज्य अधिक पसन्द होगा।

अशफाक उल्ला

रामप्रसाद बिस्मिल ने जिन युवकों को शाहजहाँपुर में क्रान्तिकारी दल की ओर प्रवृत्त किया था, अशफाक उल्ला उनमें प्रमुख थे, पर यह समझना गलत होगा जैसा कि श्री शचीन्द्रनाथ बख्शी का, जिन्हें उनके साथ हवालात में लम्बी अवधि तक रहने का मौका मिला, कहना है कि अशफाक उल्ला स्वयं कोशिश करके क्रान्तिकारी दल में आए। उनका जन्म एक प्रसिद्ध पठान घर में हुआ। उनके बड़े भाई भोपाल राज्य में किसी ऊँचे पद पर थे।

असहयोग आन्दोलन में जो देशव्यापी लहर आई, उसमें अशफाक उल्ला की पढ़ाई खत्म हो गई और उनकी बेचैन आत्मा कुछ करने के लिए व्याकुल रहने लगी। उन्हीं दिनों रामप्रसाद फरारी से लौटकर आए और अशफाक उल्ला ने किसी-न-किसी तरह उनसे परिचय प्राप्त किया। अशफाक उल्ला कट्टर मुसलमान खानदान में पैदा हुए थे और रामप्रसाद कट्टर आर्यसमाजी थे, इसलिए दोनों की मित्रता बहुत कठिन थी, पर दोनों के हृदय में देश-भक्ति की एक ही आग जल रही थी, इस नाते जल्दी ही मित्रता हो गई। यही नहीं जब शाहजहाँपुर में एक बार हिन्दू-मुस्लिम दंगा हुआ तब उसके बाद हिन्दुओं को मुसलमानों के साथ मिलाने में और उनका सम्मिलित जुलूस निकालने में इन दोनों ने बहुत हाथ बँटाया।

अशफाक उल्ला लम्बे-चौड़े कद के गोरे-चिट्टे और खूबसूरत जवान थे। उनके चेहरे की विशेषता थी, सदा मुस्कुराते रहना। उनका व्यक्तित्व बहुत ही आकर्षक था। वह खुलेआम बन्दूक लेकर चला करते थे। सबको मालूम था कि भाई के पास बन्दूक है। इसके अलावा एक अजनबी को भी लगता था कि वह कहीं के कुँवर साहब या नवाब होंगे। कई बार जब क्रान्तिकारी कार्यों में छिपाकर बन्दूक ले जाना खतरनाक लगता था, तो क्रान्तिकारी अशफाक को बन्दूक थमा देते थे और बाकी लोग उनके कर्मचारी के

रूप में साथ-साथ चलते थे।

उनमें मानसिक बल के अतिरिक्त शारीरिक बल भी बहुत था, जिसका परिचय उन्होंने काकोरी में रेल-डकैती के समय दिया था। पंडित रामप्रसाद ने रेल-डकैती का जो वर्णन लिखा है, उसमें अशफाक उल्ला का क्या हिस्सा था, यह स्पष्ट नहीं किया गया, इसलिए हम इस सम्बन्ध में 'भारतीय क्रान्तिकारी आन्दोलन का इतिहास' से वह भाग उद्धृत करेंगे, जिससे अशफाक उल्ला की चिन्तक के साथ ही साहसी प्रकृति स्पष्ट हो जाती है।

एक महत्त्वपूर्ण बात थी कि यों तो अशफाक उल्ला सरकारी खजाने की डकैती के विरोधी रहे थे, पर जब उन्होंने देखा कि उनकी एक न चली और क्रान्तिकारी इस काम को करने पर ही तुले हैं तब उन्होंने कमर कस ली। उनकी सुन्दर बड़ी-बड़ी आँखें तेज से दीप्त हो उठीं और वह अपना पार्ट अदा करने के लिए अत्यन्त साहस तथा प्रसन्नता से प्रस्तुत हो गए। उनका निषेध किसी डर या भय से प्रेरित न था, प्रत्युत वह बुद्धिमत्ता की आवाज थी। बाद के इतिहास ने सिद्ध कर दिया है कि अशफाक सही थे और बाकी क्रान्तिकारी गलती पर थे। यह बात तो निश्चित है कि यदि हम इस कार्य को न करते तो इतनी जल्दी हमारे दल के पाँव न उखड़ जाते।

इसके बाद अशफाक का इस रेल-डकैती में विशेष भाग तब आया, जब डकैती के समय खजाने का सन्दूक बाकी लोगों से नहीं टूटा। लोगों ने घन आदि निकालकर उस सन्दूक को तोड़ना प्रारम्भ किया। सन्दूक में मामूली सा सुराख तो हुआ, पर मामला कुछ बनता हुआ नहीं दिखाई पड़ा। अशफाक पहरा देनेवाले चार व्यक्तियों में से एक थे और जब उन्होंने यह दशा देखी तब मौजर पिस्तौल मेरे हाथ में दे दी और घन पर जुट गए। हम लोगों में वह सबसे बलिष्ठ थे। इसलिए थोड़ी देर में सूराख बड़ा हो गया। और थैले निकालकर चादर में बाँध लिए गए।

ट्रेन-डकैती के अतिरिक्त अन्य डकैतियों में भी अशफाक उल्ला ने भाग लिया। जब 1925 के 26 सितम्बर को चार बजे प्रातःकाल देश-भर में पुलिस ने छापा मारा तब शाहजहाँपुर में अशफाक उल्ला को छोड़कर सभी गिरफ्तार हो गए। वह अपने घर से आधे मील के अन्दर ही गन्ने के खेत में छिपे रहे। रात को उनका खाना वहीं पहुँच जाता था। पुलिस ने उन्हें घर में न पाकर अपना गुस्सा उतारने के लिए खिसियाकर उनके भाई की बन्दूक जब्त कर ली। गन्ने के खेत में पड़े-पड़े अशफाक उल्ला ये सब खबरें पाते रहे। उन्हें यह पता लगा कि गिरफ्तारियाँ न केवल शाहजहाँपुर में, अपितु अन्यत्र भी होती रही हैं, पर उनका ब्यौरा नहीं मालूम हुआ। इसलिए शाहजहाँपुर में रहना व्यर्थ समझकर वे वहाँ से चल पड़े और कई शहर घूमते हुए बनारस पहुँचे, जो उन दिनों क्रान्तिकारियों का सबसे बड़ा अड्डा था। पर वहाँ कोई नहीं मिला, क्योंकि कई लोग गिरफ्तार हो चुके थे और बाकी लोग फरार थे। उक्त श्रेणी में तीन व्यक्ति थे, एक तो चन्द्रशेखर आजाद, दूसरे शचीन्द्रनाथ बख्शी और तीसरे राजेन्द्रनाथ लाहिड़ी। तब अशफाक उल्ला काशी-हिन्दू-विश्वविद्यालय में गए, जहाँ कई अन्य साथी थे। उन्हीं

के परिचय से वह बिहार चले गए और पलामू में डाल्टनगंज के एक दफ्तर में नौकरी करने लगे। वहाँ उन्होंने अपने को मथुरा जिले का कायस्थ बताया और उसी रूप में वह आठ-दस महीने तक रहे।

जिस इंजीनियर के मातहत वह काम करते थे, उसे शायरी से प्रेम था और वह खुद भी कुछ तुक जोड़ा करता था, इसलिए उसे जब मालूम हुआ कि उसका अधीनस्थ कर्मचारी अच्छी शायरी कर लेता है तब वह बहुत खुश हुआ। एक स्थानीय मुशायरे में अशफाक उल्ला ने कुछ शेर सुनाए, इस पर बड़ी वाहवाही हुई। इंजीनियर साहब ने इसे अपनी ही वाहवाही समझा और खुश होकर उनका वेतन बढ़ा दिया।

डाल्टनगंज में रहते समय अशफाक उल्ला को उर्दू और हिन्दी के अतिरिक्त बंगला सीखने और बोलने का अभ्यास हो गया और वह बंगला में गीत भी गाने लगे। मजे की बात यह है कि सौ मील के अन्दर ही काकोरी षड्यन्त्र के एक दूसरे फरार शचीन्द्रनाथ बख्शी, भागलपुर और हजारीबाग में डटे रहे, पर आपस में मिलने के लिए बेचैन इन मित्रों में कोई सम्पर्क नहीं हो सका। बाद में चलकर जब दोनों गिरफ्तार होकर एक जेल में आए और दोनों पर साथ-साथ मुकदमा चला तब मालूम हुआ कि वे इतने पास रहते हुए भी कितने दूर थे।

यदि केवल बचा रहना ही उद्देश्य होता तो डाल्टनगंज में रहना ठीक था, पर अशफाक डाल्टनगंज से ऊब गए और वह इंजीनियरिंग पढ़ने के बहाने से विदेश जाने के लिए छटपटाने लगे। इस फिराक में अशफाक दिल्ली गए और वहाँ उनका एक सहपाठी मित्र मिल गया, जो शाहजहाँपुर का ही पठान था। वह मित्र बड़े तपाक से उन्हें अपने डेरे पर ले गया। दोनों ने मिलकर खाना खाया और अशफाक वहाँ से रात के ग्यारह बजे अपने ठीहे पर पहुँचे और सवेरा होते-होते गिरफ्तार कर लिए गए। स्पष्ट था कि पठान मित्र ने इनाम के लालच में अशफाक को गिरफ्तार करा दिया। इस मामले में न तो धर्म काम आया, न पड़ोसी और सहपाठी होना।

अशफाक उल्ला की गिरफ्तारी के बाद उन्हें सरकारी गवाह बनाने के लिए गुप्तचर-विभाग ने कुछ उठा नहीं रखा। एक मुसलमान उच्च अधिकारी विशेष रूप से अशफाक के पास भेजा गया। यह व्यक्ति अरब में ब्रिटिश एजेंट रहकर वहाँ के मुसलमानों को लड़ाने में और अरब के टुकड़े-टुकड़े कर देने में प्रथम महायुद्ध में बहुत बार भाग ले चुका था और उन थोड़े से भारतीय अधिकारियों में था, जो उन दिनों सुपरिटेंडेंट पुलिस के उच्च पद पर पहुँचे थे। इस व्यक्ति ने अशफाक को यही घुट्टी पिलाने की कोशिश की कि यह हिन्दुओं का षड्यन्त्र है। हिन्दू अपने राज के लिए लड़ रहे हैं, इसमें तुम कैसे बहककर फँस गए ? जब उसने बार-बार इसी प्रकार की बेतुकी बातें कहीं तो अशफाक ने झुंझला कर कहा—''हिन्दू-राज किसी भी तरह ब्रिटिश राज से अच्छा ही होगा !''

निराश होकर पुलिस ने अशफाक पर मुकदमा चलाया, जब उनका मुकदमा काफी आगे बढ़ चुका तब शचीन्द्रनाथ बख्शी भागलपुर से गिरफ्तार करके लाए गए। दोनों

को कुछ दिन अलग-अलग रखा गया।

अब तक दोनों अलग-अलग थे, पर सेशन में मुकदमे के दिन दोनों जेल के फाटक पर मिल गए। वे अलग-अलग बैरक से आए थे, पर यह भेंट अफसरों के सामने हुई। दोनों को यह दिखाना था कि हम एक-दूसरे को नहीं जानते, इसलिए बिलकुल पास आ जाने पर भी उन लोगों ने ऐसा व्यवहार किया कि एक-दूसरे को पहचानते ही नहीं। अब तक सरकारी बाधा थी, पर अब अपने द्वारा पैदा की हुई बाधा थी, जो उससे भी कठिन थी। नियम यह था कि जब कैदी अदालत में भेजे जाते थे तब उनके पैरों में बेड़ियाँ डाल दी जाती थीं और अदालत से लौटने पर फिर बेड़ी काट दी जाती थी। जब दोनों को अलग-अलग बेड़ियाँ डाली जा चुकीं फिर भी दोनों में से किसी ने एक-दूसरे को नहीं पहचाना, तो जेलर ने बख्शीजी को बुलाकर कहा—"जरा इधर सुनिए।"

बख्शीजी पास पहुँचे तो अशफाक उल्ला यह दिखाते हुए मानो पहली ही बार उनको देखा हो बोले—"अच्छा, आप ही बख्शीजी हैं ?"

बख्शीजी ने जेलर से कहा—"आप कौन हैं ?"

जेलर ने कहा—"यही अशफाक उल्ला खाँ हैं।"

अब आगे ढोंग ने साथ नहीं दिया। दोनों बड़े जोश के साथ मिले और एक-दूसरे से गले मिले। उसी समय चारों ओर से तालियाँ बजीं। जेल अधिकारियों ने कहा—हम यही भरत-मिलाप देखने के लिए इकट्ठे हुए थे।

उसी दिन से शचीन्द्रनाथ बख्शी और अशफाक उल्ला गोरा बैरक में एक साथ रख दिए गए और तब तक एक ही साथ रहे, जब तक कि मुकदमे का फैसला नहीं हुआ। दोनों साथ-साथ अदालत जाते। इस प्रकार दोनों का समय अच्छा कटने लगा, पर दोनों के सामने फाँसी के फन्दे झूल रहे थे।

काकोरी षड्यन्त्र के मुख्य मुकदमे के अभियुक्त जिला जेल में रहते थे और ये दोनों केन्द्रीय जेल में रखे गए थे। दोनों जेलों की इमारतें एक-दूसरे से मिली हुई थीं और कई बार इस जेल के वार्डर उस जेल में चले जाते थे, इसके अलावा वकील भी दोनों के एक ही थे। इस कारण जिला जेल की बहुत सी बातें केन्द्रीय जेल पहुँच जाती थीं। केन्द्रीय जेल में इन दोनों को यह मालूम हुआ कि जिला जेल में रामप्रसाद बिस्मिल धार्मिक कट्टरता दिखला रहे थे। बख्शीजी ने अशफाक से कहा कि यह अनुचित है। तब अशफाक ने बताया—शायद वास्तविक बात कुछ और है, वह कुछ आडम्बर रच रहे हों, ताकि पुलिस धोखे में आ जाए। यह चाल सफल हो भी सकती है, नहीं भी हो सकती है।

उसी समय से अशफाक ने भी दिखा-दिखाकर नमाज पढ़ना शुरू किया और रोजा भी रखने लगे। बख्शीजी ने इस सम्बन्ध में जो वक्तव्य दिया, वह इस प्रकार है—"नियमित रूप से नमाज वगैरह पढ़ने पर भी अशफाक कतई कट्टर नहीं थे। वह धर्म को कभी राह का रोड़ा बनते नहीं देख सकते थे, बल्कि ऐसी स्थिति उत्पन्न होने पर भी वह धर्म को रोड़े की तरह ठुकरा देना ही ठीक समझते थे। वह मुल्क की आजादी

के सवाल को मजहबी मतभेदों से कहीं ऊँची चीज मानते थे। पहले वह देश को स्वतन्त्र देखना चाहते थे, इसी से अशफाक उल्ला की धर्म सम्बन्धी उदारता का तथा उनके हृदय में हिलोरें लेती हुई देश-भक्ति का परिचय मिलता है।"

बख्शीजी ने इसके आगे इसी मामले को और साफ करते हुए वक्तव्य दिया था—"मैं था कट्टर नास्तिक तथा भगवान और अल्लाह दोनों को गालियाँ देनेवाला, पर बहुत दिनों तक साथ रहने पर भी हम लोगों में कभी इस सम्बन्ध में या धर्म के किसी भी विषय पर बहस नहीं हुई, जैसी कि दूसरे कम उम्र अभियुक्तों से श्री शचीन्द्रनाथ सान्याल और श्री गोविन्द चरण कार की बहस धर्म और ईश्वर के पक्ष में हुआ करती थी।"

अशफाक उल्ला भी रामप्रसाद बिस्मिल की तरह कविता लिखा करते थे। उनकी लिखी हुई कई गजलें 'हमदम' नामक उर्दू अखबार में प्रकाशित हुई थीं। उनका तखल्लुस 'वारसी या हसरत' था। हवालात में उन्होंने कई रचनाएँ प्रस्तुत कीं, जिनमें से एक यह है—

सुनाएँ गम की किसे कहानी, हमें तो अपने सता रहे हैं।
हमेशा सुबह-शाम, दिल पर, सितम के खंजर चला रहे हैं।
न कोई इंग्लिश, न कोई जर्मन, न कोई रशियन, न कोई तुर्की।
मिटानेवाले हैं अपने हिन्दी, जो आज हम. को मिटा रहे हैं।

एक हिन्दी कविता इस प्रकार थी—

हे मातृभूमि तेरी सेवा किया करूँगा।
फाँसी मिले मुझे या हो जन्मकैद मेरी।
बेड़ी बजा-बजाकर तेरा भजन करूँगा ॥

अशफाक उल्ला को फाँसी की सजा दी गई और श्री बख्शी को उम्र-कैद की सजा हुई। उसका आँखों देखा हाल श्री बख्शी ने जिस प्रकार बताया, वह उद्धृत करने योग्य है। उन्होंने वक्तव्य दिया—"अशफाक उल्ला वैसे उम्र में मुझसे साल-डेढ़ साल बड़े थे, पर पार्टी का ज्यादा पुराना कार्यकर्ता होने के कारण वह मुझे बड़ा मानते थे। पर जिस वक्त उन्हें फाँसी की और मुझे उम्रकैद की सजा सुनाई गई तो मुझे ऐसा लगा कि वह एकाएक मुझसे बहुत ऊँचे हो गए। वैसे वह शहजादों के समान लम्बे-तगड़े और गठे हुए बदन के आकर्षक व्यक्ति थे, पर इस समय उनका व्यक्तित्व सहसा इतना बड़ा लगने लगा कि मेरी समझ में कुछ न आया। मेरी आँखों से आँसू निकल पड़े। मैंने बड़ी कठिनाई से बंगला में कहा—एक यात्रा का पृथक फल नहीं होना चाहिए, मुझे भी यही सजा मिलनी चाहिए। मेरा गला रुँध गया था मुझसे और कुछ नहीं कहा गया।"

फैसला सुनाए जाने के बाद दोनों जेल भेज दिए गए। शाम को लखनऊ स्टेशन तक दोनों का साथ रहा, वहाँ से दोनों का मार्ग अलग-अलग हो गया। एक फैजाबाद के फाँसी घर में भेज दिए गए और बख्शीजी आगरा केन्द्रीय जेल भेजे गए, जहाँ पहले सजा पाए हुए अन्य काकोरी-कैदी भी मौजूद थे।

अशफाक उल्ला के सम्बन्ध में रामप्रसाद बिस्मिल ने जो कुछ लिखा है, वह बहुत मार्मिक है। स्मरण रहे कि रामप्रसाद ने ये शब्द फाँसी-घर में बैठकर लिखे थे। उसमें बहुत ही भावुक ढंग से अशफाक की चर्चा है।

"मुझे भलीभाँति याद है, जब कि मैं बादशाही ऐलान के बाद शाहजहाँपुर आया था, तो तुम से स्कूल में भेंट हुई थी। मुझसे मिलने की तुम्हारी बड़ी हार्दिक इच्छा थी। तुमने मुझसे मैनपुरी षड्यन्त्र के सम्बन्ध में कुछ बातचीत करनी चाही थी। मैंने यह समझकर कि स्कूल का एक मुसलमान विद्यार्थी मुझसे इस प्रकार की बातचीत क्यों करता है, तुम्हारी बातों का उत्तर उपेक्षा की दृष्टि से दे दिया था। तुम्हें उस समय बड़ा खेद हुआ था। तुम्हारे मुख से हार्दिक भावों का प्रकाश हो रहा था। तुमने अपने इरादे तो नहीं छोड़ दिए, अपने नि: ; पर डटे रहे...।

"तुमने अपने इष्ट मित्रों द्वारा इस बात का विश्वास दिलाने की कोशिश की कि तुम बनावटी आदमी नहीं, तुम्हारे दिल में मुल्क की खिदमत करने की ख्वाहिश थी। अन्त में तुम्हारी विजय हुई। तुम्हारी कोशिशों ने मेरे दिल में जगह पैदा कर ली। तुम्हारे बड़े भाई मेरे उर्दू मिडिल के सहपाठी तथा मित्र थे, यह जानकर मुझे बड़ी प्रसन्नता हुई। थोड़े दिनों में ही तुम मेरे छोटे भाई के समान हो गए, किन्तु छोटा भाई बनकर तुम्हें सन्तोष न हुआ। तुम समानता के अधिकार चाहते थे, तुम मित्र की श्रेणी में अपनी गणना चाहते थे। वही हुआ। तुम सच्चे मित्र बन गए। सबको आश्चर्य था कि एक कट्टर .र्यसमाजी और मुसलमान का मेल कैसा ? मैं मुसलमानों की शुद्धि करता था। आर्यसमाज-मन्दिर में मेरा निवास था, किन्तु तुम इन बातों की किंचित-मात्र चिन्ता न करते थे। मेरे कुछ साथी तुम्हें मुसलमान होने के कारण कुछ घृणा की दृष्टि से देखते थे, किन्तु तुम अपने निश्चय पर दृढ़ थे। तुम मेरे पास आर्यसमाज-मन्दिर में आते-जाते थे। हिन्दू-मुस्लिम झगड़ा होने पर, तुम्हारे मुहल्ले के लोग तुम्हें खुल्लमखुल्ला गालियाँ देते थे, काफिर के नाम से पुकारते थे, पर तुम कभी भी उनके विचारों से सहमत न हुए। सदैव हिन्दू-मुस्लिम ऐक्य के पक्षपाती रहे। तुम एक सच्चे मुसलमान तथा सच्चे देश-भक्त थे। तुम्हें यदि जीवन में कोई विचार था, तो यही कि मुसलमानों को खुदा अक्ल देता कि वे हिन्दुओं के साथ मिलकर हिन्दुस्तान की भलाई करते। जब मैं हिन्दी में कोई लेख या पुस्तक लिखता तब तुम सदैव यही अनुरोध करते कि उर्दू में भी क्यों नहीं लिखते, ताकि मुसलमान भी पढ़ सकें। तुमने देश-भक्ति के भावों को भली-भाँति समझने के लिए ही हिन्दी का अच्छा अध्ययन किया। अपने घर पर जब माताजी तथा भ्राताजी से बातचीत करते थे, तो तुम्हारे मुँह से हिन्दी शब्द निकल जाते थे, जिससे उनको बड़ा आश्चर्य होता था।

"तुम्हारी इस प्रकार की प्रवृत्ति देखकर बहुतों को सन्देह होता था कि कहीं तुम इस्लाम-धर्म त्याग कर शुद्धि न करा लो। तुम्हारा हृदय तो किसी प्रकार अशुद्ध न था, फिर तुम शुद्धि किस वस्तु की कराते ? तुम्हारी इस प्रकार की प्रगति ने मेरे हृदय पर पूर्ण विजय पा ली। बहुधा मित्र-मंडली में बात छिड़ती कि कहीं मुसलमान पर विश्वास

करके धोखा न खाना। तुम्हारी जीत हुई, मुझमें तुममें कोई भेद न रह गया। बहुधा मैंने तुमने एक थाली में भोजन किया। मेरे हृदय से यह विचार ही जाता रहा कि हिन्दू-मुसलमान में कोई भेद है। तुम मुझ पर अटल विश्वास तथा अगाध प्रीति रखते थे। हाँ, तुम मेरा नाम लेकर नहीं पुकार सकते थे। तुम तो मुझे सदैव 'राम' कहा करते थे।"

—मन्मथनाथ गुप्त

दो शहीद–श्री गणेशशंकर विद्यार्थी और अशफाक उल्ला खाँ

अशफाक उल्ला खाँ पर गणेशशंकर विद्यार्थी बहुत मेहरबान थे। अशफाक उल्ला खाँ जब मकान से भागे तो नेपाल चले गए थे। वहाँ से कानपुर गणेशशंकरजी के पास पहुँचे। गणेशशंकरजी ने उनको दो रोज 'प्रताप' अखबार के दफ्तर में रखा और कुछ रुपया देकर उन्हें बनारस भेज दिया। बनारस से उनके साथियों ने उनको डाल्टनगंज (बिहार) पहुँचा दिया और इंजीनियर साहब डाल्टनगंज के दफ्तर में उनको नौकर रखवा दिया। करीब 8 महीने वे वहाँ मुलाजिम रहे। किसी तरह पुलिस को खबर हो जाने पर ये वहाँ से फिर कानपुर आ गए। कानपुर में फिर दो रोज 'प्रताप' अखबार के दफ्तर में इनका कयाम हुआ। गणेशशंकरजी ने फिर इन्हें दो सौ रुपए देकर भोपाल रवाना कर दिया। भोपाल में ये दो महीने अपने भाई शहंशाह खाँ के पास रहे। उनके हजार रोकने पर भी ये भोपाल न रुके और उनसे कहा कि यहाँ रहकर मैं क्या करूँगा, क्योंकि मुझे तो मुल्क की खिदमत करनी है। ये वहाँ से दिल्ली अपने दोस्त सैयद हबीब अहमद साहब के पास, जो सदर बाजार दिल्ली में एक बालाखाने पर रहते थे, गए। ये सैयद हबीब अहमद साहब शाहजहाँपुर के रहनेवाले थे और अशफाक उल्ला खाँ के मकान के करीब ही इनका मकान था। ये अशफाक उल्ला खाँ के सहपाठी और बहुत बड़े दोस्त थे। ये तहरीके हिजरत के जमाने में मय चन्द अपने साथियों के मास्को चले गए थे और मास्को में प्रोपेगेंडा कॉलेज में दाखिल हो गए थे। मास्को हुकूमत के हुक्म से मय अपने चन्द साथियों के साथ हिन्दुस्तान वापस आ गए। दर्रयेखैबर पर इन लोगों को ब्रिटिश हुकूमत के हुक्म से गिरफ्तार कर लिया गया और मुकदमा चलाया गया और मुखतलिफ सजाएँ इन लोगों को दी गईं। सैयद हबीब अहमद के वालिद सैयद मुश्ताक अहमद वायसराय दफ्तर में बड़े ओहदे पर तैनात थे। उनको हबीब अहमद साहब के जरिए से मालूम हो गया कि अशफाक उल्ला खाँ देहली में मौजूद हैं। उन्होंने अपने बेटे सैयद हबीब अहमद पर जोर डाला कि अशफाक उल्ला खाँ को गिरफ्तार करा दो। इनके गिरफ्तार होने पर दो फायदे होंगे, एक तो यह कि तुम्हारी हिस्ट्रीशीट बन्द हो जाएगी और तुमको इनाम भी इनकी गिरफ्तारी का मिलेगा और बड़ा सरकारी ओहदा भी मिल जाएगा। लेकिन सैयद हबीब अहमद इस बात

पर राजी न हुए थे। सुना जाता है कि बाप के मजबूर करने पर उन्होंने अशफाक उल्ला खाँ को एक दिन गिरफ्तार करा दिया। मुकदमा चलाने जाने के बाद अशफाक को लखनऊ जेल से पाँच सजाएँ दी गईं; दो मुकदमों में फाँसियाँ दी गईं और तीन मुकदमों में कालेपानी की सजाएँ। इनके गिरोह में सबसे ज्यादा सजाएँ इनको ही दी गईं। इन सजाओं को सुनकर अशफाक उल्ला खाँ ने जज साहब का शुक्रिया अदा किया और अदालत से कहा कि इससे कम सजा देना मेरे लिए बाइसे तौहीन (अपमानजनक) था। इसके बाद इनकी अपील चीफ कोर्ट में पेश हुई। वहाँ से सजाएँ बहाल रखी गईं। इसके बाद इनकी अपील यू.पी. विधान सभा के मेम्बरों ने की और इनकी अपील भी यू.पी. के गवर्नर के यहाँ हुई, जिसे गवर्नर साहब ने खारिज कर दिया। इसके बाद वायसराय साहब बहादुर के यहाँ मरसी अपील (दया की प्रार्थना) की गई जो दिल्ली असेम्बली के 85 मेम्बरों ने की और मैंने कोशिश करके पाँच आदमियों का डेपूटेशन वायसराय साहब बहादुर के पास भिजवाया, जिनके नाम यह हैं—श्री लाला लाजपतराय (पंजाब), श्री मदनमोहन मालवीय (इलाहाबाद), सर नवाब जुल्फिकार अली खाँ (पंजाब), मिस्टर दास (बंगाल), सर याकूब साहब (मुरादाबाद)। वायसराय साहब ने अपना मत प्रकट किया कि आइन्दा इसकी मिसाल न दी जाए। ये लोग खुशी-खुशी वापस आए और मुझे लांगवुड होटल शिमला पर मुबारकबाद दी और कहा कि सजा रखी जाएगी और फाँसी न होगी। सजा हम तीन-चार साल में मुआफ करा देंगे और मुझसे कहा कि आप मकान जाइए। सजाए मौत न दी जाएगी। मैं मकान को वापस चला आया। 15 रोज के बाद मेरे एक दोस्त ने जो वायसराय दफ्तर में नौकर थे मुझे खत लिखा कि दया की प्रार्थना खारिज हो गई और सजाए-मौत बहाल रही, क्योंकि गवर्नर साहब यू.पी. ने वायसराय साहब बहादुर से अपना विरोध प्रकट किया था कि अगर ये लोग छोड़ दिए जाएँगे तो हम यू.पी. की बगावत के जिम्मेदार न होंगे। अपील खारिज होने पर 16 अक्टूबर, 1927 ई. को सजाए मौत मुकर्रर हुई। मैं अशफाक उल्ला खाँ से मिला। उन्होंने मुझसे कहा कि श्री गणेशशंकर विद्यार्थी से मिलिए। मैं वहाँ गया तो मालूम हुआ विद्यार्थीजी सख्त बीमार हैं और किसी से मिलते नहीं। मैं जनाने दरवाजे पर गया, इत्तला कराई, मैं अन्दर बुला लिया गया। मकान के बालाखाने पर बुलाया गया। वहाँ एक लम्बा कमरा था जिसमें विद्यार्थीजी पलंग पर लेटे थे। सावधान हो चुके थे। मैं जब बालाखाने के दरवाजे पर गया तो देखा दो औरतें बैठी हैं। मैं झिझका। बहुत कमजोर आवाज में विद्यार्थीजी ने फरमाया, अन्दर आ जाइए। एक आपकी भावज हैं और दूसरी आपकी भतीजी। मैं अन्दर गया। विद्यार्थीजी के आँसू जारी थे, जिन्हें वे बराबर रूमाल से पोंछ रहे थे। मुझसे कहा, आप कृपाशंकर हजेला एडवोकेट से तार दिलवा दीजिए कि हम प्रिवी कौंसिल में अपील करेंगे, सजाए मौत अभी टाल दी जाए। आप घर जाइए, हम रुपया आपको भेज देंगे। मैं वहाँ से घर आया और तार दिलवा दिया। दूसरे रोज मैं शाहजहाँपुर से लखनऊ फिर आया और मैंने पचास पौंड कृपाशंकर हजेला एडवोकेट को दिए। उन्होंने तार

गवर्नमेंट को भेज दिया। मैं रुपया जमा कर चुका था कि श्री गणेशशंकर विद्यार्थी का एक आदमी एक लिफाफा सील मुहर लगा हुआ लेकर आया। मैंने खोलकर देखा तो 1200 रुपए के नोट थे! चूँकि मैं रुपया जमा कर चुका था और अब रुपए की जरूरत नहीं थी, मैंने एक लिफाफा श्री कृपाशंकरजी से लेकर एक पर्चे पर गणेशशंकरजी का शुक्रिया अदा करते हुए लिखा कि चूँकि मैं रुपया जमा कर चुका हूँ इन रुपयों की जरूरत अब नहीं है। अतः वापस किए जाते हैं। लिफाफे में बन्द करके हजेला साहब की मोहर लगाकर रुपए मैंने वापस कर दिए। खत में लिख दिया कि आपका हजार-हजार शुक्रिया।

श्री कृपाशंकर साहब हजेला ने कुल मुकदमे के कागजात और मिस्टर सी.बी. गुप्ता एडवोकेट कोर विलायत को रवाना करा दिए। विलायत में अपील पेश होने पर खारिज हो गई और 19 दिसम्बर, 1927 ई. सजाए मौत के लिए मुकर्रर हुई। मैं अशफाक से मिला। वह निहायत खुश थे और मुझसे कहा एक दिन मौत का मुकर्रर है। एक दिन पेश्तर यानी 18 दिसम्बर, 1927 ई. को अशफाक उल्ला खाँ ने एक तार कंडैम्ड सैल से विद्यार्थीजी के नाम मुझको दिया। उसमें लिखा था कि 19 दिसम्बर को 2 बजे दिन में लखनऊ स्टेशन पर मुझसे मिलना। उम्मीद है कि आप मुझसे आखिरी मुलाकात जरूर करेंगे और एक खत गणेशशंकरजी के नाम मुझको दिया कि मेरे भाई तबाह व बर्बाद हो चुके हैं। मेरी कब्र पुख्ता बनाने का इन्तजाम आप करें और मेरे भाइयों का खयाल रखें और वक्त जरूरत उनकी मदद करें और इनको फरामोश न करें। तार मैंने भेज दिया। दूसरे रोज इनकी लाश नहलाकर और कफन पहनाकर एक पलंग पर एक डिब्बे में रखी गई और फैजाबाद से लखनऊ हम लोग दो बजे पहुँचे। स्टेशन पर श्री गणेशशंकरजी नौ साथियों के साथ मौजूद थे। मेरे पास तशरीफ लाए और फरमाया कि डिब्बे में अशफाक उल्ला खाँ हैं। मैंने आखिरी डिब्बा उनको दिखाया। वे डिब्बे के अन्दर आ गए और अशफाक उल्ला खाँ का कफन मुँह से हटाकर परसी शाह फोटोग्राफर से उनका फोटो लिवाया और मुझसे कहा कि इनकी कब्र कच्ची बनवा देना। हम पुख्ता करा देंगे और इनका मकबरा हम ऐसा बनवाएँगे कि जिसकी नजीर यू.पी. में न होगी। लेकिन अफसोस कि मकबरा बनाने से पेश्तर वह खुद ही शहीद हो गए। लेकिन मोहनलाल सक्सेना के जरिए से उन्होंने मुझको 200 रुपए भेजे थे जिससे कि मैंने कब्र पुख्ता करा दी। मकबरा उनका अब तक न बन सका।

एक महीने के बाद उनका खत मेरे पास आया कि आप राजा मोतीचन्द बनारस के पास चले जाइए, वह 100 रुपया माहवार और खाना देंगे, और उनकी हिफाजत जान की करते रहें और कोई काम न होगा। लेकिन अशफाक को शहीद हुए कुछ ही दिन गुजरे थे, मेरी माता ने मुझको जाने न दिया। मैंने गणेशशंकरजी को लिखा कि अभी ताजा जख्म है, वालिदा रोकती हैं। विद्यार्थीजी ने मुझको जवाब दिया, "अच्छा हम दूसरा इन्तजाम करेंगे और आप कतई परेशान न हों, हम आपके खानदान की मदद करेंगे और खयाल रखेंगे।"

गणेशशंकरजी खुद शहीद हो गए। अपने इन दो शहीद भाइयों की याद में आँसू बहाने के लिए, मैं अब भी जिन्दा हूँ। उनमें एक मेरा छोटा भाई था और दूसरे मेरे ही नहीं, भारत के दीन-दुखियों के संरक्षक थे।

–रियासत उल्ला खाँ

अशफाक उल्ला खाँ का जीवन-क्रम

23 या 24 सितम्बर, 1925 को चार बजे जबकि मैं अपने मकान में सो रहा था, सोकर उठा था क्योंकि सुबह को मैं बराबर चार बजे बगरज अदा करने नमाज उठा करता था। मेरी बीवी मुझसे पहले उठी थीं और वजू करके कमरे में नमाज अदा कर रही थीं। मैंने लोटा लिया और पानी लेने की गर्ज से जा रहा था कि किसी ने दरवाजे की कुंडी बजाई। मैंने लोटा रख दिया और दरवाजे पर गया। किवाड़ खोले तो क्या देखता हूँ कि मेरी बाहरी बैठक में पुलिस और सशस्त्र पुलिस के लोग जमा हैं। एक सब-इंस्पेक्टर पुलिस सी.आई.डी. मुंशी फसाहत हुसैन खड़े हैं। मैंने दरियाफ्त किया कि क्या मामला है ? मुंशी फसाहत हुसैन साहब ने फरमाया कि तलाशी लेंगे। मैंने कहा कि तलाशी सूरज डूबने और निकलने के दरमयान नहीं ली जा सकती है। सब-इंस्पेक्टर साहब ने फरमाया कि हम कलेक्टर जिला से इजाजत हासिल कर चुके हैं। मैंने कहा बेहतर है लेकिन यह बताइए कि किस चीज की आपको तलाश है। अगर मेरे इल्म में है, वह मैं दाखिल कर दूँगा। सब-इंस्पेक्टर साहब ने घबराकर वारंट तलाशी के बजाए वारंट गिरफ्तारी मेरे हाथ में दे दिया। मैंने उसमें हुक्म अशफाक उल्ला खाँ के अरेस्ट का देखा। मैंने सब-इंस्पेक्टर साहब से कहा कि यह तो अंग्रेजी में है, मैं अंग्रेजी पढ़ा हुआ नहीं हूँ। सब-इंस्पेक्टर फसाहत हुसैन ने वह वारंट मेरे हाथ से ले लिया और कहा कि प्रतापगढ़ के जिला में डाका पड़ा है। उसका माल तलाशी लेकर मैं देखना चाहता हूँ। मैंने कहा कि मेरे यहाँ इस किस्म का कोई माल नहीं है। आप तलाशी ले लें। लेकिन तलाशी से पेशतर अपनी जामा तलाशी मुझको दे दीजिए और यह बताइए कि तलाशी के गवाह कौन हैं। उन्होंने बताया कि यह दो अहीर हैं (जो मेरी असामी रियाया थे)। मैंने सब-इंस्पेक्टर फसाहत हुसैन की जामा तलाशी ली। बाद को दो कांस्टेबल चौकी पुलिस जलाल नगर के (जो अब अफाक नगर के नाम से मशहूर है) सब-इंस्पेक्टर साहब ने फरमाया इनकी तलाशी ले लीजिए, यह अन्दर जाएँगे। मैंने कहा कि ये कांस्टेबल हमारी चौकी के हैं। हम इनको जानते हैं, ये हमको जानते हैं। इनकी तलाशी की जरूरत नहीं है। एक हवलदार आर्म्ड पुलिस और एक कांस्टेबल आर्म्ड पुलिस को कहा यह भी अन्दर जाएँगे। मैंने उन दोनों की जामा तलाशी ली और मैंने कहा कि परदा करा दूँ। सब-इंस्पेक्टर ने फरमाया कि यहीं से पुकार दीजिए। "आप क्या कहते हैं," मैंने बिगड़कर कहा, वह खामोश हो गए। मैंने अन्दर कदम रखते हुए आवाज दी कि नमाज की नीयत तोड़ दो और फौरन ऊपर चली जाओ। मेरी बीवी ने नीयत तोड़ दी और ऊपर छत पर चली गईं। अशफाक उल्ला

खाँ दालान में सो रहे थे। फौरन उठे। मैंने कहा तलाशी होगी। उन्होंने कहा मैं गिरफ्तार हो जाऊँगा। यह कहकर फौरन बक्स के पास गए जो वहीं रखा था क्योंकि उसमें 'बैन गार्ड' अखबार जो मास्को से जारी होकर आयरलैंड से आता था जिसका दाखिला हिन्दुस्तान में ममनूअ था अशफाक के नाम हर माह आता था। उसकी कापियाँ दस या ग्यारह थीं, वे लेकर फौरन ऊपर चले गए। यह काम गालिबन एक मिनट में हो गया। मैंने सब-इंस्पेक्टर साहब को कहा कि आ जाइए। दरवाजे पर मैंने सैयद मतलूब हसन को खड़ा कर दिया कि इन लोगों के अलावा किसी को अन्दर न आने देना। दारोगाजी साहब सहन (आँगन) मकान में बैठ गए। कुर्सी डाल दी थी। आर्म्ड पुलिस के हवलदार और कांस्टेबल खड़े रहे लेकिन बहुत होशियारी से खड़े थे। मुझसे मुंशी फसाहत हुसैन ने फरमाया कि आप मुझको नहीं जानते हैं। आपके भाई अशफाक उल्ला खाँ बखूबी जानते हैं। वह आ जाएँगे तो बातचीत होगी। मैंने कहा अशफाक उल्ला खाँ तो आपको न मिलेंगे क्योंकि वह मेरा खयाल है कि सौ मील से भी आगे जा चुके हैं। इस पर मुंशी फसाहत हुसैन घबड़ा गए और कहा कि कहाँ को गए हैं। मैंने कहा कि रात करीब बारह बजे के किसी ने कुंडी मारी। अशफाक उल्ला खाँ दरवाजे पर गए। एक सब-इंस्पेक्टर पुलिस थे। उन्होंने अशफाक उल्ला से कहा "फौरन दूर निकल जाओ, वरना गिरफ्तार हो जाओगे। अशफाक उल्ला खाँ ने अपना बिस्तर और कपड़े लिए और मेरे चार सौ रुपए रखे हुए थे, वे लेकर चले गए।" मुंशी फसाहत हुसैन साहब, सब-इंस्पेक्टर ने मुझसे घबड़ाकर दरियाफ्त किया "उन सब-इंस्पेक्टर का क्या नाम है ?" मैंने कहा कि क्या खूब उन बेचारे ने तो हमदर्दी की और हम उनका नाम बता दें यह शराफत से बाहर है। तलाशी वगैरह कुछ न ली। बन्दूक माँगी, मैंने उनसे तहरीर ले ली कि बन्दूक एक शीशम के बड़े सन्दूक में जिसमें ताला पड़ा था, उसकी कुंजी बड़े भाई मुहम्मद शफी उल्ला खाँ के कमरबन्द में बँधी थी। सन्दूक खोला और बन्दूक मैंने फसाहत हुसैन को दे दी। मुंशी फसाहत हुसैन ने कहा कि आप मेरे हमराह चलें। अगर इंस्पेक्टर साहब कहेंगे तो वापस कर दी जाएगी। मैं उनके साथ कोतवाली सदर शाहजहाँपुर गया। मुंशी फसाहत हुसैन ने इंस्पेक्टर साहब से दरियाफ्त किया, उन्होंने बन्दूक वापस देने से इनकार किया। मैं मकान वापस आया। अशफाक उल्ला खाँ मकान के बालाखाने पर मौजूद थे। मैंने उनसे दरियाफ्त किया कि यह क्या मामला है तो उन्होंने मुझसे कहा कि मैं रेवोल्यूशनरी पार्टी का मेम्बर हूँ यानी खुफिया सोसायटी का। तब मुझको मालूम हुआ। मैं मकान से निकला, तो मेरे दरवाजे पर मुझको इन्दु भूषण मित्र मिले। मुझसे उन्होंने दरियाफ्त किया कि अशफाक उल्ला खाँ से मिलने आया हूँ क्योंकि रामप्रसाद गिरफ्तार हो गए। एक चिट्‌ठी उनके नाम आई है, वह मैं उनको देना चाहता हूँ। मैंने उनसे कहा कि यह चिट्‌ठी आप अपने पास न रखो, वरना तुम भी गिरफ्तार हो जाओगे। चिट्‌ठी मैंने लेकर फाड़ दी और मेरे एक अजीज खानदानी थे, उनकी बैठक में आग जल रही थी, उसमें उसको जला दिया। इस जलाने की बात पर मुझसे मिस्टर हार्टन ने कहा कि हम तुम पर मुकदमा चलाएँगे, क्योंकि तुमने इन्दु भूषण, जो चिट्‌ठी लाया

था, फाड़कर जला दी, हमारा सबूत मिटा दिया। खान बहादुर तसद्दुक हुसैन डिप्टी सुपरिटेंडेंट पुलिस ऑफ इंडिया ने मिस्टर हार्टन से कहा कि आप इनको माफ कर दें, यह मेरे दोस्त हैं। उस पर मिस्टर हार्टन ने कहा कि एक शर्त पर हम माफ करते हैं कि यह हमारे मुकदमे में तखरीब (खराबी) न डालें। मैंने उस पर मिस्टर हार्टन से यह कहा कि क्या आपका मंशा यह है कि मैं अपने भाई की पैरवी मुकदमा न करूँ। मिस्टर हार्टन ने कहा कि नहीं, पैरवी जायज तरीके से करो, नाजायज न करो। मैंने कहा कि जायज करूँगा। मिस्टर हार्टन ने कहा कि तुम अशफाक को सरकारी गवाह बना दो। मैंने कहा कि मुझको क्या खबर कि वह कहाँ हैं, मुझे कहाँ मिलें, जो सरकारी गवाह बनाऊँ। जिस रोज तलाशी मेरे यहाँ हुई उसके बाद मेरे यहाँ सी.आई.डी. अजीब-अजीब भेष बदलकर ज्यादा तादाद में आई, औरतें भी आईं। मैंने देखा कि मुझे यह बेहद परेशान करते हैं तो मैंने सात अदद लिफाफे मुख्तलिफ जगहों के पते से अपने मिलनेवालों को लिखे जिनका मजमून यह था कि मेरे भाई अशफाक हुसैन की तलाश एक मुकदमे के सिलसिले में है और वह रूपोश हैं। अगर आपके यहाँ हों या आपके इल्म में हों तो मुत्तिला (सूचित) कीजिए ताकि मैं उनको हाजिर करा दूँ। बराए करम मुझको जल्द-से-जल्द मुत्तिला फरमाएँ। एक खत अब्दुल हफीज साहब तहसीलदार सदर तहसील इलाहाबाद, एक भोपाल मुहम्मद यूसफखान साहब, अन्दरून मुहल्ला इतवारा–इसी तरह अपने मिलनेवालों को सात खत लिखकर शाम को मेल पर ले गया जहाँ पुलिस और सी.आई.डी. मौजूद थी, लेटर बक्स में डाल दिए। मेरे हटते ही सी. आई.डी. ने वे खत ले लिए। खोलकर पढ़े होंगे। खुदा जाने वे खत रवाना किए कि नहीं। उन लोगों को यकीन हो गया कि अशफाक यहाँ नहीं हैं। सी.आई.डी. का आना मेरे यहाँ बिलकुल बन्द हो गया। मैंने चार आदमी हथियारबन्द बुलाकर, उनको नेपाल को रवाना कर दिया। नेपाल पहुँचकर वह कयाम न कर सके। वहाँ की पुलिस को शुबह हुआ और करीब था कि गिरफ्तार हो जाएँ, ये वहाँ से भाग खड़े हुए। रुपया जो ले गए थे, वह भी वहाँ रह गया। ये सीधे पिलानी आए, वहाँ कटाई हो रही थी। वहाँ ठेकेदार एक मेरे अजीज थे, उन्होंने पहचाना बल्कि जब सब चले गए, सिर्फ ठेकेदार रह गए, अशफाक ने कहा, 'तिफ्फो भाई मुझे नहीं पहचाना।'' उन्होंने कहा कि ''अशफाक तुम कहाँ''। अशफाक ने कहा कि नेपाल से भाग आया हूँ वहाँ गिरफ्तार हो जाता। भाई रियासतउल्ला खाँ उर्फ लल्लूखाँ से कह देना अब मैं लखनऊ जा रहा हूँ। तुफैल हसन खाँ ने कहा कि लखनऊ मत जाओ वहाँ केस हो रहा है। अशफाक ने कहा कोई बात नहीं है न कोई डर है। अशफाक वहाँ से एक स्टेशन आगे लोकल से रात को सवार हुए। तुफैल हसन खाँ से दस रुपए अशफाक ने लिए थे। लखनऊ कई दिन रहे, और फिर श्री गणेशशंकर विद्यार्थीजी के पास आए और विद्यार्थीजी ने इनको रुपया देकर बनारस भेज दिया। बनारस में इनकी पार्टी के लोग थे, जिन्होंने बिहार भेज दिया। वहाँ यह एक कायस्थ बनकर, एक ठेकेदार के यहाँ पचास रुपए माहवार पर मुलाजिम हो गए। गालिबन कोई पुल बन रहा था। वहाँ बहुत अरसा

मुलाजिम रहे। वहाँ से एक दिन मकान आए। इलाहाबाद एक्सप्रेस से शाहजहाँपुर 3 बजे सुबह को उतरे। वे सिखों के भेष में थे। बालों का चोटा बँधा था। पगड़ी बाँधे थे। दाढ़ी भी कानों से लपेटे थे। एक कोट और सलवार पहने थे, हाथ में हैंड बैग और बेंत था। उतरकर टिकट गेट पर दिया। पुलिस और सी.आई.डी. मौजूद थी। किसी ने न पहचाना और यह सीधे इमाम अली खेरादी के मकान पर आए। उससे कहा कि मैं भाई मुहम्मद फकीर उल्ला खाँ से मिलना चाहता हूँ। उसने कहा कि आज पन्द्रह रोज हुए फकीर उल्ला खाँ का इन्तकाल शिकार में गोली लगने से हो गया। यह सुनकर बहुत रोए। उनकी कब्र पर जाकर फातिहा पढ़ी और फिर मकान आए। दिन-भर मकान पर रहे। रात को 11 बजे की गाड़ी से रवाना होकर बिहार गए। उनको मालूम हो गया कि कोई खत उनका हम लोगों तक नहीं पहुँचा। सी.आई.डी. डाकखाना से ले लेती है। उन्होंने प्रतापगढ़ स्टेशन से खत लिखा कि मैं खैरियत से प्रतापगढ़ से रवाना हो रहा हूँ और मकान पहुँचकर मुत्तला करूँगा अहलिया मौलवी निसारहुसैन। यह खत जैसा वह कह गए थे अपनी बड़ी बहन के नाम मुहल्ला खलील गरबी, शाहजहाँपुर के पते से रवाना किया था जो मिल गया।

उनके जाने के बाद यहाँ खानदान के लोगों में चर्चा हुई कि अशफाक उल्ला खाँ आए थे और गालिबन अब भी हैं। एक अजीज पुलिस में थे। सब-इंस्पेक्टर को उनकी बेहद तलाश थी कि अगर वह मालूम हों तो गिरफ्तार करा दूँ, तरक्की हो जाएगी, बेहद कोशिश की। आखिरकार खानदान के लोगों ने पुलिस को खबर की, और पुलिस सरगर्मी से तलाशती रही। दिसम्बर का महीना था, तारीख गालिबन 25 या 26 होगी। सर्दी निहायत सख्त थी। एकदम पुलिस के इंस्पेक्टर मिस्टर प्रभुदयाल सिंह क्रिश्चियन मय चार सब-इंस्पेक्टरान करीब 12 बजे शब के, मेरे दरवाजे पर आ गए और कुंडी मारी। मैंने दरवाजा खोला तो पुलिस को देखा। प्रभुदयाल सिंह इंस्पेक्टर शराब में चूर था, क्योंकि स्टेशन के होटल पर खूब शराब पीकर आए थे। मुझसे कहा कि हम कुर्की करने को आए हैं। मैंने कहा कि रात के वक्त। उस पर प्रभुदयाल सिंह इंस्पेक्टर ने कहा कि घुस चलो अन्दर। मुझको बेहद गुस्सा आया। मैंने कहा कि इंस्पेक्टर साहब आपने क्या कहा कि बिला पर्दा कराए हुए आप घर में चले जाएँगे, मेरी जिन्दगी में तो गैर मुमकिन है। मैंने फौरन चाकू निकाल लिया और कहा कि कौन आता है बढ़े। यह सब लोग सशस्त्र थे, रिवाल्वर, बन्दूकें लिए थे, कुछ कांस्टेबल भी थे। मुझको बिगड़ा हुआ देखकर मिस्टर टीका राम कोतवाली शहर ने कहा कि लल्लू खान साहब आप परदा कर दें, बिला पर्दा हम न जाएँगे। मैंने लौटकर घर में आवाज दी, परदा कर लो ऊपर चली जाओ, माल की कुर्की होगी। मेरी माँ और मेरी बीवी उस बक्स को जिसमें कपड़े मेरी भतीजा की शादी के रखे थे लेकर ऊपर बालाखाने पर चली गईं। मैंने पुलिस को बुला लिया 'आइए'। मेरा लड़का और लड़की दो पलंगों पर सो रहे थे। लड़का पाँच साल का था और लड़की चार साल की। उन लोगों ने आकर इनके हाथ पकड़कर जमीन पर खड़ा कर दिया और लिहाफ व बिस्तर दोनों के इस सख्त सर्दी में ले लिए बल्कि पलंग भी

ले लिए और सिर्फ चार पलंग और थे वे ले लिए। मेरे भाई का बक्स कपड़ों का था वह ले लिया। मेरी बीवी का सन्दूकचा जेवर का ले लिया। हालाँकि मैंने घर में साफ तौर पर समझा दिया था कि कुर्की होगी, सब सामान उठवा दिया था। सन्दुकचा इत्तफाकन तौर से जरूरत की वजह मँगाया गया था, पर वापस न किया गया, कुर्क हो गया। वे देगचियाँ जिनमें खाना था, वे न लीं। चिमटा, फुँकनी, तीन पानदान और दो सेर आटा गन्दुम था और बिस्तर व कपड़े गर्म थे, कुछ सूती कपड़े कुछ मैले कपड़े सब ले लिए। ये सब सामान और दो सन्दूक लकड़ी के सब ले लिए। गो कि मैंने कहा भी कि इसमें अशफाक उल्ला का कोई सामान नहीं है, लेकिन एक न माने, सब ले गए। मेरे दिल में कई बार आया कि प्रभुदयाल सिंह को मैं शूट कर दूँ, लेकिन महज इस खयाल से कि शायद अशफाक उल्ला खाँ इस मुकदमे में छूट जाएँ, अगर इनको शूट किया गया तो मामले की नौइयत खराब हो जाएगी, खामोश हो गया। मकान कुर्क कर लिया गया। मैंने कहा कि मकान में हिस्सा हम लोगों का नहीं है। मुकम्मल जायदाद वालिदा के नाम है, लेकिन मेरी बातों का कुछ खयाल न किया गया और कहा कि हम लोग आप लोगों को परेशान करना चाहते हैं। मैंने कहा कि इससे हम परेशान न होंगे। जब ये कुल सामान लेकर बाहर चले गए, मैंने और कुल सामान ओढ़ना, बिछौना, पलंग वगैरह मँगाए और सब आराम से सो रहे। सुबह को मैं मिस्टर ऐनुद्दीन मजिस्ट्रेट के यहाँ गया। दरख्वास्त उज्रदारी पेश की। लखनऊ में भी, बहुत पेशियाँ हुईं। वह भी यह चाहते थे कि इनका रुपया खर्च हो। जब मैंने देखा कि इनका मतलब परेशान करना है। मैंने वकील ले जाना बन्द कर दिया क्योंकि करीब 150 रुपए जनाब मजिस्ट्रेट ऐनुद्दीन साहब ने मुझसे बैरिस्टर मुसलमान अपने दोस्त को दिलवाए और काम कतई न हुआ। मैंने खुद पैरवी शुरू की। मिस्टर ऐनुद्दीन साहब ने मुझसे फरमाया कि बैरिस्टर साहब आपके कहाँ है ? मैंने कहा कि अब उनकी मुझे जरूरत नहीं है, क्योंकि मैं बजाते खुद पैरवी करूँगा। मुझको याद हो आई एक घड़ी की सैय्यद ऐनुद्दीन साहब की जबकि यह तहसीलदार थे और यह और मुजफ्फर मुहम्मद खान दोनों नुमायश इलाहाबाद में तैनात हुए। यह नुमायश 10वीं या 11वीं ईसवी में हुई थी। बाद खत्म नुमायश सब लोगों ने जो नुमायश में तहसीलदार तैनात हुए थे जिसमें मेरे बहनोई अब्दुल कादिर खान साहब तहसीलदार सदर तहसील इलाहाबाद भी तैनात हुए थे। मिस्टर लैम्ब साहब पारसी थे और उन लोगों पर अफसर मुकर्रर किए गए थे, दावत हर एक तहसीलदार ने एक-एक रोज टी पार्टी की दी थी। सबने दावत दी लेकिन ऐनुद्दीन साहब ने इनकार किया कि मेरे पास रुपया नहीं है। सबने मिलकर इनको इलाहाबाद तहसील सदर में कमरे में गिराया। मैंने उनकी घड़ी चाँदी की मय चेन ले ली। मुझसे सबने कहा कि कुल पन्द्रह रुपया तुम दे दो, पार्टी हो जाए। अगर यह रुपया दे दें, घड़ी वापस कर देना वरना घड़ी खुद रख लेना। मैंने रुपए दे दिए थे, पार्टी हो गई थी। लेकिन ऐनुद्दीन साहब ने घड़ी मुझसे न ली और न रुपया दिया। घड़ी की चेन में एक रुपया काबुली पड़ा था जो मैंने निकालकर अपनी बीवी को दे दिया था। जो बक्स यानी सन्दूकचा

जेवरात कुर्क हुआ था उसमें रखा था। मुझको याद आ गया। ऐनुद्दीन साहब ने फरमाया कि क्या सबूत है कि यह सन्दूकचा आपका है। मैंने कहा कि सन्दूकचे का सबूत मेरे पास काफी है, अगर हुकुम हो तो खोलकर सबूत दे दूँ। कहा, हाँ खोलो। मैंने खोला, उसमें मेरे नाम के कार्ड लिफाफे जो आए थे रखे थे। मेरी बारात की फेहरिस्त भी थी। उसको दिखाया, कहा, यह सबूत काफी नहीं हैं। मैंने रुपया काबुली निकालकर दिखाया, यह देखिए यह सबूत काफी है और मैंने कहा कि इलाहाबाद में सब तहसीलदारों ने मिस्टर लैम्ब की पार्टी की थी। एक तहसीलदार सख्त कंजूस थे, उन्होंने इनकार किया तो सबने मिलकर उनकी घड़ी छीनकर मुझको दे दी जिसको आप भी जानते हैं और यह मामला आपके सामने का है। ऐनुद्दीन साहब ने फरमाया कि घड़ी कहाँ है ? मैंने कहा कि घड़ी मैंने बनने को इलाहाबाद में दी थी, घड़ीसाज घड़ी लेकर भाग गया। चेन से मैंने रुपया निकाल लिया था वह यह है। इस पर मैंने कहा कि इसके गवाह आप खुद हैं। ऐनुद्दीन साहब ने कहा कि हाँ हम जानते हैं। यह वाकिया सही है। सन्दूकचा हम बागुजार करते हैं, ले जाइए। कचहरी के लोग हैरान थे, क्या वाकिया है। मुझसे लोगों ने दरियाफ्त किया, लेकिन उस वक्त बताया नहीं कि इन ही हजरत की घड़ी थी। बाद को थानेदार श्री रखुवर दयाल सदर स्टेशन शाहजहाँपुर को उनके इसरार पर बता दिया था कि यह रुपया मिस्टर ऐनुद्दीन साहब का है, यह किस्सा इन हजरत का है। जब श्री रघुवरदयाल सब-इंस्पेक्टर को इत्मीनान हुआ और कहा कि खान साहब आपने सन्दूकचे का सबूत लाजवाब दिया है जिसकी मिसाल गैर मुमकिन है। इसके बाद जो बक्स मेरे भाई मुहम्मद शफीक उल्ला खाँ साहब का मालखाने में पुलिस चौकी जलालनगर जो कि अब पुलिस चौकी अशफाकनगर है, में रखा था और गर्म कपड़े एक लकड़ी के सन्दूक में थे। मैंने हेड कांस्टेबल चौकी जलालनगर से कहा कि इन कपड़ों की कोई फहरिस्त नहीं लिखी गई है बक्स सिर्फ मय कुफ्ल (ताला) हैं और हमको तकलीफ है ये हमको निकाल लेने दो। मैंने करीब 50 रुपए उनके सामने रखे। हेड कांस्टेबल अब्दुल मजीद खाँ जो कि मुरादाबाद के रहनेवाले थे, वह खुश हुए और कहा कि पुलिस रिश्वत लेती है मैं भी जरूर लेता हूँ लेकिन इस मामले में हरगिज न लूँगा। आप शाम को कुंजी लेकर आ जाइए और जो कारआमद चीजें हों निकाल लीजिए। मैं शाम को मगरिब के वक्त गया। उन्होंने मालखाना की कोठरी खोल दी और खुद वह सड़क पर सदर थाना के खड़े हो गए और लालटेन मुझको दे दी। मैंने कुल कपड़े और कागजात सब निकाल लिए और गरम कपड़े भी एक चादर में बाँध लिए। बक्सों में सिर्फ फटे पुराने कपड़े रखकर ताले डाल दिए और सब सामान मकान ले आया। मैं अब्दुलमजीद खाँ हेड कांस्टेबल चौकी जलालनगर की शराफत की तारीफ नहीं कर सकता हूँ जो शराफत उन्होंने बरती है। मेरे खानदान के सिर्फ एक अजीज थे जो मेरे साथ हमदर्दी करते थे बकाया कुल खानदान के लोग मेरे साए से भी भागते थे और दौरान मुकदमा के कभी अशफाक उल्ला खाँ से मिलने के लिए भी नहीं गए क्योंकि वे डरते थे कि कहीं पुलिस हमारी रिपोर्ट न कर दे। बाज अशखास खानदान को गवाही

में लिखाया गया था। लेकिन उन लोगों ने समन ही न लिया और कुछ रूपोश हो गए। एक साहब हैं (जिनका नाम लिखना नहीं चाहता हूँ, ने कहा ऐसे बदमाश डाकू की गवाही जो गवर्नमेंट के खिलाफ है, देना नहीं चाहता हूँ) कलेक्टर साहब ने फरमाया कि अगर आप गवाही देना नहीं चाहते हैं, न जाएँ—कोई हर्ज नहीं है। आप पर कोई इल्जाम आयद न होगा। इन्हीं साहब ने पुलिस को खबर दी थी कि अशफाक उल्ला खाँ मकान में मौजदू है, जाकर गिरफ्तार कर लो। जब मुझको मालूम हुआ कि मेरे खानदान के एक मेम्बर साहब ने, पुलिस को खबर कर दी, फौरन अशफाक उल्ला खाँ को मैंने रात तराई में एक ओखाड़ी में पहुँचा दिया और सुबह टिकट लेकर कई आदमी जहानी खेड़ा जहाँ दरयाए गोमती है, बगरज शिकार मछली सीतापुर लाइन से टिकट लेकर रवाना हुआ। दिन-भर दरिया पर मछली का शिकार खेला। शाम को 10 बजे शब के मकान वापस हुआ। पुलिस को मालूम हुआ कि सीतापुर में ये लोग गए हैं। पुलिस ने जहानी खेड़े का खयाल किया कि अशफाक उल्ला खाँ वहीं हैं। सब पुलिस वहाँ रवाना हो गई और हमारे यहाँ का खयाल छोड़ दिया। मैंने इनको यानी अशफाक उल्ला खाँ को चार रोज गन्ने के खेत में रखा। रात के 12 बजे अशफाक उल्ला खाँ को इमामअली बढ़ई जो बेचारा हम लोगों का हमदर्द था खाना-पानी लेकर जाया करता था। बहुत चक्कर खाकर घूम-फिरकर अशफाक उल्ला खाँ को दे जाता था, जिसके हम लोग आज तक बेहद मशकूर हैं। खुदा उसको खुश रखे। आजकल वह पाकिस्तान में है। लोगों ने बहुत लालच दिए, लेकिन उसने कोई परवाह नहीं की। फिर मैंने बाद इत्मीनान अशफाक को मय कई अशखास के नेपाल को रवाना कर दिया जो कि मैं लिख चुका हूँ।

मुझको खबर न थी कि अशफाक उल्ला खाँ कहाँ हैं। एक रोज एक तार दिल्ली से मेरे पास आया। यह तार 26 दिसम्बर, 1926 को मिस्टर नूर अहमद बैरिस्टर का था, जो मेरे भाई मुहम्मद शफीउल्ला खाँ साहब के नाम था। मजमून यह था कि तुम्हारे भाई मुहम्मद अशफाक उल्ला खाँ गिरफ्तार हो गए हैं, फौरन आओ। तार मिलने पर उसी रोज शब की गाड़ी से मैं दिल्ली रवाना हुआ। सुबह 7 बजे दिल्ली पहुँचा। बाद को हबीब अहमद जो अशफाक उल्ला खाँ के हम-मकतब थे और दिल्ली सदर बाजार में एक बालाखाने पर रहते थे, मुलाकात की। मिस्टर नूर अहमद बैरिस्टर का पता दरियाफ्त किया, चाँदनी चौक पहुँचा। नूरअहमद साहब बैरिस्टर से मुलकात हुई। बैरिस्टर साहब मौसूफ ने फरमाया कि आप अशफाक उल्ला खाँ के भाई हैं। अगर आप चाहते हैं कि उनके मुकदमे की पैरवी की जाए, अगर आप कहें तो मैं पैरवी मुकदमा करूँ। चूँकि मुझे कुछ मालूम न था इस वजह से मैंने कहा कि अव्वल मेरी मुलाकात करा दीजिए। उनसे मिलकर बात कर लूँ फिर आपको पैरवी मुकदमा के लिए मुकर्रर करूँगा। मिस्टर नूरअहमद साहब ने फरमाया कि एक पेशी की फीस मेरी हो चुकी है, वह दाखिल कर दीजिए। मैंने जवाब दिया कि बेहतर है। यह भी फरमाया कि हमने तार जो दिया है उसके दाम एक रुपया चार आने हुए वह भी दाखिल कर दीजिए। मैंने कहा कि मुकदमा लखनऊ होगा यहाँ नहीं होगा। आप पैरवी किस बात की करेंगे।

वुकला का जो कायदा है। कहा कि नहीं मुकदमा हम यहीं करा देंगे। मैं खामोश हो गया और समझ गया कि ऐसा हो ही नहीं सकता। बैरिस्टर साहब मौसूफ ने टेलीफोन से जेलर साहब से दरियाफ्त किया कि अशफाक उल्ला खाँ के भाई आए हैं वह अशफाक उल्ला खाँ से मिलना चाहते हैं। जेलर साहब ने कहा कि तीन बजे उनको भेज दीजिए मुलाकात हो जाएगी। मैंने बैरिस्टर साहब से वायदा किया कि अगर यहाँ मुकदमा हुआ तो आपको बैरिस्टर करूँगा और कल सुबह आप से मिलूँगा। बैरिस्टर साहब ने फरमाया कि इत्मीनान रखिए, हम फौरन छुड़ा लेंगे, मुआमला ही क्या है। हमने ऐसे मुआमले हजारों छुड़ा दिए हैं। मैं जेल में गया। जेलर साहब मुसलमान थे। मुझसे फरमाया कि आप कौन हैं। मैंने कहा कि अशफाक उल्ला खाँ का बड़ा भाई हूँ, आपने तीन बजे बुलाया था, हाजिर हुआ हूँ। जेलर साहब ने कहा कि दरख्वास्त लिखा लाओ। बड़ी दिक्कत से दरख्वास्त लिखाई, 4 आने लिखाई के दिए। दरख्वास्त दी। दफ्तर में अशफाक उल्ला खाँ बुलाए गए। वह आए, मैंने देखा कि सिर्फ एक साढ़ी बाँधे हुए थे, जो बंगाली नमूने से बाँधी गई थी। एक कमीज काटन फाखतई मलमल की पहने हुए थे, कोट सब्ज रंग का पहने थे जो मोटा था, पैर में बूट-जूता था और नंगे सर थे। हालाँकि कई कपड़े उनके थे लेकिन उनको उस वक्त तक न दिए गए थे, जिसकी वजह से सख्त तकलीफ थी। मुझसे गुफ्तगू करते रहे और हँसते रहे। निहायत मुतमइन थे और वही मुस्कुराहट फाँसी के तख्ते पर भी थी। निस्फ (आधा) घंटा गुफ्तगू रही। कहा कि वालिदा साहिबा से सलाम अर्ज कीजिएगा और यह अर्ज कीजिएगा कि आप कतई परेशान न हों, जो हुक्म खुदा का होगा, वह होकर रहेगा। बगैर उसके हुक्म के जर्राह भी अपनी जगह से हिल नहीं सकता है। फिर परेशान होने से क्या फायदा। मैंने बैरिस्टर साहब की गुफ्तगू बयान की। उस पर वह बहुत हँसे और कहा कि पुलिस ने मुझे कोर्ट में ले जाकर पेश किया। वहाँ मिस्टर नूरअहमद साहब बैरिस्टर मौजूद थे। मौसूफ ने मुझसे फरमाया कि आप कौन हैं। मैंने अपना कुल हाल बताया। बैरिस्टर साहब ने फरमाया कि आपका कोई पैरोकार है या नहीं। मैंने जवाब दिया कि मेरी गिरफ्तारी की किसी को खबर नहीं है। अगर आप तकलीफ फरमाकर तार दे दें और मेरे भाई को मुत्तला फरमा दें तो वह आ जाएँगे। उस पर मिस्टर नूरअहमद साहब बैरिस्टर ने पता दरियाफ्त किया। मैंने बड़े भाई मुहम्मद शफीउल्ला खाँ साहब का पता बताया जो बैरिस्टर साहब ने नोट कर लिया। अशफाक उल्ला खाँ ने यह भी कहा कि तार के दाम वह आकर आपको दे देंगे। अशफाक उल्ला खाँ ने कहा कि बैरिस्टर साहब यहाँ पैरवी किस बात की करेंगे जबकि मुकदमा लखनऊ होगा। मैंने कहा कि बैरिस्टर साहब मुझसे फीस एक योम (दिन) की माँगते हैं। अशफाक उल्ला ने जवाब दिया कि फीस किस बात की। क्या तार देने की फीस, मैंने तार देने को कहा था। अगर उसकी फीस मुबलिग एक सौ माँगते हैं तो उन पर अल्लाह रहम करे। बेशक तार के दाम देना उनको फर्ज है दे दीजिए। अगर मुकदमा यहाँ होता तो उनको कर लिया जाता। पुलिस रिमांड लिया है मजिस्ट्रेट वगैरह जाएँगे और लखनऊ ले आएँगे। हाँ मेरी एक फोटो पुलिस ने लेकर

अपने कब्जे में कर ली है। वह उससे शनाख्त में मदद लेंगे। मेरी शनाख्त की कार्यवाही कायदे से यहाँ ही होनी चाहिए। मैंने अदालत से कहा भी कि मेरी फोटो मेरे सामने जाया कर दी जाए लेकिन कोई सुनवाई नहीं हुई और मुझको तौलिया तक नहीं दी जिससे मैं अपना मुँह छुपा सकूँ। मैंने अशफाक उल्ला से कहा कि मैं यहाँ रहूँ। उन्होंने कहा कि बेकार है। आप मकान जाइए, फिर आइएगा क्योंकि अभी मुझे यहाँ रहना होगा। मैं रात की ट्रेन से शाहजहाँपुर रवाना होकर मकान आ गया। यहाँ आकर सब हाल बयान कर दिया। सुबह को एक कांस्टेबल सी.आई.डी. सैयद फरजन्द अली मेरे मकान पर आया। यह शाहजहाँपुर से लेकर लखनऊ तैनात किया गया था। मुझसे कहा कि आपको मिस्टर ऐनुद्दीन स्पेशल मजिस्ट्रेट और खानबहादुर तसद्दुक हुसैन डिप्टी सुपरिटेंडेंट गवर्नमेंट ऑफ इंडिया ने लखनऊ बुलाया है। मैं उनके हमराह लखनऊ गया। मिस्टर ऐनुद्दीन ने चाय वगैरह पिलाई क्योंकि इनसे देरीना तआल्लुकात थे, मेरे और मेरे बहनोई अब्दुल कादिर खाँ साहब डिप्टी कलेक्टर के और खानबहादुर तसद्दुक हुसैन साहब भी थे। ये दोनों साहब मुझको मोटर पर सवार कराकर अपने हमराह मिस्टर हार्टन सुपरिटेंडेंट सी.आई.डी. के बँगले पर ले गए। पेशतर सैयद ऐनुद्दीन स्पेशल मजिस्ट्रेट और खानबहादुर तसद्दुक हुसैन साहब ने मिस्टर हार्टन से मुलाकात की। मिस्टर ऐनुद्दीन मिलकर चले गए और मुझसे कह गए कि यहाँ से वापसी पर मुझसे मिलकर जाना। खानबहादुर तसद्दुक हुसैन मिस्टर हार्टन से मिलकर मुझको ले गए। मिस्टर हार्टन ने मुझसे कहा कि अगर आप लोगों का रवैया अच्छा न रहा तो हम आप लोगों पर मुकदमा चलाएँगे। मैंने साहब बहादुर से कहा कि रवैया कैसा रहे। क्या अशफाक उल्ला खाँ के मुकदमे की पैरवी न की जाए। आप क्या चाहते हैं ? साहब बहुदर ने फरमाया कि जायज पैरवी की जाए, नाजायज न की जाए। साहब बहादुर ने फरमाया कि अगर अशफाक उल्ला इकबाल जुर्म कर लें तो उसको फायदा पहुँच सकता है। सरकारी गवाह नहीं हो सकता है, क्योंकि बनारसी लाल हो चुका है, हम अदालत से सिफारिश करेंगे। सजा में कमी हो जाएगी बशर्ते कि ताजा खबर दे। मैं वहाँ से रुखसत होकर मिस्टर ऐनुद्दीन के बँगले पर गया। उन्होंने बेहद असरार किया और खाना अपने हमराह खिलाया। मैं न खाता था। मुझसे कहा कि मैंने आपके बहनोई के यहाँ रहकर महीनों आपके हमराह खाना खाया है फिर आप क्यों इनकार करते हैं। मजबूर होकर बादिले नाख्वास्ता (न चाहते हुए) उनके हमराह खाना खाया और मुझसे मिस्टर ऐनुद्दीन ने कहा कि अगर लल्लू खाँ तुम अशफाक से इकबाल करवा दो तो मैं कोशिश करूँगा कि सजा में कमी हो जाए (यह वाकिया तब का है जब अशफाक उल्ला दिल्ली जेल में थे और बनारसी लाल गवाह सरकारी हो चुका था)। ऐनुद्दीन साहब ने मुझसे कहा कि कल हम दिल्ली जा रहे हैं, आप भी दिल्ली आ जाइए। मैंने वायदा किया और मकान शाहजहाँपुर आ गया और दूसरे दिन दिल्ली रवाना हुआ। रास्ते में हापुड़ स्टेशन पर जिस ट्रेन में मैं था मिस्टर ऐनुद्दीन और मिस्टर तसद्दुक साहब भी थे। दिल्ली पहुँचकर जेल गया लेकिन जेलर साहब ने मुलाकात न होने दी। मैं कारोनेशन होटल आया। मिस्टर

ऐनुद्दीन मजिस्ट्रेट और खानबहादुर तसद्दुक हुसैन साहब से मिला। उनसे कहा कि मेरी मुलाकात न हुई जेलर साहब ने इनकार कर दिया। दोनों ने कहा कि हमारे हमराह चलना मुलाकात हम करा देंगे। मिस्टर ऐनुद्दीन का खयाल था कि शायद इस मुलाकात से यह फायदा हो कि अशफाक उल्ला खाँ इकबाले जुर्म कर देंगे और इसी बिना पर जेलर को बजरिए टेलीफोन मेरी मुलाकात से रोक दिया था कि मुझ पर असर पड़े कि हमने मुलाकात करा दी। मैं मिस्टर ऐनुद्दीन के ताँगे में उनके हमराह सवार होकर जेल गया। मजिस्ट्रेट के हुक्म से मेरी मुलाकात हो गई। मैंने मिस्टर हार्टन और मिस्टर तसद्दुक हुसैन और मिस्टर ऐनुद्दीन की कुल गुफ्तगू अशफाक उल्ला से बयान की। वह बहुत हँसे और कहा कि "भैया (क्योंकि मुझको भैया कहा करते थे) मैं क्या इकबाले जुर्म करूँ जबकि मैं एक बात भी नहीं जानता हूँ, तो क्या बयान करूँ। दूसरे मुझसे यह नहीं हो सकता है कि ख्वाहमख्वाह पुलिस के कहने से किसी नाकरदा गुनाह का जिसका मैं नाम तक नहीं जानता हूँ, नाम ले दूँ। यह बखूबी जानता हूँ कि मुझे फाँसी देने की तजवीज है। अच्छा है अगर हुक्म खुदा यूँ ही है तो क्या चारा। मैं बिलकुल तैयार हूँ मिसरा–"सरे तसलीमे खम है, जो मिजाजे यार में आए" अगर मेरे फाँसी देने से सी.आई.डी. की खुशी पूरी होती है तो अच्छा है। क्योंकि मैंने तो आजादिए हिन्द का बीड़ा उठाया था, जो अभी खुदा को मंजूर नहीं। मुल्क को फायदा पहुँचाने का खयाल था। यह सी.आई.डी. और पुलिस सब पब्लिक हैं। बहरहाल मेरी मौत से इन लोगों का फायदा हो जाएगा। हेड कांस्टेबल सब-इंस्पेक्टर, डिप्टी-सुपरिटेंडेंट सुपरिटेंडेट हो जाएँगे। यह क्या कम फायदा, मुल्क के लोगों को पहुँचेगा।" मुझसे कहा कि भैया वालिदा साहिबा के दस्तबस्ता सलाम अर्ज कीजिएगा और अर्ज कीजिएगा कि आप सब्र से काम लें, सब्र को हाथ से न जाने दें। उसका जो हुक्म होगा, वह होकर रहेगा। एक खत मैंने दिल्ली जेल से भाई माशूक उल्ला खाँ के नाम रवाना किया है पहुँचा या नहीं ? तब मुझे खयाल हुआ कि आज मुझसे खानबहादुर तसद्दुक हुसैन ने पूछा था कि माशूक उल्ला खाँ भी अशफाक उल्ला खाँ गिरोह के आदमी हैं। मैंने कहा कि हाँ भाई हैं मेरे, तो खानबहादुर साहब ने कहा कि उनके नाम अशफाक ने खत भेजा है, आपके कैसे भाई हैं। मैंने कहा कि वह मेरे हकीकी फूफीजाद भाई हैं, एक मकान में रहते हैं, निहायत नेक हैं। जब उनको इत्मीनान हुआ, तब उन्होंने खत जरिया डाक रवाना किया जो अशफाक उल्ला ने दिल्ली जेल से रवाना किया था। जेलर साहब ने पुलिस को दे दिया था। मैं जेल के दफ्तर में ही था कि खानबहादुर तसद्दुक हुसैन ने टेलीफोन से जेलर को इत्तला दी कि आठ बजे रात को लारी आएगी। अशफाक लखनऊ जाएँगे। मुझे मालूम हो गया था। जब अशफाक उल्ला ने बाद और बातों के मुझसे कहा कि आप बेकार आए हैं, आज सब इन्तजाम मेरे जेल से भाग जाने का मुकम्मल हो गया है, रस्सी वगैरह सब सामान मुकम्मल है आपका आना बुरा हुआ है। मैंने कहा कि यह सब बेकार हो गया, क्योंकि अभी टेलीफोन आया था कि तुम रात के आठ बजे लखनऊ ले जाए जा रहे हो। यह सुनकर वह खामोश हो गए व कहा जो मर्जी मौला-अज-हमा-औला

(सबसे बड़ी है)। उनसे मिलकर चाँदनी चौक आया, खाना खाया। वहाँ से स्टेशन पहुँचा। प्लेटफॉर्म पर खानबहादुर तसद्दुक हुसैन और मिस्टर ऐनुद्दीन मिले। मुझसे अशफाक उल्ला खाँ के लखनऊ ले जाने को न कहा। मेरी गाड़ी आ गई थी। मैं सवार होकर चला तो इन दोनों साहिबान ने मुझसे कहा कि परसों लखनऊ आना। मैं सवार हो गया, मेरी रवानगी के बाद अशफाक उल्ला खाँ को बराह अलीगढ़ चक्कर देकर लखनऊ ले गए, और रास्ते में इन्तजाम किया था। गवाहान को स्टेशनों पर पेश्तर से खड़ा कर दिया था और बहुत अच्छी तरह पर शनाख्त करा दी और लखनऊ ले जाकर सुबह लखनऊ जेल में कैदियों में मिलाकर शनाख्त करा दी। 27 अशखास से शनाख्त करा दिया। न कोई वकील था, न हमारा कोई आदमी था हालाँकि और मुलजिमान की शनाख्त इतने आदमियों से नहीं की थी। इनको खुद दिखाकर, फोटो दिखाकर शनाख्त करा दिया जबकि यह दो साल के बाद गिरफ्तार हुए थे। यह बात गौरतलब है कि कितनी नाइंसाफी की गई।

—रियासत उल्ला खाँ बिरादर हकीकी अशफाक उल्ला खाँ

परिशिष्ट

कुछ संशोधन

(रियासत उल्ला खाँ शहीद अशफाक उल्ला के बड़े भाई)

कई लेखकों ने अपने लेखों में गलतियाँ कर दी हैं उनका संशोधन हमने उनके बड़े भाई साहब से करा दिया है।

1. शहनशाह खाँ अशफाक उल्ला खाँ के सँझले भाई थे, सबसे बड़े न थे। शहनशाह खाँ बेहद खूबसूरत नौजवान थे। यह रियासत भोपाल की निजामत में नाजिम साहब (कलेक्टर) आशरा के चीफ रीडर थे।
2. सर असरार हसन खाँ साहब रियासत भोपाल में दबीर-उल-मुल्क[1] नसीर-उल-महाम[2] वजीर थे। यह अशफाक उल्ला खाँ के नाना के सगे चचाजाद भाई थे।
3. श्री बख्शीजी ने लिखा है कि काकोरी डकैती के बाद अशफाक गन्ने के खेत में छुपे—ऐसा नहीं हुआ। काकोरी केस के बाद मकान पर आए और मकान पर रहे। सुबह चार बजे जबकि तलाशी के लिए मुंशी फसाहत हुसैन सब इंस्पेटर सी.आई.डी. ने कुंडी दरवाजे की खटखटाई, मैं सुबह ही उठकर नमाज के लिए पानी लेने वजू करने को जा रहा था। दरवाजे पर पहुँचकर देखा कि सब-इंस्पेक्टर साहब मय एक बड़ी भारी मुसल्लह[3] जमात के मौजूद हैं। मैंने उनसे दरयाफ्त किया कि क्या बात है ? सब-इंस्पेक्टर ने कहा कि तलाशी लूँगा। मैंने कहा कि तलाशी शाम से सुबह तक नहीं हो सकती है। सब-इंस्पेक्टर ने फरमाया कि वजूहात तलाशी की रिपोर्ट करके हम कलेक्टर जिला से ले चुके हैं। मैंने कहा कि पेश्तर अपनी जामा तलाशी दीजिए। उन्होंने अपनी जामा तलाशी मुझको दी। एक हेड कांस्टेबल, एक कांस्टेबल आर्म्ड पुलिस की तलाशी ली, दो कांस्टेबल चौकी जलाल नगर के थे। सब-इंस्पेक्टर ने कहा कि ये भी अन्दर जाएँगे। उनकी तलाशी भी ले लो। मैंने कहा ये कांस्टेबल मेरे जाने हुए हैं। मुझे इनका इत्मीनान है, इनकी तलाशी की जरूरत नहीं है। मैंने दरवाजे पर अपने आदमी सैयद मतलूब हसन को खड़ा कर दिया कि कोई न आए। सब-इंस्पेक्टर साहब से मैंने कहा कि पर्दा करा दूँ। उन्होंने कहा कि यहीं से आवाज दे दीजिए। मैंने दरवाजे से आवाज दी कि पर्दा कर लो—नमाज की नीयत तोड़ दो, तलाशी होगी। मेरी बीवी ने नीयत तोड़ दी।

1. देश के बड़े मुंशी 2. जंगी सलाहकार, 3. हथियारबन्द।

बालाखाने पर चली गई, अशफाक उल्ला खाँ जल्द उठ बैठे और मुझसे कहा कि मेरी गिरफ्तारी होगी। मैंने कहा, हाँ। बस इतनी जल्दी उठकर अखबार 'वैनगार्ड' जो मास्को से आता था उसकी छः कापियाँ बक्स से निकालकर बालाखाने पर चले गए। सब-इंस्पेक्टर अन्दर आए, कुर्सी पर बैठ गए। मुझसे कहा कि आप मुझे नहीं जानते हैं। अशफाक आ जाएँ उनसे मेरा मेल है और वह मुझे जानते हैं। मैंने कहा वह कहाँ--वह तो गालिबन सौ दो सौ मील निकल गए होंगे। सब-इंस्पेक्टर ने कहा कैसे ? मैंने कहा कि रात बाद बारह बजे के किसी ने कुंडी मारी। अशफाक उल्ला ने ऊपर जाकर देखा एक सब-इंस्पेक्टर पुलिस थे। उन्होंने अशफाक से कहा सुबह ही तुम गिरफ्तार कर लिए जाओगे, अभी निकल जाओ। बस अशफाक उल्ला उसी वक्त निकल गए बल्कि मेरे चार सौ रुपए भी ले गए। यह सुनकर सब-इंस्पेक्टर का चेहरा जर्द पड़ गया। कहा कौन सब-इंस्पेक्टर थे, क्या नाम है ? मैंने जवाब दिया कि सुभान अल्लाह—एक शख्स ने भलाई की और हम उसका नाम बताकर उसे मुसीबत में डालें। ऐसा न होगा। तलाशी लेना मकसूद न था, तलाशी न ली बल्कि बन्दूक भी जो मुकफ्फिल थी रसीद लेकर (बन्दूक जो मुकफ्फिल थी खोलकर दी गई) लिखा लिया और दे दी। इसके बाद चार योम के मेरे खानदानी एक अजीज ने जो अब भी मौजूद हैं पुलिस को इत्तिला दी कि अशफाक मकान पर मौजूद हैं। पुलिस कोशाँ[1] गिरफ्तारी की थी। मैंने उनको उस वक्त गन्ने के खेत में पहुँचा दिया था।

4. बख्शीजी ने जो लिखा है कि उनके भाई मजिस्ट्रेट थे। भाई नहीं, अशफाक के बहनोई मुहम्मद अब्दुल कादिर साहब यू.पी. में सहारनपुर में मजिस्ट्रेट दर्जा अव्वल थे।

नोट—दिल्ली में उनके दोस्त हम-मकतब[2] सैयद हबीब अहमद साकिन शाहजहाँपुर थे। यह और चन्द लड़के जमानए हिजरत[3] में मास्को चले गए थे।

वहाँ से कई वर्ष के बाद यह लोग वापस आए तो सरहद पर गिरफ्तार कर लिए गए। सैयद हबीब अहमद के वालिद सैयद मुश्ताक अहमद, वायसराय के दफ्तर में मुलाजिम थे। बाद को हवाई जहाज के महकमे में बड़े अफसर गालिबान एक हजार रुपए माहवार के मुलाजिम थे। सैयद हबीब अहमद की गिरफ्तारी पर उनके वालिद ने बेहद कोशिश की लेकिन एक साल की कैद हुई। बाद छूटने के सदर बाजार दिल्ली में एक बालाखाने[4] पर रहते थे। सी.आई.डी. निगरानी करती थी। अशफाक उनके पास आते थे, उनके यहाँ खाना भी खाते थे। उन्होंने एक मकान चितली कबर पर लिया था, जहाँ अशफाक रहते थे, मुझसे उनके एक अजीज ने कहा कि गिरफ्तार उन्होंने कराया है। बाद को उन्होंने मुझसे कहा था कि अतीक खाँ साकिन शाहजहाँपुर जो यहाँ एक टाल कायले पर मुलाजिम था उन्होंने अशफाक को मेरे मकान से जाते देखा और पीछे-पीछे

1. कोशिश, 2. सहपाठी 3. फरारी के दिनों में, 4. कोठे।

जाहर मकान देख लिया और गिरफ्तार करा दिया। मुझसे सैयद अयूब अहमद साहब सब्र अशफाक के दोस्त ने बताया कि सैयद हबीब अहमद के वालिद सैयद मुश्ताक अहमद ने, हबीब अहमद पर जोकर देकर कि तुम्हारी हिस्ट्रीशीट बन्द करा दूँगा और दो हजार रुपए इनाम मिलेगा, और तुम मुलाजिम हो जाओगे, गिरफ्तार करा दो। यूँ गिरफ्तार करा दिया। बाद को अय्यूब अहमद ने मुझसे बताया कि सैय्यद हबीब अहमद ने एक जोड़े कड़े सोने के अपनी बहन को दिए थे। यह कड़े इनाम के पैसे से लिए थे। बहरहाल इन दोनों में से एक ने गिरफ्तार कराया था। सैयद हबीब अहमद बाद को मास्को चले गए और आज तक पता नहीं कि कत्ल हो गए या मर गए; फिर पता नहीं चला है। उनके वालिद हिजरत करके मदीना मुनव्वरा को चले गए। गवर्नमेंट बर्तानिया से उनके गहरे तआलुकात[1] थे। किराया अव्वल दर्जे का दिया और पेंशन भी वहीं जाती थी। लोगों का कहना है कि मुखबिर बनाकर गवर्नमेंट ने मदीने भेजा था, वहीं इन्तकाल हो गया। आगे खुदा जाने क्या बात थी।

●●●

1. घनिष्ठ सम्बन्ध